QB4

DU MÊME AUTEUR

Les filles, qu'est-ce qu'il nous arrive ? avec Marie-Anne et Marie-Sophie Botton, Plon, 2019.

Moi, ancien détenu, bâtisseur de prisons nouvelles, Pygmalion, 2012.

J'aime la vie, Flammarion, 2003.

Il y a toujours des complices..., Flammarion, 2002.

Mes chers amis, Flammarion, 2000.

Prison, Michel Lafon, 1997.

Lettre ouverte d'un bouc émissaire à Tapie Bernard et Charasse Michel, ministres intègres, Albin Michel, 1995.

Pierre Botton

QB4

Ce qui se passe en prison est pire que ce que vous croyez

Robert Laffont

ISBN : 978-2-221-26552-9
Dépôt légal : novembre 2023
Éditions Robert Laffont – 92, avenue de France 75013 Paris

À mes trois filles...

Mais que diriez-vous d'un enfant, qui après être tombé,
ne voudrait plus faire un pas pour ne pas s'exposer
à une autre chute ? Que c'est un sot.
Qui se souvient comment ces chutes ont fait tomber
sur nous une pluie de baisers maternels
et de caresses de notre père ?

Maria Valtorta,
L'Évangile tel qu'il me fut révélé, tome 2

Avertissement

Toute ressemblance avec des personnages existant ou ayant existé n'est pas forcément fortuite. Ce sont ceux-là mêmes dont vous entendez parler à longueur de journée sur les chaînes d'information en continu, dans la rubrique « faits divers » de vos journaux, dans les ministères et même... à la présidence de la République.

En raison des lois sur la diffamation et la protection de la vie privée, ce livre a subi certaines modifications de forme.

J'ai ainsi dû transformer le langage populaire que nous utilisons chaque jour afin de satisfaire aux exigences de l'avocat de mon éditeur, Christophe Bigot. Par exemple, des personnes pourtant condamnées par la justice, que je qualifiais de « délinquantes », sont devenues des personnes « poursuivies » ; quelqu'un qui a retourné sa veste, que je qualifiais de baudruche, de traître, d'opportuniste, est présenté comme ayant « renié ses engagements » ; d'autres qui pour moi étaient de petits ministres ont vu leurs noms purement et simplement supprimés ; quant à certains personnages dont j'aurais aimé donner le nom, ils se sont trouvés résumés à une initiale.

Lorsque j'ai voulu évoquer certains magistrats, policiers ou conseillers ministériels, mon directeur éditorial m'a mis en garde contre l'esprit de corps de ces professions.

D'autant plus dommage que contrairement à ceux que je mets en cause, je ne me cache pas, je n'attends pas qu'ils soient en position de faiblesse, comme ils ont agi à mon endroit, puisque tous sont encore en situation de pouvoir.

Prologue

« Telle est la vie. Tomber sept fois
et se relever huit fois. »

Proverbe japonais

En 1996, j'ai été condamné à cinq ans de prison, dont dix-huit mois avec sursis, pour abus de biens sociaux. Cette affaire « Noir-Botton » a envoyé en ma compagnie sur le banc des accusés les anciens maires de Lyon et de Cannes, respectivement mon ex-beau-père Michel Noir et Michel Mouillot, mais aussi Patrick Poivre d'Arvor, alors présentateur du 20 heures de TF1. Le tout sur fond de relations avec les PDG de quelques-uns des principaux groupes industriels français.

J'ai reconnu mes erreurs et raconté cette histoire dans un *best-seller*[1]. Mais surtout, les 602 jours de détention passés dans sept établissements pénitentiaires successifs ont fait de moi l'un des spécialistes de l'univers carcéral en France.

Après vingt-cinq ans sans commettre de fautes, réhabilité de plein droit et totalement investi dans la lutte contre la récidive avec mon association « Les Prisons du cœur », rebaptisée « Ensemble contre la récidive », j'ai de nouveau été condamné en première instance à cinq ans de prison ferme pour abus de

1. Pierre Botton, *Mes chers amis*, Paris, Flammarion, 2000.

biens sociaux, le 2 juin 2020. Le tribunal a même prescrit mon arrestation à la barre, synonyme d'incarcération immédiate, un traitement habituellement réservé aux pires criminels.

À la différence de 1996, cette fois je n'accepte pas du tout ma peine. Rien dans mon comportement ne méritait une telle sanction. Aussi, je ne peux y voir que la volonté de bâillonner un homme qui dénonce la situation réelle en prison, de faire tomber celui qui prédit le pire et bouscule l'ordre établi. À force de dévoiler le scandale de nos établissements pénitentiaires dans les médias et auprès des plus hautes autorités de l'État – en court-circuitant les échelons intermédiaires, je l'admets –, voilà longtemps que je gêne et déplais. Ma grande gueule qui refuse de se plier à un langage compassé n'arrange rien.

En tout cas, si on avait voulu détruire mon image et discréditer mon combat, on ne s'y serait pas pris autrement.

Si on avait voulu m'empêcher de continuer à pointer l'endoctrinement des détenus musulmans par de pseudo-imams comme j'avais commencé à le faire, on ne s'y serait pas pris autrement.

Si on avait voulu m'interdire de raconter comment, derrière les barreaux, le trafic de drogue est toléré, on ne s'y serait pas pris autrement.

Si on avait voulu m'empêcher de prévenir les Français que la violence des jeunes dealers endurcis par l'incarcération risque d'envahir la vie quotidienne de tout le pays – comme on a pu le constater avec les émeutes de juin 2023 et les récents règlements de comptes survenus à Marseille et à Nîmes –, on ne s'y serait pas pris autrement.

Réduit au silence pendant deux ans, j'ai décidé de dévoiler ce que j'ai enduré, vu et vécu en détention. Sans langue de bois, parce que ce que j'ai constaté confirme les dangers que je pressens depuis longtemps.

*

Soyons clairs d'emblée : dans cette affaire, au final – c'est-à-dire une fois que les appels auront été jugés et prononcés –, rien ne me sera reproché au sujet de mon association ou de mes partenariats, pas même d'un point de vue fiscal[1]. La cour d'appel a ajouté le chef d'escroquerie, que je conteste – j'y reviendrai en détail[2]. Mais aucun partenaire, employé, actionnaire, client, fournisseur ou donateur du CAC 40 ne s'est porté partie civile. Pas plus qu'aucune des institutions publiques qui ont bénéficié des actions menées.

Je ne reconnais qu'une faute : avoir utilisé à des fins personnelles le compte courant de mon associé suisse. Avec son accord et sans que celui-ci porte plainte. Le tribunal a d'ailleurs relevé qu'il n'a finalement pas contesté l'utilisation personnelle des fonds de sa société. Pour le reste, je rejette totalement ma sentence et sa disproportion. Ai-je siphonné l'argent public ? Me reproche-t-on d'avoir volé ou agressé ? Suis-je l'un de ces violeurs, l'un de ces tueurs, l'un de ces trafiquants de drogue avec lesquels on m'enferma pendant vingt-quatre mois, sitôt le verdict rendu ?

Non, non et trois fois non. Si j'incarne une menace, c'est uniquement pour les systèmes judiciaire et pénitentiaire, dont je dénonce les échecs depuis fort longtemps.

1. Le procès en appel du 9 novembre 2020 a abouti à une relaxe concernant les faits d'abus de confiance au préjudice de l'association Ensemble contre la récidive.

2. Voir le chapitre 3.

En fait, dès le départ, tout s'est passé comme si l'on cherchait à me condamner en restreignant les éventuels dommages collatéraux. En droit, il y a un moyen pour cela : éviter la nomination d'un juge d'instruction, qui donne de nombreux droits à la défense, et préférer une enquête préliminaire, qui se passe de contradictoire et ne permet pas l'accès au dossier à la personne mise en cause. Ce type de procédure est mené par un seul magistrat du parquet, un procureur directement lié au cabinet du garde des Sceaux, comme le prévoit la loi.

Plaidoyer *pro domo* ? Lisez l'avis suivant du célèbre juge Renaud Van Ruymbeke, spécialiste des affaires politico-financières, paru dans *Le Point* du 26 février 2021 : « La justice fonctionne à deux vitesses, notamment avec l'enquête préliminaire menée par le parquet où des droits fondamentaux ne sont pas reconnus aux mis en cause. » Et de citer : « Accès au dossier, possibilités de demander des actes d'enquête comme les confrontations, les auditions... Et n'oublions pas qu'il y aura toujours une suspicion, tant que le parquet ne sera pas indépendant du pouvoir comme l'est par exemple un juge d'instruction. »

Quel crime ai-je commis pour que l'on me réserve cette méthode dénoncée par l'un des magistrats les plus respectés de France ? Ai-je irrité tant de monde pour que cette procédure me soit appliquée ?

Dans l'administration française prospèrent des personnages dotés de pouvoirs considérables, dont je vais révéler les noms et les manœuvres. Ils occupent des places aux intitulés ronflants et forment un réseau puissant, prompt à défendre ses propres intérêts. Pour ne prendre que le cas de l'affaire d'Outreau, les nombreux dysfonctionnements de l'institution judiciaire ont-ils débouché sur des condamnations, ou au moins des sanctions disciplinaires à la hauteur du préjudice ?

Non. Aucunement.

Ces gens-là, je leur sors par les yeux car ils ne tolèrent ni le bruit, ni l'engagement, ni le tapage, ni mes méthodes – comme me l'a confirmé de vive voix Éric Dupond-Moretti, l'avocat devenu un très problématique garde des Sceaux[1]. Pourquoi l'administration me voue-t-elle à ce point aux gémonies ? Les costumes gris qui pensent que le pouvoir leur appartient et qu'il s'exerce dans le secret feutré de leurs propres bureaux en ont-ils eu assez de se voir imposer les avis de Pierre Botton sur l'amélioration des conditions de détention à la suite des campagnes médiatiques financées en grande partie par ses « amis » du CAC 40 et soutenues par des personnalités appréciées des Français ?

On m'objectera que je suis parano. Ce que je sais, moi, c'est que pendant toute cette période, aucune décision en ma faveur n'a échappé à un appel du parquet. Y compris, pendant ma détention, mes demandes de permission de sortie ou d'aménagement de peine.

*

1. Le 16 juillet 2021, Éric Dupond-Moretti a été mis en examen pour « prise illégale d'intérêts » par la Cour de justice de la République (CJR), la juridiction compétente pour instruire les affaires concernant les ministres dans l'exercice de leurs fonctions. Le 3 octobre 2022, la commission d'instruction de la CJR a décidé de le renvoyer en procès du 6 au 17 novembre 2023. Les avocats du ministre se sont pourvus en cassation contre cette décision mais leur pourvoi a été rejeté le 28 juillet 2023. Il conteste les faits.

Tout a commencé par des minutes gravées au fer rouge dans ma mémoire.

Le 2 juin 2020, sous une chaleur écrasante, Paris sent bon la liberté retrouvée de l'après-confinement. La veille, je suis remonté du Sud où j'étais resté cloîtré près de deux mois avec ma compagne et sa fille. Comme approche le jour du verdict du procès en première instance que j'ai enduré du 26 février au 4 mars 2020, je pense préférable d'être sur place, même si on m'a annoncé que, pour cause de Covid, l'énoncé de la sentence devrait être reporté.

Mais, soudain, le numéro de téléphone de mon avocat s'affiche sur mon portable.

« Pierre, c'est n'importe quoi. J'ai reçu un appel du président du tribunal qui me demande de me rendre tout de suite à l'audience. Le jugement va finalement être rendu. J'y vais. Restez dans le Sud. »

Pas le temps de lui annoncer ma présence dans la capitale, à peine celui de sentir grossir le poids du stress. Alors que je m'apprête à enfourcher mon scooter boulevard Raspail, le smartphone sonne de nouveau.

« Vous êtes condamné à cinq ans, 150 000 euros d'amende, autant de dommages et intérêts, avec mandat de dépôt immédiat : le maximum ! Il faut vous rendre, assène mon défenseur.

– Vous déconnez ?

– Non, Pierre. Il faut vous rendre.

– Mais c'est plus que les réquisitions du parquet, qui étaient de quatre ans !

– Oui, le président vous a massacré. D'après lui, vous avez valeur d'exemple, vous avez trompé tout le monde, vous êtes un danger pour la démocratie et la République. Il a lancé un mandat d'amener. Il pense que vous êtes à Cannes et que vous voulez fuir par l'Italie.

– Vous avez bien précisé m'avoir dit que l'audience ne se tiendrait pas ?

– Oui, mais il n'écoute pas. Toujours est-il qu'il faut vous rendre. Vous avez l'intention de vous rendre ?

– Bien sûr. Comment je procède ?

– Je ne sais pas[1]. »

Quand je raccroche, j'ai l'impression que mes pieds s'ancrent dans le bitume ramolli par la chaleur.

Sur les chaînes d'information en continu, la sentence apparaît. Et des commentateurs en sont déjà à se demander où je suis. Espèrent-ils secrètement le début du feuilleton de ma fuite à l'étranger ? Je le crains.

*

Il n'y a pas eu de feuilleton et j'ai bien été incarcéré début juin 2020, je n'ai jamais fui !

À la Santé, les dix-huit cellules vouées aux « personnes vulnérables[2] » occupent le dernier étage du « quartier bas numéro 4 », le QB4. Ce « quartier VIP », comme seuls les médias le surnomment, n'a rien d'une villégiature. Je vais certes y fréquenter des stars du showbiz, d'ex-ministres, des avocats, des agents secrets, des policiers ou des élus locaux indélicats. Mais aussi y côtoyer un complice de l'assassin de Samuel Paty, des violeurs

1. Ce sera ma dernière conversation avec lui, je changerai d'avocat ensuite.

2. Détenus logés à l'écart en raison de leur notoriété, de leur statut (policiers...) ou de la nature des faits qui leur sont reprochés, notamment en cas d'infraction à caractère sexuel.

de nourrissons, le Pakistanais qui a « par erreur » agressé des passants au hachoir près des anciens locaux de *Charlie Hebdo*, de puissants « narcos » et des assassins de vieilles dames.

Car la prison, c'est ça.

Durant ces vingt-quatre mois, je vais être amené comme un chien menotté au Palais de justice et laissé des heures durant dans une cellule dégueulasse à la « souricière » de la cour d'appel de Paris, un endroit indigne que tout nouveau garde des Sceaux devrait commencer par fermer. Mais aussi connaître l'infirmerie psychiatrique de la préfecture de Paris où, parmi des malades présumés irresponsables de leurs actes, je manquerai de « m'accrocher » pour en finir.

La prison, c'est aussi ça.

Pendant mon incarcération, je vivrai tout : le suicide annoncé d'un voisin de cellule, les trafics, les bagarres, les brimades, l'application bête de règlements arbitraires et incohérents. Et découvrirai l'importance de la foi.

Car la prison, c'est aussi ça.

Je me verrai lâché par certains de mes amis aussi célèbres qu'ingrats, auxquels ce livre va rafraîchir la mémoire. Mais aussi aidé à tenir par les vrais proches, les fidèles d'entre les fidèles. Je serai destinataire de courriers d'un président de la République en exercice, écrits avec intelligence et empathie. Je verrai une présidente de la Commission des lois, devenue ensuite présidente de l'Assemblée nationale et donc quatrième personnage de l'État, intervenir en ma faveur contre des mesures discrétionnaires, des femmes, futures ministres, s'assurer du moral de mes filles, et ma famille, impressionnante de force, de compréhension, d'abnégation, d'amour tout simplement, me soutenir. Mais aussi s'achever une relation amoureuse de treize ans et être dans l'obligation d'affronter le plus horrible drame que puisse vivre un père.

Car la prison, c'est aussi ça.

À toute chose malheur est bon, prétend un dicton. En tout cas, sans cette nouvelle condamnation, ce livre, qui n'est pas une enquête, n'aurait pas existé, puisque je n'aurais pas refait un long séjour à la Santé ni vécu ce que je vais vous décrire. Un ouvrage où je dévoile mes sentiments, parfois mon ressentiment, avec ma subjectivité, à laquelle il me semble avoir droit après tout ce que j'ai subi.

Bienvenue dans le monde obscur du QB4.

1

Journal du soir

« Ce qui compte ce ne sont pas les coups
que l'on donne, mais ceux que l'on reçoit
et auxquels on résiste pour aller de l'avant. »

Randy Pausch

Depuis trente ans, *Le Monde*, journal dit « de référence[1] », me poursuit de sa vindicte. Et c'est très long, trente ans. Cela a commencé en 1991, avec un titre sur les « largesses de Pierre Botton », dans une affaire mettant en cause Michel Noir, alors maire de Lyon depuis deux ans, et n'a pas cessé depuis. À croire que la rédaction n'a jamais accepté mon parcours de fils de bourgeois de province qui n'avait pas trop mal mené sa barque, ni apprécié mon argent, mes « réseaux », mes méthodes et surtout mes résultats. À commencer par ma première réussite publique : avoir contribué à porter mon ex-beau-père à la tête de la deuxième ville de France, puis l'avoir aidé à caracoler en tête des personnalités politiques préférées des Français, supplantant même, un

1. En tout cas pour les ministères, les administrations et les grandes entreprises, qui comptent pour beaucoup dans les 500 000 abonnements revendiqués par le quotidien...

temps, Simone Veil. Tout cela grâce à une nouvelle stratégie de communication *people* grand public que je finançais – évidemment à tort – avec l'argent de mes sociétés. Les unes sur cette affaire se sont multipliées comme les révélations, distillées à plaisir, sur mes relations avec les médias, le show-business et les grandes entreprises.

Depuis cette époque, chaque fois que je refais surface, j'ai droit à un papier. Toujours piquant. Sans jamais rien de positif souligné. Exemple en 2010. Alors que je deviens conseiller bénévole, en charge de la lutte contre le choc carcéral, de Michèle Alliot-Marie, garde des Sceaux, je me prends un article sur une affaire de cornecul qui m'oppose à un pharmacien du sud de la France[1]. Malin, l'apothicaire est allé chercher maître Alain Jakubowicz, excellent avocat lyonnais, pour mener la charge et, opportunément, le « quotidien du soir » s'en mêle.

La cause est perdue – l'affaire sera d'ailleurs classée sans suite – mais un scud de ce type tandis que je joue un petit rôle à la Chancellerie fait mauvais genre.

*

Cette fixette du *Monde* tient-elle à ma personnalité, à mon côté grande gueule – qui ne me fait pas que des amis –, parce que je ne suis en rien du sérail, parce que je n'aurais pas la « carte », comme on dit ? Sans doute les journalistes de l'organe autrefois vespéral diraient-ils qu'ils ont fait et font juste leur travail mais je ne peux m'empêcher d'y voir une obsession.

1. Une de mes sociétés aménage des pharmacies.

A-t-elle été renforcée parce que, dans un livre paru en 2002[1], j'ai osé écrire que Jean-Marie Colombani, le patron du quotidien de 1994 à 2007, avait, comme pas mal de personnalités des médias et du showbiz, accepté certaines des invitations que je lançais – bateaux, vols privés, grands restaurants et autres fruits défendus ? Propos vrais, mais inacceptables tant on ne touche pas à un grand manitou de la presse « bien pensante ». Qui plus est lorsque l'audace est signée par un repris de justice. À croire que ce journal soutient la réinsertion, le pardon, la deuxième chance... sauf pour les cols blancs qui auraient dérapé.

*

Bref, le 13 juin 2017, un article du *Monde* révèle une nouvelle affaire me concernant. Comme d'habitude, la déflagration me place sur le banc des « condamnés d'avance ».

Voilà le début de l'article en question :
Enquête sur l'association de Pierre Botton contre la récidive.
Engagé dans l'amélioration du système carcéral, l'ex-homme d'affaires est soupçonné d'avoir détourné des centaines de milliers d'euros.

Aujourd'hui, en 2023, ma peine purgée et libre de toute obligation judiciaire, je peux assurer que je n'ai été mis en cause pour aucune des infractions avancées dans cet article : pas une seule !

1. Pierre Botton, *Il y a toujours des complices...*, Paris, Flammarion, 2002.

Mais à l'époque, *Le Monde* tape où ça fait mal. Dire comme il l'a fait que j'ai utilisé la cause que je défendais et l'argent de mes partenaires pour mener la grande vie : efficace. Mais carrément dégueulasse ! Car c'est oublier tout ce que j'ai accompli pour faire évoluer la prison et améliorer concrètement la vie quotidienne des détenus.

Aurais-je dû riposter et attaquer ? C'était inutile ! L'article emploie le conditionnel, ce qui, juridiquement, l'exonère. Aurais-je dû demander une rectification des erreurs ? Encore inutile, un membre de la rédaction en aurait profité pour reprendre en détail mes condamnations passées et j'aurais remis un jeton dans la machine à discréditer.

Comme je cherche à savoir d'où vient l'info du journal – sources à la justice, à la police, au greffe, dans le voisinage, chez moi ? –, un ami journaliste d'investigation me donne une piste en analysant l'article comme une commande. Genre : qui peut avoir intérêt à te chercher des noises et te propulser ainsi au ban des infréquentables ? Selon son raisonnement, le coup est parti bien avant la parution de l'article, le temps de réunir suffisamment d'informations et de les lâcher entre les deux tours de la présidentielle qui, je le rappelle, ont eu lieu les 11 et 18 juin de la même année. Dans les supputations de ce journaliste surgit un nom auquel je n'ose accorder crédit : celui de Jean-Jacques Urvoas, garde des Sceaux de 2016 à 2017. Je cogite et ne peux imaginer qu'il aurait balancé cela à cause de différends entre nous le gênant aux entournures dans son envie de redevenir député et peut-être même ministre de la Justice. Espoirs envolés puisqu'il fut battu...

Dès la parution de l'article du *Monde*, les médias cherchent à recueillir ma réaction. Je ne livre aucun commentaire. Avec mon casier judiciaire, inutile de me justifier et d'alimenter un feuilleton estival. Ce n'est pas au vieux singe que l'on apprend à faire la grimace.

Mon cas ressurgit dans le même quotidien trois ans plus tard. En 2020, alors qu'on est en plein procès de l'ex-Premier ministre François Fillon, un article me donne la vedette en publiant sur une demi-page une photo prise lors de l'audience, contre un simple quart pour le célèbre mis en cause et son épouse ! Quel honneur.

Quant au reste de la presse, il se tient globalement à l'écart de la chasse au Botton. L'Agence France presse (AFP) publie quelques dépêches factuelles, rien d'autre.

Cela ne méritait d'ailleurs guère plus, car je persiste : je n'ai lésé personne[1].

1. J'en veux pour preuve ces quelques lignes du jugement : « Il sera précisé ici que le Tribunal n'a pas considéré que les mouvements de fonds sus-évoqués étaient répréhensibles pour le seul motif qu'ils représentaient 54 à 61 % (ou 50 à 59 % selon les préventions) du produit des subventions reçues par l'association. Le Tribunal a jugé qu'une telle proportion n'était pas, en elle-même, l'expression de la caractérisation du délit d'abus de confiance dans le milieu associatif. »

2

Le garde des « Sots »

« Il y a une chose plus terrible
que la calomnie, c'est la vérité. »

Talleyrand

« L'action de M. Botton avait aussi été saluée par Jean-Jacques Urvoas, alors garde des Sceaux – avant que leurs relations ne se détériorent – pour son rôle joué dans le dépôt d'un amendement permettant aux journalistes de se rendre en prison avec les parlementaires. Son engagement sur ces questions lui avait permis de faire partie de la commission du Livre blanc sur l'immobilier pénitentiaire, rendu en avril[1] », écrivait le prestigieux journal du soir, évoquant pudiquement la « détérioration » de mes relations avec Jean-Jacques Urvoas. Le tableau que je vais brosser de celles-ci dans les pages qui suivent ne va pas, à coup sûr, les améliorer. Eh bien tant pis : j'écris mon histoire avec conviction, sans chercher à nuire mais en donnant ma version de ce que j'ai vécu. Et que je considère, sur certains aspects, comme une campagne menée contre ma vision des prisons.

1. Article paru dans *Le Monde*, 13 juin 2017.

*

En 2012, lors de l'élection de François Hollande, je suis étiqueté homme de droite. En réalité, il y a longtemps que je ne crois plus à la politique, quel que soit le camp, mais qu'importe : une étiquette collée un jour reste toujours. Or cette réputation place aussitôt ma cause au rebut. Il est donc urgent de réagir.

Yannick Noah m'y aide. Quelques jours après son concert de la place de la Bastille pour célébrer la victoire socialiste, il est à l'affiche à Dijon et accepte de me recevoir. Avec une minuscule caméra, nous enregistrons un message dans lequel il s'engage pour l'association Les Prisons du cœur. La diffusion du clip sur les antennes de certains de nos médias partenaires, décisive, me donnera un nouvel accès à l'Élysée.

Yannick, homme d'une incroyable fidélité, n'a jamais manqué son rendez-vous avec notre combat. Il a été l'un des premiers à nous soutenir en 2010 lors de la création de l'association. Ils n'étaient que cinq à l'époque : avec lui, l'acteur Pierre Arditi, le journaliste Jean-Jacques Bourdin, les animateurs Michel Drucker et Jean-Pierre Foucault. Seul le sportif a autorisé l'utilisation de sa photo et de son image sans que j'aie à le consulter au préalable, ce qui m'a parfois fait trembler.

Ainsi, un jour qu'un taxi bloque la circulation et mon scooter rue Troyon, à Paris, quelle n'est pas ma surprise d'en voir descendre l'immense tennisman ! Me reconnaissant malgré mon casque intégral, il engage la conversation sans se préoccuper des klaxons :

« Ça va ? Où tu en es avec la cause ?

– C'est vraiment le destin, Yann. Demain sort une nouvelle campagne de sensibilisation dans la presse, avec ton visage. Tu veux la voir ?

– Non, non, je te fais confiance, continue. Ne lâche rien. »

Une fois entrebâillées par la campagne de Yannick, les portes du nouveau pouvoir s'ouvrent largement grâce à la passion, à l'engouement, à la ténacité et à l'incroyable carnet d'adresses de la productrice Fabienne Servan-Schreiber. C'est une amie au parcours de vie incroyable, une résistante, une révoltée de l'injustice, une splendeur de personne humaine. Un jour que je la remerciais de tout ce qu'elle nous apportait, elle me fit cette confidence : « Toute ma vie, j'ai été la fille de... la nièce de... la sœur de... puis la femme de... Aujourd'hui, grâce à toi, je suis Fabienne Servan-Schreiber. »

Par son entremise, je rencontre, toujours au nom des prisons à réinventer, le président François Hollande, le secrétaire général de l'Élysée Jean-Pierre Jouyet, la directrice de cabinet du président Sylvie Hubac, les directeurs successifs de la Caisse des dépôts et les membres de leur cabinet, nombre de dirigeants du groupe socialiste, les deux Premiers ministres Jean-Marc Ayrault et Manuel Valls, leurs conseillers multiples et variés. Avec, parfois, une efficacité inversement proportionnelle à l'énergie déployée...

À l'époque de ces réunions enflammées avec la technostructure, Fabienne est l'une des rares à savoir me calmer – je suis impétueux et ne respecte pas les règles compassées de ces milieux. Comment ? À l'aide d'un code. Une main sur mon bras signifie que je dois immédiatement m'interrompre. À elle de poursuivre, tout aussi passionnée mais avec un langage plus adapté.

*

Au cours de cette période, la seule réelle avancée législative obtenue sur la détention et la prise en compte de ces sujets par les pouvoirs publics, je la dois à Jean-Jacques Urvoas, alors président de la Commission des lois, et à mon ami d'enfance Patrick Mennucci, député socialiste de Marseille. C'est une longue histoire que celle de mes relations avec le futur garde des Sceaux. Il a dès l'origine été, à mes côtés, un défenseur de l'amélioration des conditions d'incarcération. Si on m'avait demandé de choisir, à gauche, le ministre de la Justice apte à faire avancer la cause si difficile de la lutte contre la récidive, j'aurais forcément donné son nom.

Tout cela explique mon espoir et ma joie lorsque, début 2016, je vois Jean-Jacques arriver place Vendôme afin de remplacer Christiane Taubira, démissionnaire. Mais n'anticipons pas.

Alors qu'il n'est que président de la Commission des lois, nous parvenons à faire passer une disposition inédite dans une loi de 2015 sur la presse : la possibilité pour des journalistes professionnels d'aller voir ce qui se passe réellement dans les prisons. En voici le texte, voté dans un hémicycle certes vide, mais à l'unanimité :

Article 719 du code de procédure pénal

Modifié par loi n° 2016-274 du 7 mars 2016 – art. 44

Les députés et les sénateurs ainsi que les représentants au Parlement européen élus en France sont autorisés à visiter à tout moment les locaux de garde à vue, les lieux de rétention administrative, les zones d'attente, les établissements pénitentiaires et les centres éducatifs fermés mentionnés à l'article 33 de l'ordonnance n° 45-174 du 2 février 1945 relative à l'enfance délinquante.

À l'exception des locaux de garde à vue, les députés, les sénateurs et les représentants au Parlement européen mentionnés au premier alinéa du présent article peuvent être accompagnés par un ou plusieurs journalistes titulaires de la carte d'identité professionnelle mentionnée à l'article L. 7111-6 du code du travail, dans des conditions fixées par décret en Conseil d'État.

Naïvement, je pense qu'une fois un texte voté, tout est gagné. Il reste juste à promulguer la loi puis à écrire son décret d'application avant, enfin, de le mettre en place.

Or, je m'aperçois vite que « ma » loi, la technostructure n'en veut pas et pense pouvoir avoir le dernier mot en la retenant. Découvrant ce blocage, je me fends d'un mail au secrétaire général de l'Élysée, le 16 avril 2015 à 19 h 42. Dont voici la teneur :

Monsieur le Secrétaire général,

Comme vous le savez sans doute, la loi sur la modernisation de la presse est passée définitivement le 2 avril 2015 et notamment l'article 15 qui permet à la presse d'accompagner les parlementaires suivant un décret établi par le Conseil d'État sur lequel Fabienne Servan-Schreiber, Jean-Jacques Urvoas, Claude Bartolone et notre association ont beaucoup travaillé.

Il semble que l'usage veuille qu'une loi soit signée par Monsieur le président de la République très rapidement, puis promulguée et publiée au Journal officiel. *Nombre de nos parlementaires parmi les 331 qui ont soutenu notre projet sont surpris qu'elle ne le soit pas encore, auriez-vous l'extrême attention de nous dire quand cela sera réalisé ?*

En vous remerciant encore, je vous prie de croire, Monsieur le Secrétaire général, à l'expression de ma haute considération.

Une heure plus tard, arrive la réponse suivante, avec copie, entre autres, aux conseillers justice du président de la République et du Premier ministre :

Cher Pierre Botton,
Nous allons bien sûr regarder cela de très près, il n'est pas dans nos habitudes de laisser traîner la promulgation des lois.
À vous.

Le texte sera promulgué dans la nuit ! Mon insistance irrite beaucoup de monde mais les résultats sont là.

La lutte pour obtenir le décret d'application – il le faut aussi – me vaut une visite dans le bureau de la garde des Sceaux de l'époque, Christiane Taubira.

« PIERRE BOTTON : Bonjour madame la garde des Sceaux, j'ai sollicité ce rendez-vous pour savoir quand sera promulgué le décret d'application de la loi sur les visites des parlementaires et des journalistes en prison et connaître ses modalités précises.

CHRISTIANE TAUBIRA : Je sais que vous avez vu Mme la directrice de l'administration pénitentiaire et que vous êtes tombé d'accord avec elle sur les modalités pratiques.

PIERRE BOTTON : En effet, reste la date exacte de la mise en application.

CHRISTIANE TAUBIRA : Nous n'allons pas attendre la parution du décret. Dès que vous aurez passé la porte de ce bureau, la loi sera applicable. »

La confiance, surtout avec les politiques, n'exclut pas la vigilance. Aussi, pour vérifier l'application du texte, j'organise aussitôt la visite de plusieurs établissements pénitentiaires, sans prévenir ceux-ci, avec à chaque fois une télévision et un parlementaire. C'est ainsi que simultanément, et sans demande d'autorisation, nous envoyons : le 20 heures de TF1 et Thierry Solère à la maison d'arrêt de Fresnes, le journal national de France 3 et Patrick Mennucci aux Baumettes à Marseille, BFM et Georges Fenech à Lyon-Corbas, Jean-Jacques Urvoas et le 20 heures de France 2 à la prison de Meaux.

Les portes s'ouvrent à la presse, sans aucun problème. Christiane Taubira a tenu son engagement.

Malheureusement, les médias utiliseront notre texte comme un gadget, notamment pour aller voir les conditions de détention de Salah Abdeslam (le djihadiste survivant de l'horreur du Bataclan), alors que, d'un commun accord, nous avions décidé avec les autorités d'exclure du décret les terroristes afin de ne pas starifier ces derniers.

Ce combat gagné n'a donc pas fait avancer la cause de la situation des détenus à la hauteur de mes attentes.

*

On le voit, Jean-Jacques Urvoas est, à l'époque, un vrai militant de l'amélioration de la condition des prisonniers. Pourtant, dès le 12 novembre 2014, une émission en direct avec lui sur le plateau de *La Nouvelle Édition* de Canal + aurait dû me mettre la puce à l'oreille. Face aux questions d'Hervé Mathoux, qui remplace cette semaine-là le présentateur habituel Ali Baddou, le député et moi-même vivons un moment délicat en affichant un différend majeur au sujet de l'une de mes idées : les « parloirs Facetime ».

« Hervé Mathoux : Pierre Botton, vous militez pour l'introduction de [la visio] en prison. Facetime, c'est la communication visuelle via un ordinateur ou un téléphone. Les portables, aujourd'hui, sont interdits en prison. C'est une vraie révolution que vous proposez.

Pierre Botton : Oui, ils sont interdits mais ils existent. Je veux juste vous expliquer comment se passe un parloir en prison. Tout d'abord, pas de parloir le dimanche, pas de parloir le soir. Pour parler à ses gosses, c'est pratique ! À partir de 16 h 30, pas de parloir, vous devez prendre rendez-vous. Or les prisons sont toutes excentrées, vous devez arriver à l'entrée de la prison une heure avant, vous passez sous un portique et une fois que la famille est arrivée, on amène le détenu. Le détenu est fouillé, le parloir dure entre 25 et 40 minutes. Il se tient non pas dans une pièce à deux, mais dans une pièce où il y a énormément de brouhaha, c'est traumatisant et n'apporte aucune confidentialité.

Hervé Mathoux : Vous proposez Facetime dans la cellule ou au parloir ?

Pierre Botton : Juste au parloir. Le parloir terminé, le détenu est de nouveau fouillé, la famille repasse sous un portique et peut alors rentrer chez elle. C'est-à-dire que grosso modo, il faut d'abord aller dans la prison, ce qui occasionne des frais, déposer une journée de RTT. Et en plus, moi je n'ai pas voulu que mes filles viennent en prison parce que je ne voulais pas qu'elles soient confrontées au bruit et à tout cela. Elles me le reprochent encore aujourd'hui. Donc l'autre chose est extraordinairement simple, une caméra, un écran, la même chose dans la famille, on discute avec une connexion sécurisée par Facetime, plus de mouvement, plus de surveillants qui ont besoin d'ouvrir des portes. »

S'ensuit un échange sur un autre sujet, mais Hervé Mathoux relance Jean-Jacques Urvoas :

« HERVÉ MATHOUX : Pour en revenir à Facetime, c'est envisageable ou pas ?

JEAN-JACQUES URVOAS : C'est compliqué.

HERVÉ MATHOUX : Pourquoi c'est compliqué ?

JEAN-JACQUES URVOAS : On ne peut pas décréter cela comme cela. Cela ne se fait pas chez nous. Dans mes derniers déplacements, une dame est venue me dire : "Mon mari est en prison, il me harcèle avec un portable." Un téléphone qui ne devrait pas exister.

PIERRE BOTTON : Cela ne peut pas arriver avec Facetime, car pour Facetime il faut être volontaire.

JEAN-JACQUES URVOAS : Je suis pour faire évoluer beaucoup de choses. Y compris le téléphone qui peut être un facteur de réinsertion après, si vous l'utilisez pour créer du lien. Le problème, c'est que l'administration pénitentiaire ne sera jamais prioritaire, c'est jamais urgent dans l'agenda, cela coûte énormément d'argent.

HERVÉ MATHOUX : Vous êtes en train de me dire que pour un politique, il est difficile de faire avancer ces questions parce que cela ne rapporte pas de voix, parce que les Français n'ont pas envie que l'on s'en occupe ?

JEAN-JACQUES URVOAS : Les Français ont un rapport compliqué avec la prison. Ils aimeraient que tout le monde aille en prison, mais dès qu'on leur montre l'état de la dignité humaine en prison, ils sont les premiers à crier au secours. »

Plus tard dans l'émission, l'éditorialiste Nicolas Domenach pousse le débat un peu plus loin :

« NICOLAS DOMENACH : Dès que la gauche avance une proposition, elle est accusée de laxisme. Il n'y a pas moyen d'arriver à faire des propositions communes avec la droite sur ces questions-là, c'est hors de question ?

JEAN-JACQUES URVOAS : La proposition de Pierre Botton [sur la presse en prison] avait l'assentiment, maintenant il faut convaincre le gouvernement de l'inscrire à l'ordre du jour et c'est une bataille de tous les instants.

PIERRE BOTTON : C'est quand même assez extraordinaire. Jean-Jacques Urvoas est quelqu'un qui nous soutient et qui nous soutenait avant, ce n'est pas n'importe qui que nous avons à nos côtés, il est président de la Commission des lois, proche du Premier ministre Manuel Valls. Et cet homme politique-là, au niveau auquel il est, avec les convictions qu'il a, est en train de vous dire : "Je ne peux rien faire." Non, non, non ! Alors pourquoi on bosse ? Pourquoi vous êtes là ? Pourquoi vous y tenez, à la Commission des lois, Jean-Jacques ? Démissionnez, ayez de la gueule ! »

Je me suis emporté. En public. Je l'ai mis face à ses hésitations et responsabilités. Mais l'ai alors juste vu comme un incident de parcours. Or, j'aurais dû déceler dans ce propos combien le poids de l'administration, il le portait d'avance sur les épaules. Moi, je voulais bouger des montagnes – c'est mon tempérament – et lui sentait, savait, que déjà un rocher, ce serait dur... Mais de là à penser qu'il n'oserait même pas déplacer un gravillon une fois place Vendôme !

*

Début 2016 donc, il succède à Christiane Taubira, démissionnaire, à la Chancellerie. Moi, je souris : un allié dans la place. Erreur. Car le syndrome de la place Vendôme agit. Dès sa nomination comme garde des Sceaux, tout ce qui était important pour le militant devient impossible au ministre. Classique en politique. Christiane Taubira ne m'a-t-elle pas elle aussi déçu, en ne tenant pas sa promesse d'accorder une douche par jour aux détenus ? Car vous avez bien lu : en France, patrie des droits de l'homme, les personnes incarcérées n'ont droit qu'à trois douches par semaine. C'est l'un de mes échecs.

*

Par la suite, la liste des reniements de Jean-Jacques Urvoas par rapport à ses convictions partagées avec nous sera longue : l'individualisation des cellules ne verra jamais le jour, mon projet de prison expérimentale basée sur le travail restera dans les limbes et le fameux parloir Facetime... tout autant. Quant au premier manquement, il intervient au sujet de la rénovation du plateau sportif à la maison d'arrêt de Fresnes.

Sous la tutelle de Christiane Taubira, nous avions obtenu l'autorisation (écrite) de retirer de celui-ci les « concertinas », ces barbelés aux pointes acérées disposés autour des terrains de sport. L'histoire est symbolique, et inoubliable pour moi puisqu'elle impliqua le directeur de Fresnes d'alors, Stéphane Scotto, que je connais depuis plus de vingt-cinq ans.

Nous n'avons jamais cessé de nous croiser, lui et moi. Quand j'étais détenu à la prison de Grasse, il en était directeur adjoint. Dix-huit ans plus tard il dirigeait l'état-major de sécurité de l'administration pénitentiaire alors que j'étais chargé de mission auprès de Michèle Alliot-Marie, garde des Sceaux. Lors de mon retour en cellule à la prison de la Santé, il était devenu directeur interrégional des services pénitentiaires de la région parisienne. Nous avons toujours entretenu des relations de respect mutuel. Je l'ai même loyalement soutenu, dans une interview à *L'Est républicain* où je le décrivais comme un directeur de prison « humain », quand en 2013 il a été jugé (et acquitté) à la suite d'une rixe mortelle entre deux détenus à la maison d'arrêt de Nancy.

Mais, en cette année 2016, nous allons vivre le plus dur de nos conflits. Scotto a toujours eu la réputation d'être l'un des fonctionnaires les plus sécuritaires de la pénitentiaire ; les caillebotis, ces horribles grilles métalliques ajoutées aux barreaux devant les fenêtres des cellules, sont son œuvre. Compte tenu d'un tel pedigree, le fait qu'il accepte de retirer les barbelés à Fresnes aurait été un message très fort envoyé aux deux cents directeurs d'établissements pénitentiaires.

Le centre pénitentiaire de Fresnes compte trois « divisions », c'est-à-dire trois prisons, toutes équipées d'un terrain de sport. L'un d'eux, parsemé de trous et totalement inondé à la moindre averse, était impraticable et même dangereux. Tout mon projet, exclusivement financé par les soutiens privés de l'association, consistait à en refaire le terrassement, puis à le recouvrir d'une pelouse synthétique permettant d'aménager plusieurs terrains de foot, une table de ping-pong, un jeu de boules, de planter des oliviers, d'installer des bancs afin que les détenus puissent se reposer sans être contraints de s'asseoir à même le sol. Sans compter des douches, la réalisation de fresques représentant des personnalités choisies par les pensionnaires de la prison et peintes par eux-mêmes dans le cadre d'une formation diplômante, les « artistes » étant rémunérés au Smic, révolution dans le monde pénitentiaire. Pour la petite histoire, Scotto avait refusé le portrait de Bob Marley proposé par certains des graphistes... *No comment.*

La force du dossier résidait aussi, et surtout, dans l'idée de retirer les fameux concertinas, qui crèvent chaque année 2 500 ballons dans les prisons françaises.

Après avoir multiplié les dessins, les esquisses et les vidéos en trois dimensions afin d'obtenir les autorisations nécessaires, démarra ce chantier pas comme les autres. Puisque c'était une gageure de faire entrer chaque matin du personnel, des outils dangereux et des engins dans l'un des lieux les plus surveillés de France, qui plus est sous les yeux d'un directeur à poigne.

Les solutions proposées pour répondre aux diverses difficultés rencontrées gonflaient parfois de façon considérable le coût du projet, mais Stéphane Scotto s'en moquait comme de sa première chemise. Tant que les grandes entreprises payaient... Ainsi, quand il fallait installer des grues trois jours pour apporter les matériaux nécessaires, le directeur non seulement imposait la présence à leur pied de cinq gendarmes du Groupe d'intervention de la gendarmerie nationale (GIGN), armés et cagoulés, mais refusait de voir les engins rester sur place, nous contraignant à les démonter chaque soir et à les remonter ultérieurement, à une date communiquée seulement vingt-quatre heures à l'avance...

Mais tout cela n'était rien à côté du retrait des fameux barbelés, pourtant validé par la garde des Sceaux, la directrice de l'administration pénitentiaire et toute la hiérarchie !

Le jour du rendez-vous pris et validé avec l'entreprise spécialisée dans ce travail délicat, personne en vue. Puisque j'étais, comme il se doit, privé de téléphone dans l'enceinte de la prison, je dus ressortir et récupérer mon portable dans le *top-case* de mon scooter afin de joindre le responsable absent :

« Allô, où êtes-vous ?

– Dans le bureau du directeur de la prison.

– Mais que faites-vous ?

– Je suis retenu. Il ne veut absolument pas que j'aille vous voir sur le terrain car il est hors de question d'enlever les barbelés.

– Passez-le-moi.

– Il dit que vous devez revenir dans le bureau le voir. Moi, j'en ai assez, je n'ai pas de temps à perdre, je vous laisse régler vos problèmes. »

Sous l'œil médusé des surveillants, je fis donc le chemin en sens inverse, repassai les portiques et me retrouvai dans le bureau du directeur :

« Que se passe-t-il, Stéphane ?

– Moi directeur de cette prison, les barbelés ne seront jamais retirés du terrain de sport. Nous sommes à côté du mur d'enceinte et je ne garde pas ici que des gentils garçons. Vous savez, les prisons sont très mal fréquentées.

– Mais Stéphane, vous avez un document écrit et validé par toute votre hiérarchie, vous qui n'avez que ce mot à la bouche.

– Ma hiérarchie vous a écrit à vous mais pas à moi. Je compte bien mettre en avant mon droit de retirer ma responsabilité pénale en cas de problème. Donc, j'attends que vous disiez à la ministre de me donner l'ordre écrit de retirer les barbelés et je le ferai, pour les remplacer d'ailleurs par autre chose qui sera sans doute du grillage électrifié. En un mot, du "grillage à vaches".

– Vous savez très bien que ni la ministre ni aucun membre de votre hiérarchie ne vous écriront cela.

– Alors, je ne le ferai pas. En plus, si un de mes supérieurs voulait le faire, il faudrait simultanément qu'il me débloque les crédits pour le grillage à vaches, car moi, je n'ai pas d'argent à attribuer à ce genre de travaux. Je dois payer le chauffage, les aménagements, les réfections de cette prison et un ensemble de travaux que je juge bien plus prioritaires.

– Comme mettre un système de vidéosurveillance et des caméras pour le nouveau terrain ? Pour cet équipement, vous avez trouvé l'argent ?

– Oui, car c'est une nouvelle installation, il y a des bancs, des arbres, je ne veux pas qu'un de mes agents subisse les attaques de détenus qui auraient utilisé vos aménagements comme des armes. C'est pour vous aussi que je fais cela, vous imaginez la mauvaise publicité s'il y avait un problème avec vos innovations ? Plus de Botton ni de son association en prison.

– D'accord Stéphane, vous engagez une nouvelle fois le bras de fer, alors que nous étions convenus que le projet pouvait se faire. Ce n'est pas correct, je vais donc me battre.

– Allez-y Pierre, si on me l'écrit et si on trouve l'argent, je retire les concertinas.

– Je vais peut-être trouver l'argent.

– Vous êtes toujours trop pressé Pierre, c'est votre défaut. Essayez déjà de faire en sorte que l'on me donne l'ordre de retirer les barbelés et n'oubliez pas l'enjeu : plus de Botton dans les prisons. »

Tout est dit dans cette phrase : « Plus de Botton ni de son association. » Ce sont bel et bien des fonctionnaires comme Stéphane Scotto qui, régulièrement, font fi des engagements des responsables politiques, dont pourtant ils dépendent.

Nous avons réussi à faire enlever les barbelés des maisons d'arrêt de Nanterre ou de Versailles sans problème, mais jamais de Fresnes. Les concertinas y sont même toujours ! Le symbole résiste encore et encore.

*

Quand Jean-Jacques Urvoas devient garde des Sceaux en 2016, cette affaire de barbelés est l'une des premières que je lui demande de régler. Et pour laquelle j'essuie un refus, premier renoncement de l'activiste devenu ministre qui n'a ensuite jamais cherché à imposer ses décisions à sa toute-puissante administration. Laquelle, dans l'ombre, n'a cessé de démolir mes actions. Lors de mes nouveaux ennuis judiciaires, si j'avais bénéficié d'une instruction en bonne et due forme au lieu de la simple enquête préliminaire, je ne me serais pas privé de demander des confrontations avec ces gens-là, le ministre et Stéphane Scotto compris. Imaginez un peu les titres dans les médias : « Le directeur de la prison de Fresnes confronté à Pierre Botton » ! Impensable pour l'*establishment*[1]...

1. Dans l'arrêt de mon jugement en appel, il est d'ailleurs écrit, p. 46 : « Le Tribunal regrette l'absence d'audition de M. Stéphane Scotto, alors directeur de la

Après cette première déception avec Jean-Jacques Urvoas, je regretterai d'autant plus d'avoir accepté de participer, à sa demande, à la commission du Livre blanc de l'immobilier pénitentiaire, qui a rendu ses travaux en mars 2017. Parce que, chargée d'imaginer le parc pénitentiaire des années à venir et de recenser les expériences intéressantes à l'étranger, elle n'a, en fait, servi à rien. Et que ma présence place Vendôme, au milieu d'un aréopage de magistrats, fonctionnaires, préfets et membres du cabinet du ministre, s'est soldée par une perte de temps considérable pour mes activités professionnelles. Je me suis même senti piégé au sein de cette commission inutile, que ma venue cautionnait.

À force de voir ses renoncements, ses promesses à mes yeux non tenues, ce que je ressens aussi comme une instrumentalisation, je me crispe, m'emporte et en arrive à refuser publiquement de rencontrer le garde des Sceaux alors même que je me trouve, chaque semaine, juste au-dessus de son bureau. Ses nombreuses visites surprises pour me demander d'assouplir ma position n'y feront rien, pas plus que l'insistance de ses proches conseillers, dont le redouté Floran Vadillo. Pour changer d'opinion, il m'aurait fallu des actes correspondant aux engagements de l'ancien soutien de notre cause, plutôt que les belles paroles du ministre.

Les autres membres de la Chancellerie, pour la plupart honorés de se trouver là, jugent ma position, mes méthodes et ma personnalité irrespectueuses envers le garde des Sceaux.

---

maison d'arrêt de Fresnes (94) au cours de l'enquête préliminaire » et estime que cela « préjudicie indéniablement à la manifestation de la vérité ».

Cela n'aidera pas à améliorer ma réputation au sein de la technostructure... Emporté par mon tempérament, mon engagement, ma déception aussi, je réclame un jour devant ces ennemis en puissance, en accord avec les syndicats, de classer les détenus afin de créer des établissements spécialisés pour les radicalisés et d'autres, à la sécurité allégée, pour les petites peines ; ou encore de définir des profils de surveillants adaptés aux postes, en mettant un terme à la polyvalence actuelle.

Refus sur toute la ligne. En bon politique qui soutient son administration plutôt qu'il ne défend les détenus, le ministre ne cède jamais sur rien. Pis, des retours en arrière apparaissent. Comme la décision d'interdire à nos associations, contrairement à des engagements écrits, de filmer les actions dans les établissements pénitentiaires où nous agissons. Voire de m'en refuser l'accès.

Pour exprimer mes désaccords et témoigner de ce bras de fer, je décide un jour de prendre l'opinion à témoin, bien conscient que c'est un des moyens de pression efficaces quand un blocage survient avec un politique en place. Le jeudi 30 mars 2017 à 7 h 45, j'accepte un entretien avec Thomas Sotto, sur Europe 1. On est à moins d'un mois du premier tour de la présidentielle et je cadre d'entrée de jeu le débat :

« Pierre Botton : La sécurité est devenue un sujet très important pour les Français, mais il faut le prendre à la source.

Thomas Sotto : Et la source, c'est la prison ?

Pierre Botton : C'est malheureusement évident. Aujourd'hui vous avez des petits délinquants qui rentrent en prison pour des consommations de cannabis, des petits deals. Ils ressortent comme des bêtes sauvages, décidés à se servir d'une kalachnikov. Cinquante pour cent des terroristes se sont radicalisés en prison. Quand donc les politiques vont-ils en prendre conscience ? C'est vraiment fondamental. Je n'ai pas vu un seul candidat à la présidentielle qui ait cherché à voir ce qui se tramait en prison. Aujourd'hui, c'est pourtant à cause de cela que se pose le problème de la sécurité des Français.

THOMAS SOTTO : Une fois qu'on a dit cela, comment on fait pour l'éviter ?

PIERRE BOTTON : Comment on fait ? On fait quelque chose que les politiques ne veulent pas faire. On ne mélange pas un petit délinquant avec un grand braqueur, avec un violeur et *a fortiori* avec un détenu radicalisé. »

Et là, je décide de frapper directement :

« PIERRE BOTTON : On a aujourd'hui un garde des Sceaux qui s'appelle Jean-Jacques Urvoas, je pense pourtant que je ne pouvais pas souhaiter meilleur garde des Sceaux. Or cela fait quatorze mois qu'il est là et il n'a rien fait.

THOMAS SOTTO : Vous ne pouvez pas dire qu'il n'a rien fait. Il y a le programme de construction de prisons.

PIERRE BOTTON : Cela fait trente ans qu'on construit toujours le même genre de prison et on vous raconte n'importe quoi en vous disant qu'il faut dix ans pour construire une prison, ce qui est totalement faux. La réalité est qu'il faut dix ans pour construire les prisons telles qu'elles sont conçues aujourd'hui. J'aimerais bien que les candidats à la présidentielle viennent voir ce qui se passe en prison, qu'ils aient ce courage-là. Je suis bien placé pour savoir que l'opinion refuse systématiquement tout ce qui concerne les prisons. Rien ne plaît aux Français dans ce domaine, si ce n'est que, pour eux, il faut enfermer tout le monde. Mais là encore, le courage politique, c'est de prendre des décisions qui ne vont pas forcément dans le sens de l'opinion, mais qui auront des résultats. Car aujourd'hui on ne cesse de faire plaisir à l'opinion. Et cela donne quoi ? Soixante pour cent de récidivistes. Le pire, c'est qu'avant on formait des délinquants, maintenant on forme des terroristes. Il y a un moment où il faut que cela s'arrête, cela s'appelle le courage politique. »

Pas encore sorti du studio, SMS du garde des Sceaux :

Bonjour Pierre, ai-je vraiment entendu ce matin sur Europe 1 qu'en 14 mois je n'aurais rien fait ?

Réponse par le même biais :

Oui, Jean Jacques. As-tu enlevé les barbelés à Fresnes ? As-tu lancé la prison ouverte ? As-tu mis en place des innovations à la prison de la Santé que je ne peux même plus visiter pour voir ce que l'on pourrait faire avec nos mécènes ? As-tu répondu à notre association ? Nous ne pouvons plus rien filmer sur nos actions en prison, du jamais-vu ! Tu as refusé une chance exceptionnelle de toucher les jeunes en toute sécurité grâce à l'émission de Cyril Hanouna. [J'avais proposé de faire un reportage en enfermant le trublion du PAF ou l'un de ses chroniqueurs dans une cellule pendant une semaine.] Tu laisses nommer des incapables et construire des bâtiments qui sont une honte. Tu acceptes l'inacceptable. J'ai vu Patrick [Marest, l'un des fondateurs de l'Observatoire international des prisons, OIP] hier, il pense comme moi. L'OIP non plus ne te dit pas la vérité. Je n'ai aucun doute sur tes convictions, j'ai de l'estime pour toi et Anne [Wurtz, sa cheffe de cabinet] mais quelle déception pour moi. Tu as encore quelques jours devant toi, il n'est jamais trop tard pour bien faire.

Tu remarqueras que moi je te réponds, ce n'a été le cas ni de ton cabinet, ni de toi, quand je t'ai sollicité. J'avais prévenu tes collaborateurs (Floran Vadillo) qu'il vaut mieux m'avoir dedans que me laisser dehors.

À Villepinte, la semaine passée (avec le président de la République), tu ne me semblais pas aussi dur ! Bonne journée quand même.

*

Très exactement vingt-huit jours après l'émission du 30 mars, l'autorisation est donnée de lancer des perquisitions contre moi. Plus de trente policiers mobilisés simultanément, au siège de notre association, à mon domicile, à celui de mon ex-épouse qui préside l'association, de mon assistante depuis vingt-cinq ans, chez notre commissaire aux comptes, chez nos comptables et jusque dans les écuries de mes filles... Un traitement digne d'un gros trafiquant de drogue !

Le hasard ? Sans doute. Mais au fond de moi, certains jours, je trouve qu'il a bon dos.

Coïncidence encore que le chargé du réquisitoire contre moi en première instance ait par la suite été préféré à cinq cent vingt-neuf autres candidats pour devenir substitut à la cour d'appel de Paris, juste après le rendu du jugement de 2020 ?

En tout cas, je note que les autorités n'ont pas la même célérité ni la même sévérité avec tous quand, après l'alternance de 2017, Floran Vadillo, le conseiller de Jean-Jacques Urvoas, recasé chez un fournisseur de la place Vendôme, la commission de déontologie de la fonction publique validera ce « pantouflage » sans y trouver à redire[1]. Quant à l'ex-ministre,

1. « Les intérêts bien compris d'un ancien conseiller au ministère de la Justice », *Le Parisien*, 19 décembre 2017.

il connaîtra lui aussi des ennuis judiciaires. Dont une maigre condamnation par la Cour de justice de la République, comme rapporté ici par mon journal adoré :

Jean-Jacques Urvoas condamné à un mois de prison avec sursis pour « violation du secret ».

L'ancien garde des Sceaux, jugé par la Cour de justice de la République, a été reconnu coupable d'avoir transmis des informations confidentielles au député des Hauts-de-Seine Thierry Solère, en 2017. [...] L'ancien ministre socialiste était poursuivi pour avoir, entre les deux tours de l'élection présidentielle de 2017, transmis au député (ex-LR) Thierry Solère des informations sur une enquête le visant[1].

Un mois de prison avec sursis, pour un garde des Sceaux accusé de s'être livré à un trafic d'informations fiscales, ce n'est vraiment pas cher payé... contrairement à d'autres. Et moi le premier.

1. *Le Monde*, 30 septembre 2019.

3

Amnésie à la Caisse des dépôts

« Les puissants tiennent beaucoup plus
à leurs postes qu'à leurs biens. »

Emmanuel Berl

Voilà l'une des institutions les plus puissantes de la République, son « bras financier », dit-on même. Mais moi je suis en colère contre cette « vieille dame », comme on surnomme la Caisse des dépôts et consignations (CDC). Parce que les dépositions de ses fonctionnaires devant la brigade financière, lors de l'enquête sur les faits qui m'étaient reprochés, m'ont valu, le 9 novembre 2020, une condamnation en appel humiliante, pour escroquerie, que je n'accepterai jamais. D'autant moins qu'en première instance, le tribunal n'avait pas retenu cette infraction alors qu'il n'avait pourtant pas été tendre avec moi !

Mais revenons aux faits.

Que me reproche-t-on ? D'avoir adressé une facture de 500 000 euros à la CDC, correspondant aux études sur un projet de prison expérimentale fondée sur le travail des détenus, programme validé par trois gardes des Sceaux successifs

– Michèle Alliot-Marie, Michel Mercier et Christiane Taubira – qui a conduit à la création, fin 2018, de l'Agence du travail d'intérêt général et de l'insertion professionnelle (Atigip). Sur la base de mes propositions, conformément aux études que j'ai faites et dont la rétribution m'a été contestée par la justice, trois établissements pénitentiaires d'un type nouveau doivent d'ailleurs ouvrir prochainement, dès 2025 à Arras (Pas-de-Calais), puis à Toul (Meurthe-et-Moselle) et à Donchery (Ardennes) en 2027. Sauf que la CDC affirme ne jamais avoir eu connaissance de ce travail, ni de ma facture ! Contre l'évidence, comme je vais le montrer.

Pour comprendre, il faut se reporter à la déposition de ses agents. Notons au passage ce privilège : alors que les membres de mon entourage ont subi l'humiliation d'une convocation au 36, quai des Orfèvres, ces personnes ont eu droit au déplacement, jusqu'à leur siège de la rue de Lille, dans le 7e arrondissement, du brigadier-chef de la brigade financière B, et d'un brigadier de police. Ces deux inspecteurs Derrick leur ont réservé un interrogatoire groupé et annoncé qui a dû laisser le temps à chacun et à tous de bien se préparer. Facile ! Un autre avantage – pas pour la défense ! – de la procédure d'enquête préliminaire, où, rappelons-le, aucun magistrat n'intervient, et où une courtoisie connivente qu'aucun juge d'instruction n'aurait vraisemblablement, lui, acceptée, peut apparaître.

Extraits de cette audition à la CDC, dans le style inimitable des procès-verbaux policiers :

L'an deux mille dix-huit, le 12 février à quatorze heures vingt minutes.

Sommes mis en présence de :

Monsieur Jean-Marc Morin (né le 12/04/51 à Saint-Flour), conseiller auprès du directeur général de la Caisse des dépôts et consignations, lequel est assisté de

Madame Sophie Quatrehomme (née le 16/10/1976 à Orléans), directrice de la communication,

Monsieur François Bachy (né le 06/03/1960 à Saint-Cloud), président de la SAS Docks en Seine, filiale de la CDC.

Connaissance prise de l'enquête préliminaire en cours sur instructions du parquet du Tribunal de grande instance de Paris, M. Jean-Marc Morin, assisté de Monsieur Bachy et de Madame Quatrehomme, répond comme suit à nos questions...

Après une première question d'ordre général sur « le rôle de la CDC dans la mise en place de financements des projets gouvernementaux » – d'où il ressort qu'elle n'engage aucune dépense sans l'avis d'un « comité national » –, l'entretien en arrive au vif du sujet :

Question : Si une association souhaite solliciter un financement auprès de la CDC, pouvez-vous nous expliquer les procédures mises en place et le déroulement de cette procédure ?

Jean-Marc Morin : Seuls les élus, les OLS (organismes de logements sociaux) peuvent solliciter la CDC, qui peut également avoir des initiatives.

Une association ne peut donc nous solliciter directement pour un investissement. [...]

– Dans la perspective de mise en place d'une étude pour la faisabilité d'un projet, la CDC est-elle susceptible d'intervenir pour le financement des coûts liés à ces études ?

– Oui, la CDC peut être amenée à intervenir pour financer des études. Dans tous les cas cela suppose la tenue d'un comité d'engagement. Il s'agit de la même procédure que pour les projets.

– Dans l'hypothèse où une étude non financée aboutirait à une décision gouvernementale de financement, si aucune décision antérieure n'avait été prise, la prise en compte a posteriori *des frais liés à cette étude est-elle envisageable ?*

– Cela peut arriver, mais dans tous les cas, le financement sera soumis à une décision du comité.

– En cas de décision favorable du comité une convention est-elle signée ?

– Tous les comités donnent lieu à l'établissement d'un procès-verbal. La décision est communiquée au bénéficiaire et une convention est signée.

– Un organisme privé ou public est-il susceptible de vous adresser une facture en l'absence de convention antérieure, pour le financement d'un projet à caractère économique ou social ?

– Seuls les écrits préalables (comités, conventions) permettent le déblocage des fonds. Il faut ce que l'on appelle un acte d'engagement. Chaque décision favorable entraîne l'enregistrement d'un numéro de facture sur cet acte d'engagement, que le tiers doit communiquer sur ses factures. Ces décisions sont enregistrées dans notre logiciel.

– La CDC a-t-elle été sollicitée par M. Pierre Botton ou l'association Les Prisons du cœur au cours des années 2010 à 2013 dans la perspective de l'ouverture d'un centre de détention ouvert ? Sachant que ce projet était prévu à Saint-Julien-sur-Suran (Jura) ?

– Avant l'année 2014, nous n'avons jamais été sollicités pour l'ouverture d'un centre de détention ouvert. Nous avons effectué

les recherches suite à vos demandes, nous n'avons aucune trace en ce sens sur cette période.

« Avant 2014. » Un moment d'amnésie, sans doute : en réalité, la CDC et la police détiennent des documents qui attestent de mes demandes et de mes discussions intenses, depuis 2010, avec, entre autres, Michel Chatot, contrôleur général – et donc membre important – de la Caisse. Des contacts établis dans un seul but : le paiement des sommes engagées – mais, après tout, Jean-Marc Morin l'ignorait peut-être. Un « oubli » qui permet donc de réfuter toute sollicitation financière relative au projet et entraîne ma condamnation pour escroquerie.

L'interrogatoire reprend :

Il semble qu'un rapport sur les prisons ouvertes avait été remis au ministère de la Justice en 2010, qui pourrait expliquer le lancement d'un projet de centre de détention ouvert par l'association Les Prisons du cœur. Vous confirmez bien que la CDC n'a pas été sollicitée en ce sens ?

– Nous n'en avons pas été informés et n'avons pas été sollicités en ce sens.

L'enquêteur ne prend pas la peine de poser une question ouverte. Sa conviction paraît établie, il demande confirmation. Comme il le fera quasiment tout le temps, parfois dans des conditions qui me révoltent[1]. Quant à la réponse, jugez plutôt !

1. Voir le chapitre 13.

Aucun partenariat n'a donc été mis en place avec l'association Les Prisons du cœur, M. Pierre Botton ou la société Pierre Botton Création en ce sens ?

– Nous avons eu un seul partenariat avec l'association Les Prisons du cœur. Ce partenariat portait sur l'achat de pages dans la presse qui interpellaient la ministre de la Justice (Madame Taubira) sur la nécessité de permettre aux parlementaires et aux journalistes d'aller en prison. Au-delà de ces pages de presse, il n'y a eu aucun partenariat. [...]

– Nous vous présentons l'impression d'un article de presse qui mentionne : « D'après le site internet des Prisons du cœur, Michel Mercier, ministre de la Justice, a officiellement choisi le site de Saint-Julien-sur-Suran pour implanter la prison », ainsi que : « Et c'est la Caisse des dépôts et consignations qui apportera les deniers. » Comment peut s'expliquer cet article de presse qui mentionne au conditionnel une validation par le garde des Sceaux de l'époque et un financement de la CDC ? Y a-t-il pu avoir des discussions informelles entre le ministère, la Caisse et M. Pierre Botton ?

– Il a pu y avoir des discussions informelles. C'est tout à fait possible. Mais une discussion informelle ne veut pas dire engagement. Les engagements de la CDC reposent sur les écrits comme nous l'avons évoqué. Et nous n'avons aucun écrit en ce sens.

– Il semble que M. Botton ait pu remettre un dossier de présentation du projet au ministre de la Justice à l'occasion d'une rencontre en date du 30/11/2011. Les coûts liés à la préparation auraient-ils pu être refacturés à la CDC ? Ou faut-il considérer que l'association Les Prisons du cœur aurait supporté dans tous les cas cette charge liée à la préparation ?

– Il est possible que l'association ait pu participer à ce projet, mais en tout cas nous n'avons aucune trace d'engagement

vis-à-vis de cette première association. Nous avons entrepris toutes les recherches possibles mais n'avons trouvé aucune trace.

Troisième « oubli » : des traces, il en existe, je les ai fournies et j'y reviendrai. Vraisemblablement, on ne parle pas des mêmes choses ni le même langage.

Nous vous présentons une facture à en-tête de la société Pierre Botton Création, datée du 31 décembre 2012 et adressée à la Caisse des dépôts et consignations. Ce document vous a déjà été remis pour le traitement de notre réquisition judiciaire. Les éléments de réponse à notre demande que vous nous avez fait parvenir précisent que cette facture vous est inconnue. Confirmez-vous ce point ?

– Je confirme que cette facture nous est inconnue.

– Cette facture cite « des prestations d'assistance et de conseil réalisées depuis 2010 pour le projet "Ensemble contre la récidive" et plus précisément des prestations réalisées de mai à décembre 2012 ». Confirmez-vous l'absence de convention en ce sens au cours de l'année 2012, enregistrées dans vos services ?

– (François Bachy) : Je suis arrivé en 2012. Je n'ai pas eu connaissance de convention antérieure citant M. Pierre Botton, ni de facture.

– Le montant de cette facture est-il selon vous un montant courant pour ce genre de prestation ?

– Au regard de ce montant la direction de la communication ne peut prendre seule cette décision (mécénat). Au niveau des investissements, il est plus courant d'avoir des montants de cet ordre. Et cela correspond alors forcément à une instruction complète.

– La CDC a-t-elle été sollicitée ou mandatée pour participer au centre ouvert de Saint-Quentin-Fallavier qui ouvrira effectivement ses portes au printemps 2015 ?

– (Jean-Marc Morin et François Bachy) : Si nous avons été sollicités, cela n'est jamais remonté. Cela ne nous dit rien en tout cas.

Et voilà le travail !

*

Au moment même où elle mène cet interrogatoire, la police judiciaire a connaissance d'autres pièces, à décharge pour moi et qui attestent que je suis bien en lien avec des membres éminents de la CDC pour une action en bonne et due forme, sur lesquelles elle ne pose aucune question. En particulier, un courrier du 24 octobre 2011, lettre qui m'est adressée par un responsable de la Caisse, et pas des moindres : Augustin de Romanet, son directeur général jusqu'en mars 2012.

Monsieur le président,

C'est avec beaucoup d'intérêt que j'ai pris connaissance du dossier que vous m'avez transmis concernant votre projet de centre de réinsertion « Ensemble contre la récidive ».

Vos préoccupations en matière d'insertion sont au cœur du débat sociétal actuel et s'inscrivent en cohérence avec nos missions d'intérêt général.

La Caisse des dépôts est en effet depuis 2006 le partenaire de l'Établissement public d'insertion de la Défense (Epide) dans le cadre de la société Immobilier Insertion Défense Emploi (2IDE) qui a acquis un savoir-faire reconnu dans la construction et la gestion immobilière des centres de réinsertion ouverts aux personnes en difficulté.

Filiale commune de la Caisse des dépôts et de l'Epide, elle a pour objet de réaliser et mettre à disposition de l'Epide, par des baux de longue durée, les équipements nécessaires à la réalisation de sa mission de service public.

Cette société étant entièrement dédiée à l'Epide, une extension de ses missions ne pourrait être envisagée que sur la base d'une demande formelle préalable des pouvoirs publics et de leur accord de montage juridique et financier, notamment en ce qui concerne la garantie de l'État pour l'accès aux prêts sur fonds d'épargne.

Monsieur Michel Chatot, contrôleur général de la Caisse des dépôts et président de 2IDE, prendra prochainement contact afin de vous accompagner dans la constitution de ce dossier.

Je vous prie d'agréer, Monsieur le président, l'expression de mes sentiments distingués et les meilleurs.

Augustin de Romanet

Voilà qui confirme que mon action ne sort pas de nulle part, que les hautes instances de la Caisse me connaissent, qu'un contact a été noué pour constituer un dossier. La brigade financière, très affûtée lorsqu'il s'est agi d'interroger mes filles, ma compagne ou mes ex sur ma vie privée (et même sur ce qui se passait dans mon lit), aurait-elle été peu soigneuse en classant ses scellés au point d'omettre d'évoquer ce courrier signé de la main d'une des personnalités les plus importantes du pays ? En tout cas, interroger Michel Chatot, que j'ai bel et bien rencontré, aurait dû être fait. D'autant que ses bureaux se situent au 56, rue de Lille... Soit au sein même de la CDC.

*

En vérité, tout cela est un jeu de dupes qui protège les auditionnés de la Caisse, lesquels mettent en avant l'absence de suivi du processus interne avec commission *ad hoc* ouvrant droit à paiement pour dire que la facture ne vaut rien, qu'ils n'ont été sollicités sur rien, s'arc-boutant sur un formalisme dont personne ne m'a jamais parlé, et que les enquêteurs interprètent comme une tentative d'extorsion de fonds, tandis que, au sein même de la Caisse, j'ai rencontré nombre de personnes au courant de mes démarches, des chantiers avancés, etc. À la fois kafkaïen et injuste, ubuesque et malhonnête intellectuellement.

Car, de mon côté, les pièces et témoignages confirmant l'implication de l'association comme la mienne ne manquent pas.

Le brigadier-chef B. le sait d'ailleurs fort bien, puisqu'il a interrogé en personne Claude Baillard, président d'Ensemble contre la récidive, le 7 mars 2018. Une personnalité éminente, ancien trésorier principal des impôts à Neuilly-sur-Seine (où je tiens à préciser que je n'ai jamais habité) qui, au moment où il est questionné par le Hercule Poirot de la prétendue fausse facture, est trésorier d'une institution respectée, la Croix-Rouge française. Cet homme au-dessus de tout soupçon lui a déclaré ceci :

À l'époque, le ministère de la Justice avait demandé à Pierre Botton, par un courrier que j'avais vu, signé par François Molins[1], *de contribuer à faire évoluer le milieu carcéral. L'administration pénitentiaire gérait seule ce problème et faisait comme elle pouvait.*

1. François Molins a été directeur de cabinet du ministre de la Justice de juin 2009 à novembre 2011.

Et à la question : *Qu'en était-il des échanges avec le ministère de la Justice ? Hormis ces courriers que vous citez, une convention a-t-elle été signée entre Les Prisons du cœur et le ministère ?* répond :

Il n'y a pas eu de convention, mais il y a bien eu des échanges. J'ai en tête un courrier signé par M. Mercier qui nous encourageait à avancer notre projet, mais il n'y a jamais eu la moindre annonce d'engagement. Il y a toutefois eu des échanges avec la CDC.

Et de préciser :

Je me souviens avoir vu un papier émanant me semble-t-il de M. Jouyet, ancien [directeur général] de la CDC. Dans ce courrier, il donnait à Pierre des numéros de téléphone de gens à contacter de sa part, et qui étaient ceux qui s'occupaient du financement des bâtiments qui sont faits dans le cadre des Epide.

Je suis allé une fois avec Pierre voir un responsable de la Caisse, s'occupant des Epide notamment, et nous avons parlé du Jura puisque c'était à l'époque encore le projet des Prisons du cœur. Je n'ai plus la date précise de la réunion. Nous avions expliqué que nous venions les voir suite à l'échange avec M. Jouyet. Notre interlocuteur nous a précisé que la CDC finançait ce type de projet au travers du livret A des caisses d'épargne.

Nous avons expliqué que nous avions déjà engagé des fonds, mais sans rentrer plus dans les détails de nos études. Quand nous sommes sortis de la réunion, je me souviens avoir dit à Pierre que nous pourrions tout à fait envisager de refacturer à la CDC le coût de ces études. J'ai dit à Pierre qu'il faudrait refacturer au moins 500 000 euros. Il s'agissait d'une estimation personnelle un peu à la louche au regard de tout ce qui avait été fait depuis des années. Pierre trouvait cela cohérent également. Le budget total du projet pouvait atteindre 12 à 15 millions d'euros. Selon moi, il était possible de refacturer les dépenses d'études que l'association avait engagées.

Certes, il n'y avait pas la convention en bonne et due forme administrative – il faut dire que l'on ne m'a jamais indiqué qu'il en fallait une ! –, mais prétendre que la CDC n'a jamais entendu parler de mes projets est tout simplement faux. Un témoignage comme celui-ci aurait dû amener les enquêteurs à entendre la personne qui nous avait reçus à la CDC, à voir le courrier de Jean-Pierre Jouyet, à demander les noms des gens que j'avais rencontrés. À interroger de nouveau les responsables de la Caisse, quitte à perquisitionner celle-ci afin de trouver les pièces manquantes du puzzle.

Rien de cela n'a été fait. Douze perquisitions simultanées à l'heure du laitier de mon côté, aucune dans les bureaux de la vieille dame, chez le conseiller justice du président de la République ou au ministère de la Justice.

On a saisi mon ordinateur et des milliers de mails, on a fouillé ma vie privée, on est allé jusqu'à me demander, au sujet d'un ami entrepreneur suisse, s'il était mon amant (quelle perspicacité !) ; de l'autre côté, rien. Même ma rencontre avec Odile Renaud-Basso, alors directrice générale adjointe de la CDC, devenue ensuite directrice du Trésor puis présidente de la Banque européenne pour la reconstruction et le développement, dont j'ai fait mention moi-même aux enquêteurs, n'est ni portée à mon crédit ni même le point de départ d'une contre-enquête objective.

Ma correspondance de l'époque regorge par ailleurs de pièces qui auraient dû jouer en ma faveur et attester de mes activités comme de ma bonne foi. Ainsi de cette lettre de Michel Mercier, alors ministre de la Justice, en date du 30 juin 2011 :

Monsieur,

J'ai lu avec attention l'article du Progrès *de Lyon consacré à l'expérimentation que vous souhaitez conduire et qui s'appelle « Ensemble contre la récidive ».*

Une réunion s'est par ailleurs tenue sur ce sujet le 24 mai 2011 à la présidence de la République en votre présence ainsi que celle de Jean-Pierre Picca et d'Henri Guaino, conseillers du président[1]*, et d'un membre de mon cabinet.*

Si la présentation de votre projet rejoint certaines de nos préoccupations en matière de prévention de la récidive, il convient de l'expertiser plus avant à travers l'étude du cahier des charges support de votre expérimentation.

Lors de la réunion mentionnée mon cabinet s'est engagé à rendre ses conclusions deux mois après réception de vos documents.

Je vous remercie donc de nous les adresser sans délai afin d'entamer le travail d'analyse nécessaire.

Je vous prie d'agréer, Monsieur, l'expression de ma considération distinguée.

Michel Mercier

Ce courrier prouve deux choses : d'abord que les plus hautes autorités de l'État se sont saisies de mon projet – je dis bien MON projet, fruit de longs mois de travail avec mon association, et non celui de l'administration ; ensuite qu'il existe des documents suffisamment complexes et denses pour qu'on me les réclame « sans délai », afin que le cabinet du ministre et son administration puissent les étudier pendant « deux mois ». Deux mois d'expertise, cela fait beaucoup pour un dossier prétendument inexistant, en réalité lourd d'un cahier des charges,

1. Nicolas Sarkozy est alors président de la République.

de plans, de maquettes, de films en 3D... Le rapport de l'administration confirmera d'ailleurs sa faisabilité et soumettra sept décisions à l'accord du ministre, dont la possibilité pour les détenus d'avoir un téléphone au sein de la prison.

Cette volonté politique affichée est attestée par un autre courrier du même Michel Mercier, celui-ci adressé en novembre 2011 à Jacques Pélissard, député de la première circonscription du Jura, où devait être implanté, à Saint-Julien-sur-Suran, le premier centre de prévention de la récidive. Plus qu'une simple lettre, il s'agit à mes yeux d'un engagement du ministre à un élu de la République :

Monsieur le Député, Cher Jacques,

[...] Les aspects techniques [du projet Ensemble contre la récidive], les modalités de fonctionnement de la structure et les conditions de prise en charge des détenus qui présentent à certains égards un caractère expérimental, ont été validés par l'administration pénitentiaire. [...]

J'approuve, dans son principe, ce projet qui devra encore faire l'objet d'un examen d'emprise foncière qui doit naturellement répondre à des normes précises.

Le projet de loi de programmation pour l'exécution des peines actuellement débattu au Parlement a notamment pour objectif de développer un nouveau type d'établissement réservé aux personnes condamnées à des courtes peines.

Le projet de l'association Ensemble contre la récidive s'inscrit pleinement dans cette logique et trouve donc sa place auprès des futures structures qui seront ouvertes dans ce cadre.

À l'époque, crédule Don Quichotte à l'assaut des moulins à vent de notre belle administration, j'ai encore bon espoir d'aboutir et de voir le dispositif expérimental intégré à la loi de programmation évoquée par le ministre dans ce courrier. Le 7 novembre 2011, j'adresse un mail en ce sens à Jean-Pierre Picca, conseiller justice de l'Élysée. Où je lui propose même, pour « gagner du temps », d'assister en personne aux réunions nécessaires. La réponse me parvient dans la demi-heure :

Pierre,
J'ai parlé par ailleurs avec Michel Mercier, il est prêt à vous recevoir.
Amitiés.

Qu'on ne vienne donc pas me dire que personne n'était informé !

Voici un autre mail, du 17 novembre 2011, qui figurait dans les documents remis à la brigade financière et qui jamais, semble-t-il, n'a été trouvé – sans aucun doute, encore une fois, la faute à pas de chance ! Il vient de Michel Chatot, le contrôleur général de la Caisse déjà cité.

Bonjour M. Botton,
[...] Ce que vous exprimez et ce que vous proposerez au président de la République relève, à mon sens, du domaine des principes et ce que vous dites à ce sujet et à ce stade, me paraît clair et compréhensible. Après, l'intendance suivra !

Résumons : personne « au-dessus » n'ignore mon projet, les plus hautes autorités le valident, mais derrière, contrairement à ce qu'affirme Michel Chatot, rien ne « suit ». Magnifique administration française ! J'ai cru leurs écrits, leurs promesses de réunion en réunion, je me suis battu comme un lion pour essayer de faire avancer notre projet, une fois leur accord obtenu, je leur ai fait confiance pour le paiement des études que j'avais entreprises... et finalement la « technostructure » n'en a fait qu'à sa tête, comme bien souvent. Elle va réussir à faire écarter mes idées de la loi de programmation sous couvert de raisons juridiques, qu'un mail de l'Élysée reçu le 23 novembre 2011 à 16 h 44 m'expliquera en assurant : *Vous n'avez pas d'inquiétude à avoir, votre projet reste suivi avec attention.*

Pas d'inquiétude à avoir... En détention, je ne cesserai de repenser aux formules de ces messieurs en costume gris, paisiblement endormis chez eux pendant que moi, qui ai cru à leurs promesses, j'essaierai de trouver le sommeil dans l'enfer de la prison.

*

On l'a vu, les fonctionnaires de la CDC interrogés par les enquêteurs non seulement assurent ne pas avoir entendu parler de mon projet avant 2014 – si c'est faux, l'amnésie est un mal contagieux et je l'ignorais, si c'est vrai, il y avait un vrai problème de transmission des informations au sein de la Caisse ; troisième option, les rouages « subalternes » (rien de méprisant dans ce propos) estiment que rien n'existe tant que les procédures internes n'ont pas été lancées. Mais ils jurent aussi qu'à aucun moment il n'a été question d'une quelconque facture ou du remboursement des frais avancés pour les études. C'est ne pas savoir – et les policiers auraient dû eux-mêmes s'y intéresser – que Michel Chatot m'avait dit, dans son mail du 24 novembre 2011 :

Tout engagement financier doit être autorisé par le comité d'engagement de la CDC. Mais tout cela peut aller vite lorsque les conditions sont réunies.

C'est avoir oublié un autre mail, envoyé par moi le 22 janvier 2013 au même Michel Chatot, avec copie à François Bachy, l'un des fonctionnaires qui s'exprime dans le procès-verbal reproduit au début de ce chapitre, où il est question des frais engagés par mon association, des personnes saisies de ma demande et de réponses à obtenir :

François Bachy me fait savoir que vous attendez une demande expresse de l'État, comment cela se matérialise-t-il ? M. Jouyet[1] *ayant été informé, cela aide-t-il ou non ?*

Ce que nous cherchons pour l'instant, c'est à nous faire rembourser, par vous, une partie des études avancées par nous, qui vont servir pour le projet. [...] Comment pouvons-nous faire ? Puis-je avoir un mail à transmettre à Matignon ?

Merci.

Pouvais-je me montrer plus clair ? À croire que parce que je me renseignais, mes interrogations n'ont aucune valeur ?

*

Je pourrais continuer à fournir les mails qui attestent de ma sincérité et n'ont pas été pris en compte lors de l'enquête.

Je pourrais aussi ironiser à l'infini sur les coûteuses usines à gaz auxquelles aboutissent les fameuses « procédures » de la Caisse des dépôts. Un exemple ? Des « cyber-bases justice », des espaces informatiques voués à faciliter un accès contrôlé à Internet en milieu pénitentiaire, ont été expérimentées à partir de 2009, au titre d'une convention entre le

1. Jean-Pierre Jouyet est alors directeur général de la CDC.

ministère de la Justice et la CDC, dans sept établissements pénitentiaires, à Bordeaux, Marseille, Amiens, Lavaur, Metz, Saint-Martin-de-Ré et Rennes. Quelques années plus tard, le bilan de cette opération à plus d'un million d'euros s'avérera catastrophique. Ce n'est pas moi qui le dis, mais un avis du contrôleur général des lieux de privation de liberté[1] : lors de leurs visites entre 2015 et 2018, ses services ont constaté que l'une des « cyber-bases » n'existait plus, qu'une autre était à l'arrêt depuis plusieurs mois, et que toutes souffraient de défauts de mise à jour et de difficultés techniques.

Bien joué, les artistes !

Mais je préfère finir sur une note d'humour. Pendant l'enquête, avec l'aval du procureur, la brigade financière a saisi, chez moi et dans un coffre ouvert à la Société générale, 12 040 euros en liquide.

Provenant (avec tous les justificatifs pour l'attester) de mes comptes et de retraits légaux à des distributeurs de billets, sur une période d'un an, cet argent m'a été confisqué. Et auprès de qui a-t-il été déposé le 15 juin 2017 ?

Bien entendu, à la prestigieuse CDC, comme la loi l'ordonne.

*

Enfin, je tiens à reproduire deux passages de l'arrêt du jugement que je trouve édifiants et qui confirment que, dans les hautes instances de l'État comme à la Caisse des dépôts,

1. « Avis du 12 décembre 2019 relatif à l'accès à Internet dans les lieux de privation de liberté », *Journal officiel de la République française*, 6 février 2020.

des personnes étaient bien au fait de la réalité de mon travail, tandis que certains membres de la caisse n'ont pas été interrogés durant l'enquête alors qu'il l'aurait fallu.

Le document indique ainsi que les facturations qu'on me reproche ne reposent « que sur la parole du garde des Sceaux et du secrétaire général de l'Élysée[1] »... Une parole qui n'est quand même pas rien. Et il y est écrit : « Il est évident que M. Botton ait entretenu des relations avec d'autres représentants de la CDC, malheureusement non entendus au cours de l'enquête préliminaire. » Si c'est la justice qui le dit...

*

Soulagé d'avoir ici pu enfin laver mon honneur, je n'en oublie pas moins l'essentiel : en bloquant mon projet, on a perdu une occasion de réformer un système pénitentiaire en perpétuel échec, qui continue à générer 60 % de récidivistes. Et dont j'ai dû subir le quotidien vingt-quatre mois durant.

1. P. 63 de l'arrêt du jugement en appel.

4

Retour à la case prison

« Il vaut mieux une injustice qu'un désordre. »
Goethe

Le 2 juin 2020, ma condamnation apparaît en bas de l'écran des chaînes d'information. J'ai pris le maximum : cinq ans, 150 000 euros d'amende et mandat de dépôt à la barre ! Tel un dangereux délinquant, je me fais sortir du jeu. Définitivement.

En raison de l'incompréhension de mon ancien avocat face aux reports d'audience liés au Covid, je ne suis pas présent devant le tribunal. Un fiasco de défense en première instance qui me pousse à changer de conseil et à contacter le regretté ténor du barreau Hervé Temime[1].

Je l'ai croisé plusieurs années auparavant, dans le « microcosme » parisien où les « monstres des prétoires » apprécient d'évoluer. Ensuite, après avoir obtenu son numéro par l'un de ses plus célèbres clients, Bernard Tapie, il m'est arrivé à plusieurs reprises de le solliciter pour des amis. Ses réponses sont toujours venues dans l'instant, par SMS. Mais je ne le connais pas plus que ça.

1. Me Hervé Temime est décédé le 10 avril 2023.

Ce jour-là, mon appel marque notre premier rapport de client à défenseur. Comme toujours, il décroche immédiatement :

« Bonjour, c'est Pierre Botton, je viens d'être condamné à cinq ans de prison ferme avec un mandat de dépôt à la barre.

– Oui, j'ai entendu dans les médias.

– Je voudrais vous prendre comme avocat.

– Attendez, vous m'appelez de quel téléphone, là ? Je ne réponds qu'au téléphone officiel.

– Non, c'est le mien, je suis chez moi, à Paris.

– Ah bon ? Mais que faites-vous chez vous ?

– Je n'étais pas présent au tribunal, car mon précédent conseil m'avait dit que c'était inutile.

– Ah bon ? Faites-moi une lettre de nomination, que vous m'adressez à mon cabinet rue de Rivoli, je suis d'accord.

– Et maintenant, que dois-je faire ?

– Vous rendre à la prison. Vous n'avez pas l'intention de fuir ?

– Non, non, pas du tout, j'ai déjà appelé la Santé.

– Bon courage. »

*

Un peu plus tôt, ma fille aînée Marie-Sophie m'appelle, en larmes. Elle propose de me conduire jusqu'à la prison. Je crois qu'elle en a envie. Moi aussi. Je lui donne rendez-vous à mon appartement de la porte Maillot, en lui disant de prendre son temps car je souhaite d'abord consulter le docteur Alain Mercuel.

J'ai rencontré ce dernier à Noël 1996. J'étais emprisonné à l'hôpital Cochin, lui était de garde. Depuis, il est devenu le numéro deux de l'hôpital Sainte-Anne, décoré de la Légion d'honneur pour son travail sur les SDF et les migrants. Surtout, c'est mon psychiatre depuis vingt-cinq ans.

Alerté aussi par les médias, il me reçoit immédiatement dans son bureau où j'ai déjà passé tant d'heures. C'est de là que j'appelle la Santé. Éberlué, le docteur assiste à ma conversation avec la maison d'arrêt. Il y a encore quelques heures, j'étais l'ancien conseiller de gardes des Sceaux successifs, le spécialiste de l'univers carcéral en France, un exemple de réinsertion ; on me passe donc sans problème le secrétariat de la direction : « Bonjour, c'est Pierre Botton, je viens d'être condamné à cinq ans avec mandat de dépôt, je prends mes sacs chez moi et j'arrive. »

Mon interlocutrice ne s'attendait pas à ça car l'information ne lui est pas encore parvenue : « Attendez, cela ne se passe pas comme cela. Il nous faut d'abord l'ordre du parquet de vous incarcérer. Nous n'avons rien reçu. Je vous rappelle. »

En attendant, je balance à Alain Mercuel : « Docteur, nous avons échoué. »

En réalité, je pense « VOUS avez échoué. » Après deux décennies de thérapie, de médicaments, d'hospitalisations, des dizaines d'expertises réalisées par les plus grands spécialistes, retour à la case départ. Je suis l'échec vivant de la justice et de la pénitentiaire. Quant au suivi psychiatrique, je n'y crois plus. Une fois remplies mes obligations de soins imposées par la justice, je n'y aurai plus jamais recours.

Le médecin m'écoute mais tente de réfuter ce constat d'échec :

« Non, monsieur Botton. Regardez, vous êtes en vie, vos filles vous aiment, vous avez fait beaucoup de choses pour les détenus. Vous ne vous mettez plus en colère, vous n'êtes pas devenu alcoolique ou drogué. Vous avez beaucoup d'amis qui tiennent à vous. Non, nous n'avons pas échoué.

– Si ! Ce n'est pas vous qui y retournez ce soir !

– C'est vrai. Si je peux vous aider, dites-le-moi. Je vais solliciter un permis de visite. On se serre la main ? »

C'est la première fois qu'il me le demande en un quart de siècle. Pendant la détention, ses démarches pour me voir échoueront. Il faudra tout son entregent pour que je puisse arriver un jour à le rencontrer quand même au service médico-psychologique régional de la prison, le fameux SMPR.

*

Je file à scooter vers la porte Maillot, pour préparer mes affaires dans l'appartement que je loue depuis ma dernière sortie de prison. Emprunter le boulevard périphérique, me garer, composer le code de l'immeuble, appuyer sur la touche de mon étage dans l'ascenseur, tout me ramène un quart de siècle en arrière et me donne le drôle de sentiment d'accomplir ces gestes banals pour la dernière fois. Comme si l'on m'avait annoncé ma propre mort et que je quittais ces lieux pour toujours.

Tee-shirts, survêtements, baskets, trousse de toilette, pulls, pyjamas, sous-vêtements Damart, et puis des livres, beaucoup de livres. Ma vie dans deux cabas Carrefour...

J'appelle mes filles et leur dis qu'elles sont des femmes exceptionnelles. Je joins ma compagne et lui murmure que je l'aime mais qu'elle doit penser à elle, vivre sa vie. Je ne sais plus vraiment où je suis, ni quand. Une pluie de SMS ne cesse de faire vibrer mon portable. Encouragement, réconfort, indignation, mon entourage navigue entre incompréhension et abattement. Moi non plus, je ne comprends rien.

Quand je finis par rappeler la Santé pour signaler que je suis prêt, la secrétaire du directeur me conseille de me présenter. Visiblement, elle n'a pas souvent rencontré le cas d'un détenu qui « s'incarcère » spontanément en venant toquer à la porte de la prison.

Je donne à Marie-Sophie les dernières consignes pour rendre l'appartement, et nous voilà en route, direction mon prochain « hôtel », tous frais payés par l'État. Le GPS nous guide *via* les Champs-Élysées et le pont Alexandre-III. Entre cauchemar et réalité, mon regard emmagasine les images de tout ce que je vais quitter – ce panorama parisien, ces passants, cette agitation, ces couleurs, cette liberté dont on jouit sans le savoir, comme moi il y a quelques heures. Je m'en veux de ne pas avoir assez profité de tout. J'observe les bâtiments, la lumière, la Seine, la Concorde, comme dans un film dont je ferais des captures d'écran afin d'emporter des cartes postales des ultimes instants de liberté. En cellule, elles me feront voyager.

La sonnerie de mon portable interrompt cette séance de cinéma intime. En ligne, un officier de police dont j'ai oublié le grade :

« Où êtes-vous ?

– Boulevard Montparnasse, je me rends à la prison de la Santé.

– Vous êtes en voiture ?

– Oui. »

Et de lui narrer mes conversations avec le centre pénitentiaire. Le policier raccroche mais rappelle vite. Il a contacté le procureur qui ne veut absolument pas que je me rende à la Santé par mes propres moyens. Je n'ai jamais fui mes responsabilités, ni raté une seule convocation, ce n'est pas maintenant que je vais partir en cavale, cela leur ferait trop plaisir. Mais visiblement, il faut justifier le mandat d'amener par une arrestation.

Au téléphone, l'officier se montre catégorique : je dois faire demi-tour car il m'attend en bas de chez moi, avenue des Ternes. Ma fille s'exécute.

À destination, sur le trottoir, je réussis à la serrer dans mes bras malgré les deux gros sacs Carrefour remplis à ras bord. Elle est en larmes, elle, si pudique, si prompte à cacher ses sentiments. Les chevaux sont sa passion. Grâce à son incomparable fibre humaine, elle a rejoint le staff de l'équipe paralympique de dressage du Brésil, avec laquelle elle a participé aux Jeux olympiques de Rio, en 2016. Neuf ans plus tard, elle a aussi été sélectionnée pour les championnats du monde de sa discipline aux Pays-Bas. Ma fierté, alors que je n'y suis strictement pour rien. Je ne me sens pas à la hauteur de cette femme hors du commun. Pourtant je lui parle :

« Chérie, je ne vais pas à l'hôpital pour un cancer, je ne vais pas attendre des résultats ou passer une chimio. On va se battre encore et toujours.

– Je sais, papa, mais quand même, c'est très dur. »

Devant chez moi, quatre policiers en civil m'attendent. Au lieu de me sauter dessus, sans excès de zèle, ils me laissent les rejoindre paisiblement. Je les en remercie.

Mes cabas remisés dans le coffre d'une voiture banalisée, je me retrouve seul à l'arrière. Deux policiers occupent les sièges avant, les deux autres ouvrent la route au volant d'un second véhicule. Le processus est engagé. Toutes sirènes hurlantes. Je vois une nouvelle fois défiler ma vie, mon quartier, la Fnac des Ternes, la place du Maréchal-Juin...

Aux abords du Palais de justice et des locaux de la police judiciaire, un barrage nous interdit de passer. Nous sommes le 2 juin 2020 et le quartier est bouclé en raison d'une manifestation surprise en mémoire d'Adama Traoré, le jeune Noir mort en région parisienne en 2016 suite à une interpellation policière. Une semaine plus tôt, aux États-Unis, George Floyd a succombé à une arrestation dans les rues de Minneapolis, suscitant une vague d'indignation mondiale et ravivant, en France, le combat des défenseurs de Traoré. Ironie de l'histoire, je retrouverai, en prison, l'un des manifestants incarcérés après les affrontements survenus durant cette manifestation.

Pour contourner l'obstacle, mon petit cortège doit traverser des chantiers, se faire ouvrir des portails et emprunter des sous-sols insoupçonnés. Nous voilà enfin à la PJ. N'en étant pas à ma première garde à vue, je connais la routine par cœur. Fouille, palpations face au mur, confiscation de ma ceinture, de mes lacets et de mon blouson d'été beige, muni de cordons.

L'interrogatoire tourne d'emblée autour d'une seule question : pourquoi ne me suis-je pas présenté à l'audience de rendu du jugement ?

Je reprends mes explications en rappelant mes échanges de SMS avec mon avocat. C'est écrit en noir sur le fond gris de mon écran, je me suis inquiété le dimanche 31 mai à 6 h 54 de la date de mon audience, et il m'a confirmé à 8 h 16 que la pandémie nous laissait du temps :

Cher Pierre, toutes les audiences sont annulées depuis le 16 mars, seul le procès Médiator est repris. Pour l'instant pas de reprise effective avant le 11 juillet, mais une convocation doit venir nous en dire plus. Covid oblige, toutes les chambres civiles et correctionnelles doivent reprendre tout leur agenda depuis mars. Je pense que nous avons au moins un mois mais je ne peux vous assurer de rien.

Le policier note consciencieusement, mais je sens bien que ce n'est pas ce qu'il souhaite entendre. Pour lui, une seule chose à retenir : j'aurais dû me rendre au tribunal, mais je n'y étais pas. Ses questions condescendantes ne visent pas à établir la vérité mais à laisser dans la procédure une trace de ma prétendue volonté de fuir. Une trace indélébile : chaque fois que je passerai ensuite devant une juridiction, on me rappellera « l'audience à laquelle vous n'étiez pas présent ». Une fois, on m'affirmera même : « Vous étiez à Cannes lors du rendu de votre jugement » !

J'espère bêtement que mes appels volontaires pour me faire incarcérer seront vérifiés. C'est sûr, on va me rendre justice au moins sur ce point. Terrible naïveté...

*

Au moment de signer ma déposition, je demande à l'officier de police judiciaire si je serai à la prison de la Santé le soir même. « Oui, je pense », me répond-il. Je le crois avec soulagement car j'ai déjà connu les cellules de la PJ, faites pour casser ceux qui y séjournent au cours de nuits sans livre, sans douche, sans télé, sans montre, sans rien d'autre que le temps qui passe.

Nouvelle erreur de ma part. J'ai bel et bien droit, je le découvre vite, au lit en béton recouvert d'un matelas en Skaï orange. Pas de papier pour aller aux toilettes. Un cube encastré pour accéder à une fontaine d'eau dans le mur afin d'y introduire un gobelet en plastique blanc, que j'attends pendant une heure. Lorsque j'ai enfin récupéré le précieux récipient et que je l'approche du robinet, c'est une douche qui m'inonde avec une puissance de bouche à incendie ! Impossible de récupérer une seule goutte.

Dépourvu de ma montre – sachant fort bien qu'elle serait confisquée, je l'ai laissée au tout dernier moment à ma fille –, je suis aussi privé des médicaments prescrits par mon psychiatre, un anxiolytique et un somnifère que l'on m'a pris en m'affirmant que j'allais voir un médecin.

Je patiente pendant environ vingt heures, une durée que j'estime en guettant les bruits et les changements d'équipe. Je sais par expérience que ce n'est que le début. Le temps judiciaire et pénitentiaire n'a rien à voir avec le temps normal. Faire poireauter est la première expression du pouvoir. On dit que Vladimir Poutine laisse parfois attendre ses visiteurs jusqu'à dix heures d'affilée pour démontrer sa puissance...

Voyant la nuit arriver, je questionne le fonctionnaire qui me propose un sandwich sous blister :

« Je vais à la Santé ce soir ?

– Non, certainement pas, on a beaucoup de monde [vraisemblablement à cause des affrontements avec les forces de l'ordre lors de la manifestation pour Adama Traoré].

– Je peux avoir mes médicaments ?

– Oui, vous allez voir le médecin. »

Revoici le temps assassin qui n'a plus du tout la même valeur que dehors et devient un terrible ennemi.

Cette durée, l'absence de réponses, le manque d'informations fiables donnent le sentiment de n'être plus rien. Tout cela provoque automatiquement une remise en question et une souffrance psychologique qui n'ont rien à voir avec l'exécution de la peine. Ou alors, qu'on le précise dans les jugements : « Vous êtes aussi condamné à ne plus exister, à n'avoir aucun droit, à ne jamais savoir ce qui va vous arriver, à devenir un sous-homme, un être inférieur dépendant de toutes les autorités. »

Le cadre est lui aussi anxiogène. De multiples cellules, des vitres à carreaux blindées par lesquelles, de temps à autre, je vois passer un détenu ou un policier. Immanquablement, un occupant en manque de drogue se jette sur les vitres, hurle, tape jusqu'à se blesser gravement. Personne ne s'en préoccupe.

Heureusement, je trouve au fond de ma poche un anxiolytique, rescapé de la fouille. Quelle chance ! Sitôt placé sous la langue, il produit son effet. Je me détends et m'endors. Pas pour longtemps. Je me réveille, je sombre à nouveau, je navigue parmi mes insomnies, un œil sur la progression de l'obscurité qui envahit les coursives.

Au milieu de la nuit, des policiers en tenue viennent me chercher : « Vous allez chez le médecin, tournez-vous, donnez-moi vos mains. » Feignant d'avoir mal entendu, je tends mes poignets joints devant moi. Comme tous les délinquants, je sais qu'être menotté dans le dos est beaucoup plus pénible. Il y a des choses que l'on n'oublie jamais. Le policier rectifie mon geste :

« Non, derrière... Écartez plus les mains, je ne veux pas vous blesser. Ça va comme ça ?
– Ça va. »

Dans ma tête, je pense que cela pourrait aller mieux.

Nous prenons des ascenseurs pour descendre dans un parking où attend un fourgon cellulaire, porte arrière tournée vers nous. Je réclame de l'aide pour monter à bord : depuis un grave accident de moto à l'âge de 16 ans, j'ai de grandes difficultés à grimper le moindre escalier sans appui. Alors, me hisser dans un véhicule de police, *a fortiori* avec des menottes... Le policier, très baraqué, me soutient.

Une policière ouvre la porte de l'estafette, révélant une minuscule cage à l'intérieur du « panier à salade ». Dans ma vie, j'ai effectué plus d'un transfert avec les forces de l'ordre, à peu près dans tous les types de véhicules possibles. Mais cela, je ne l'avais jamais vu ! Un espace de 40 centimètres par 60, un banc métallique pliable blanc, avec une encoche en trapèze pour passer mes jambes, le tout, encore une fois, avec les menottes dans le dos. Dos d'âne sur la route, coups de volant ou freinages brusques, c'est chaud pour maintenir mon équilibre sans me taper la tête.

Heureusement, cela ne dure pas longtemps, même si je n'ai toujours aucune idée de l'heure. Quand le costaud m'aide à descendre, j'ignore même, au départ, où je me trouve – à l'ancien Hôtel-Dieu, en réalité – mais je savoure. Un cycliste juché sur un vélo vert de la mairie de Paris passe sous mes yeux, un groupe de quatre jeunes rentre de soirée, des passants profitent de la nuit d'été.

Je bois cette vie que je suis en train de quitter, le temps de pénétrer dans un local gris. À bord de l'ascenseur, mon escorte me place dans un angle, face contre la tôle. À 65 ans, il ne me manque plus que le bonnet d'âne...

Dans l'hôpital, j'interroge le policier :

« Pourquoi n'ai-je pas vu le médecin de la PJ, comme la dernière fois ?

– Parce qu'il est un peu bizarre. Il trouve toujours des trucs et cela devient compliqué, alors avec vous, on préfère l'Hôtel-Dieu. »

Je n'en saurai pas plus. Visiblement, les rapports entre la médecine et la police ne sont pas au beau fixe.

Il y a pire que les « cages » roulantes de la PJ, je vais le découvrir. Mes menottes ôtées, je suis enfermé dans une énorme cellule sans lumière, tout en béton noir. Elle est déjà occupée par un homme de très forte corpulence, allongé et silencieux. Comme moi, il attend. Dans une autre pièce similaire, séparée de la mienne par une cloison vitrée, un jeune en survêtement tourne en rond sans jamais s'arrêter. Comme un lion en gage, littéralement. Mon colocataire se fait un oreiller de son pantalon afin de dormir en caleçon sur le banc profond de 50 centimètres.

On vient me chercher pour me diriger vers le cabinet du médecin. Il est fatigué, il a chaud, sa chemise ouverte jusqu'au nombril laisse voir un ventre proéminent. Le visage aussi rond que sa personne, les lunettes sur son front dégarni, il ne me regarde pas une seule fois dans les yeux, me pose très peu de questions en lisant l'ordonnance du docteur Mercuel, puis me tend la sienne. Il semble tout de même surpris et m'interroge enfin :

« Pourquoi êtes-vous ici ? Puisque vous avez une ordonnance, la visite n'avait pas besoin de se dérouler à l'Hôtel-Dieu.

– Il ne vous échappera pas que je ne prends plus beaucoup de décisions. Il paraît que le médecin de la PJ est “bizarre”.

– Bizarre ?

– Je n'en sais pas plus et je n'ai pas cherché à en savoir plus. Quelle heure est-il ?

– 1 h 30 du matin. »

Dès la conversation terminée, rebelote : menottes, cage, trajet en sens inverse, retrouvailles avec ma cellule et son matelas en Skaï orange. Mes chaussures ont très bien tenu à mes pieds sans lacets, mon jean sans ceinture n'a pas glissé. Les médicaments m'emportent dans leur sommeil artificiel.

Soudain, tout s'agite de nouveau. Re-ascenseurs, re-couloir, re-attente. Le procureur doit me signifier mon jugement. Dans une « usine » de dix petits bureaux, alignés en quinconce, tous occupés sauf un, un Plexi sépare la justice du condamné, Covid oblige. L'homme qui m'attend présente bien. Environ 35 ans, mèche blonde sur le côté, en complet bleu et cravate violet pâle sur une chemise blanche. La classe. À son côté, un collègue plus jeune, sans doute un stagiaire. Pourtant, malgré le contraste entre sa tenue soignée et la mienne qui trahit ma nuit passée dans les geôles de la République, je semble plus à l'aise que lui. Fébrile pour une raison qui m'échappe, il me fait vite signer mon jugement et s'en va, soulagé.

Cela a duré trois minutes, sans aucun commentaire. La lutte contre la récidive pourrait pourtant commencer là, par une explication de la sentence, des condamnations, du pourquoi, du comment se tenir en prison, des aménagements possibles... Rien. La justice à la chaîne. Dans le respect de la procédure mais pas des droits humains. Le jugement me reste deux minutes entre les mains, aussitôt retiré par les policiers. Impossible de conserver sa propre condamnation avec soi. On me promet de me la rendre plus tard, en prison.

*

Dans ces moments, les procédures dressent un mur infranchissable face auquel le justiciable, surtout condamné, n'est plus rien. Non, Messieurs les politiques, les législateurs, les rédacteurs de décret d'application, vous ratez une étape capitale : celle du terrain, qui met en jeu la personnalité et la motivation de celui qui applique vos décisions. Les citoyens sont confrontés à cette justice-là, et non à vos textes incompréhensibles ou à vos belles déclarations sur les plateaux télé.

La fracture entre le peuple et les institutions se manifeste de bien des façons. L'incompréhensible gestion de la crise du Covid (masque ou pas masque ?), les manifestations interdites quand d'autres sont tolérées au même moment, les rapports dégradés entre la police et les banlieues... L'État ne comprend plus les gens et leurs vies, ne parle plus jamais du monde réel, du monde concret.

Là, à cet instant, j'y suis, au cœur de cette vérité. Pris dans la machine judiciaire, soumis à son traitement des êtres humains, victime de ses routines mécanisées qui me privent de tout élément de décision. Puis-je faire appel, ou non ? Dois-je déposer une demande de mise en liberté ? Je ne le sais pas et c'est incroyable, inacceptable à l'aune des principes qui animent des institutions honorables comme le Défenseur des droits, le Contrôleur des lieux de privation de liberté ou la Ligue des droits de l'homme. C'est précisément parce que rien ne bouge que j'ai créé mon association. Il faut cogner et engager un rapport de force pour espérer changer les choses.

*

De nouveau conduit en cellule, je me livre à la seule activité possible : attendre.

Une nouvelle équipe vient enfin me chercher pour me mener à la Santé. Avec ces trois fonctionnaires, l'ambiance se détend. Les fenêtres sont ouvertes, je n'ai pas les menottes, nous sommes en confiance. C'est alors que se déroule une scène magique. Une belle jeune femme de 30 ans, en robe blanche à reflets rouges, règle l'allure de son scooter pour rester à notre hauteur et s'adresse aux policiers : « C'est vous qui faites les méchants avec les jeunes ? »

Nous sommes le 3 juin, au lendemain de la manifestation tendue pour Adama Traoré. Mais comment sait-elle que ce sont des policiers ? Ils n'ont pas de brassard et nous roulons en voiture totalement banalisée, sans utiliser la sirène ni même le gyrophare que les forces de l'ordre appellent la « goutte ». À croire qu'elle nous a attendus, ou vus sortir du Palais de justice. Comme elle poursuit son manège pendant une bonne partie du chemin, l'un des policiers finit par répondre :

« Nous, on n'est pas méchants.

– Peut-être pas vous, mais il y en a qui le sont.

– Nous, on fait notre travail.

– Oui, mais il faut le faire gentiment, normalement, il ne faut pas être méchant. »

« On fait notre travail » : j'ai horreur de cette phrase, prétexte favori de toute personne qui veut se dédouaner sur sa hiérarchie, son supérieur ou une autorité quelconque. Tout le monde ne choisit pas d'être magistrat, policier ou gardien de prison. Qu'ils assument, ils n'ont pas besoin de s'excuser.

Le policier croit clore la conversation, mais la jeune intrépide poursuit encore notre véhicule et conclut, par la fenêtre ouverte : « Alors, on est d'accord ? Il ne faut pas être méchant avec les jeunes. D'accord ? Il ne faut pas », répète-t-elle.

Quand je fais part de ma sidération admirative – moi, le militant –, le policier élude : « En fait, je l'ai trouvé jolie et je lui ai fait un clin d'œil », rigole-t-il.

Cette scène conforte ce que j'ai toujours cru : les femmes sont plus courageuses et plus fortes que les hommes. Voilà pourquoi je les aime, voilà pourquoi je suis très fier d'avoir trois filles.

Après avoir dépassé le fameux restaurant La Closerie des Lilas, nous arrivons devant la prison, au 42, rue de la Santé. Cette rue où j'ai donné un entretien pour le 20 heures de France 2 au moment des travaux de rénovation de l'établissement.

La porte s'ouvre, la prison m'accueille. Je porte les mêmes vêtements et sous-vêtements depuis vingt-quatre heures, je n'ai pu appeler ni mes enfants ni ma compagne, qui tous me pensent déjà sur place depuis la veille au soir. Et pourtant je suis soulagé comme si j'arrivais chez moi. C'est tellement triste.

Vingt-cinq ans après ma première incarcération, rien n'a changé. Le détenu reste quantité négligeable, dépourvu de droits, interdit d'opinion, emmêlé dans des procédures idiotes.

On peut améliorer les situations matérielles, ce qui n'est pas rien. Mais pour faire évoluer les mentalités, il faut une autre chose. Elle s'appelle l'humanité.

5

Embastillé

« On dit que nous ne faisons pas souffrir
les coupables pour les faire souffrir.
Il n'en est pas moins vrai
que nous trouvons juste qu'ils souffrent. »

Émile Durkheim

À son entrée dans un établissement pénitentiaire, tout détenu est d'abord placé dans le « quartier arrivant » pendant une semaine, le temps de découvrir les différents services de la prison et d'être évalué. Ensuite seulement vient son affectation définitive.

Cet accueil provisoire occupe le premier et le deuxième étage du QB4, celui qui abrite aussi, au dernier niveau, la petite vingtaine de cellules vouées aux « personnes vulnérables », ainsi que je l'ai dit plus haut, autrefois qualifié de « quartier VIP » par les médias.

Vingt-cinq ans après y avoir été incarcéré une première fois, je retrouve des lieux familiers. Et même le visage connu d'un surveillant vétéran :

« Mais qu'est-ce que vous faites là ? Vous n'êtes pas retombé quand même ?

– Si.
– Combien ?
– Cinq ans ferme en première instance.
– Non, ce n'est pas possible ! Ils vous aiment, vous ! Il faut dire que vous n'êtes pas comme moi, vous ne les laissez pas en paix. Regardez, vingt-cinq ans après, j'ai refusé tous les avancements, je suis toujours simple gardien. Je veux la tranquillité et rester à Paris. J'ai acheté un petit appartement à côté, alors ce n'est pas pour un avancement minable que je vais changer. Je veux juste finir à la Santé.
– Mais pendant les travaux, vous avez bien été obligé de changer[1] ?
– Non, le centre de semi-liberté n'a pas fermé, j'y ai été affecté à l'ancienneté. D'ailleurs, je vous ai vu, la veille de la fermeture, avec la directrice de l'administration pénitentiaire. Vous faisiez partie des personnes invitées avec la presse pour visiter l'établissement en rénovation. Pourtant, si j'ose dire, vous le connaissiez déjà !
– Je ne me souviens pas de vous avoir vu. Vous êtes venu à ma rencontre ?
– Non, ce n'est pas mon style. Vous vous êtes pris le bec avec la directrice de l'Apij[2], Pascale Bruston. On rigolait avec les collègues car elle vous évitait et vous la poursuiviez dans les coursives.
– Je me souviens effectivement de cet incident. Je lui reprochais de ne mettre ni banc ni WC dans les cours des

1. La prison de la Santé a fermé entre 2014 et 2019 pour rénovation. Les détenus et le personnel ont alors été dispersés dans d'autres établissements d'Île-de-France.
2. Agence publique pour l'immobilier de la Justice, l'organisme qui construit les prisons pour le compte du ministère de la Justice.

nouveaux établissements. C'était au moment où nous visitions les anciennes cours de promenade que j'avais fréquentées...
— Les "camemberts"... »

Le jargon de la prison ne s'oublie pas. À l'époque, les « VIP » de la Santé avaient pour promenade les anciennes cours des quartiers de haute sécurité, découpées en plusieurs « portions » d'un espace circulaire, comme un fromage. Un endroit horrible, minuscule, avec une pointe tout au bout et des grillages très serrés au-dessus de nos têtes. J'y ai côtoyé le maire d'Angoulême Jean-Michel Boucheron, l'homme d'affaires André Guelfi, l'ex-patron d'Elf Loïk Le Floch-Prigent, le mercenaire Bob Denard et même, brièvement, Bernard Tapie.

Le gardien à la mémoire affûtée mentionne d'ailleurs un « pugilat » qui m'aurait opposé à l'ancien patron de l'OM. Il me revient seulement que cela a chauffé, car nous nous sommes réconciliés par la suite. Face à son cancer, il a été admirable. Je repense à ce que j'ai dit à ma fille quelques heures plus tôt : il vaut mieux être ici qu'à l'hôpital.

L'échange de souvenirs doit cependant s'interrompre : « Bon, Botton, il va falloir rentrer en cellule, parce que tout est modifié, m'explique le surveillant. Maintenant, c'est nous que l'on observe. Vous voyez, il y a des caméras pour nous fliquer, pour que l'on ne rentre pas dans les cellules, pour qu'on ne parle pas trop longtemps avec les détenus, qu'il n'y ait pas de corruption. Cela ne sert à rien, mais ce sont les nouvelles procédures. Moi, je m'en moque, je suis à deux ans de la retraite. Mais pour les jeunes, ce n'est pas marrant. Je reviendrai vous voir. Bon courage. »

*

En détention, j'ai noirci des centaines de pages à la main. Afin, entre autres, de décrire mon décor aussi précisément que possible. Chaque détail, chaque centimètre comptent lorsqu'on les a pour seul horizon vingt-deux heures sur vingt-quatre. Aujourd'hui, ces notes me permettent de vous précipiter à ma place, au QB4 de la Santé. Regardez autour de vous...

Voici donc ma cellule. Celle qui, je l'espère, ne sera mon espace que le temps d'obtenir un procès en appel. Avant moi, elle a été occupée par Patrick Balkany, puis par un tueur à gages qui avait « dessoudé » huit personnes et pris vingt-cinq ans. Ou encore par le leader de l'Armée syrienne libre, suspecté de crimes de guerre.

Seule différence avec celle d'il y a un quart de siècle, elle est plus grande. À vue de nez, elle respecte les 8,64 mètres carrés recommandés par l'Union européenne. Entre ses murs très épais, couverts d'une peinture beige fadasse, quatre pas en longueur et deux en largeur. Ce rectangle est fermé par une lourde porte, beige comme le reste, à l'imposant encadrement de métal gris. En son centre, enchâssé par quatre rivets d'aluminium dans une plaque métallique de 20 centimètres par 3, l'œil de la surveillance, de l'autorité, du « viol ».

Cet œilleton permet au personnel pénitentiaire, homme ou femme, de nous observer à tout moment, en déplaçant le cache de la droite vers la gauche. Ce simple geste produit un chuintement qu'aucun détenu n'oublie jamais. Un son faible mais dont le sens est puissant. Il signifie : « Tu n'es pas chez toi, tu n'as droit à rien, pas même à ton intimité la nuit. »

Nous sommes chez les « vulnérables », surveillés toutes les deux heures. Certains détenus obstruent le judas au risque de déclencher un « compte rendu d'incident », le fameux CRI.

D'autres s'en cachent pour obliger le surveillant à taper à la porte jusqu'à constater une preuve de vie. Il y a ceux qui lui montrent leur sexe ou leur cul, ceux qui l'ignorent. Et aussi ceux qui attendent son ouverture avant de se suicider ensuite, avec la certitude d'avoir deux heures devant eux pour agoniser, vidés de leur sang ou pendus, comme le fera plus tard mon partenaire de backgammon Jean-Luc Brunel, l'agent de mannequins pris dans les méandres de l'affaire Epstein[1].

En vingt-cinq ans, le bruit de l'œilleton s'est incroyablement amélioré. Il est devenu un souffle, un soupir, presque rien. Pas de quoi réveiller un détenu, en principe. En réalité, nous surveillons les passages de la ronde, réglés comme des métronomes. Pas besoin de montre, tout est ancré dans notre chair et notre cerveau. La prison entre dans chaque cellule de notre corps.

Le cadre métallique de la porte comporte aussi des trous d'un diamètre de 8 centimètres. Ils masquent le haut-parleur qui permet au PCI (poste central d'intervention) d'envoyer des messages aux détenus. En dessous, deux boutons, l'un pour la lumière au plafond et l'autre pour appeler en cas de nécessité. La communication marche dans les deux sens.

Du moins, en théorie.

Car la réalité est digne du sketch de Dany Boon à la poste, avec l'interphone défectueux entre le guichetier et l'usager. En cellule, l'appareil ressemble à un progrès : naguère, il fallait taper des heures dans la porte pour attirer l'attention. Mais il ne répond jamais. Il faut donc toujours tambouriner. Le bruit effroyable de la détention, rythmée par les appels de

1. Voir chapitre 19.

détresse des détenus ou de leurs « co » (codétenus), n'a pas disparu. Dans une prison, la nuit, un seul gradé a les clefs, et les procédures pour ouvrir une cellule sont drastiques : il vaut mieux un détenu mort qu'un surveillant agressé, ou qu'un gradé dérangé pour rien.

*

Derrière la porte, l'univers du détenu lui appartient. Personne ne peut pénétrer ce rectangle impunément. Les surveillants ont pour consigne de ne jamais violer le seuil. Cet espace est le prolongement de chacun. Franchir sa limite, c'est entrer dans nos corps et prendre un risque considérable. Tout devient alors possible, tout devient moralement autorisé. Ces 8,64 mètres carrés sont tout ce qu'il nous reste et on ne peut pas tout nous prendre. C'est à partir de là que nous reconstruisons notre vie.

Face à la porte, une unique ouverture sur l'extérieur de 1,20 mètre de haut par 1 mètre de large, avec ses deux butoirs de plastique noir dans l'embrasure, sa petite poignée du même matériau, son encadrement marron parfaitement laqué, son triple vitrage salvateur contre les variations de température et surtout contre les terribles nuisances sonores. La fenêtre ouverte expose à la prison, la vraie, avec un bruit de fond reconnaissable entre mille qui ne s'interrompt jamais : les cris, les hurlements aussi de ceux qui ont peur ou se font tabasser par leurs codétenus, la musique à fond (souvent du rap, et de préférence le plus extrême), les sirènes des voitures de police qui viennent chercher ou amènent les présumés innocents ou les coupables, celles des fourgons de la pénitentiaire...

La fenêtre ouverte, c'est aussi le tête-à-tête avec les symboles de l'incarcération, sept barreaux verticaux et trois horizontaux espacés de 10 et 40 centimètres. Puis, 10 centimètres après le barreaudage, le fameux « caillebotis » déjà évoqué, qui fut l'un de mes échecs dans la lutte pour l'amélioration des conditions de détention et la victoire de Stéphane Scotto lors de son passage à l'état-major de sécurité. Ce grillage, dit-on, double la sécurité. Mais il divise par deux la luminosité dans la cellule et abîme la vue des détenus, comme nombre d'ophtalmologistes travaillant en prison le soulignent.

Matérialisation de l'enfermement le jour, le rectangle change de rôle la nuit. Il permet alors de communiquer entre détenus, de hurler, de parler parfois avec sa femme ou ses complices qui se sont donné rendez-vous dans la rue, ce que l'on appelle un « parloir fenêtre », composante nocturne du son de la prison.

L'ouverture autorise aussi tous les trafics, à condition de savoir « yoyoter ». Une technique sophistiquée : il faut découper une fine lanière de son drap, la munir d'un lest à une extrémité, l'attacher à un manche à balai, la passer au travers du treillis et la faire balancer dans le vide, jusqu'à ce qu'elle vienne s'enrouler autour du manche tendu depuis une cellule voisine. D'autres préfèrent le « cerf-volant », soit la même chose avec une bande de plastique à la place du tissu, en laissant au vent le soin de la guider vers une autre geôle. Cela exige ingéniosité, adresse et patience, ce dont les détenus ne manquent pas. Pour ma part, je n'ai jamais essayé.

Le long du mur de droite, au fond, le lit métallique de 70 centimètres de large par 2 mètres de long, rivé au sol par des arceaux gris, laisse un espace de 40 centimètres de haut pour caser bouteilles d'eau et cartons. Le matelas en mousse est entouré d'une housse de plastique gris et garni d'une alèse trop grande, de deux draps et d'une couverture orange. J'ai sollicité un second oreiller : refusé. Une autre couverture : refusée. Les vieux détenus donnent un tuyau aux nouveaux : nouer les draps par les angles sous le matelas pour former un semblant de housse. Sinon, le tissu glisse sur l'alèse plastifiée et il devient impossible de dormir. Un détenu passe le plus clair de son temps sur son lit. Le meuble n'est clairement pas adapté à cette utilisation intensive. La pénitence doit aussi se vivre dans la chair.

À la tête du lit, un horrible bloc métallique gris renferme trois néons protégés par un Plexi sale et jauni. La lumière diffusée est à la fois éblouissante et fade. Mais c'est ça ou le plafonnier blafard, actionnable de l'extérieur. À tout moment de la nuit, à l'occasion d'une ronde, vous pouvez quitter le sommeil pour plonger dans sa clarté agressive. Pas facile de se rendormir, après.

Dans le prolongement du lit, un petit meuble tient lieu de mini-cuisine. Au-dessus du frigo de 80 centimètres, la plaque chauffante encastrée devient souvent incontrôlable. Parfois, elle s'allume toute seule pour quelques secondes, puis met plus de cinq minutes à refroidir, dans un vacarme assourdissant. J'ai préféré la laisser débranchée après sa décision autonome de cuire mon étui à lunettes métallique, causant un début d'incendie et une fumée noire doublée d'une odeur nauséabonde.

Toujours à droite, enfin, entre la « cuisine » et la porte, un rangement « épi » de 2 mètres de haut et six étagères, une séparation verticale centrale délimitant quatorze compartiments ouverts. Tout ce mobilier en planches mélaminées de 2 centimètres arbore un beige ocre du plus pur style Ikea premier prix. Tout effort pour égayer la pièce et nos vies est visiblement jugé inutile.

Aucune porte ne ferme les meubles. Tout doit être visible, nos vêtements, nos dossiers, nos réserves de nourriture. Nos vies. Curieusement, l'étagère recèle pourtant un petit coffre-fort gris, comme dans une chambre d'hôtel. Accessoire saugrenu dans une prison ! Il est muni d'une serrure, mais impossible d'avoir la clef. Personne ne l'a. Explication administrative : « C'est interdit par le règlement. » Dans ce cas, pourquoi installer cet équipement inutile ? Logique pénitentiaire contre laquelle on ne lutte plus après quelques semaines...

Côté gauche de la cellule se trouve ma seule compagne de solitude : la TÉLÉVISION. Elle trône sur un meuble identique à l'étagère, mais haut de seulement 1 mètre, avec trois planches sans séparation centrale. Depuis son plateau, l'écran allumé en permanence est notre ami, notre complice, notre animal de compagnie, notre drogue. Nombre de détenus portent ce stigmate dans les jours qui suivent leur libération, laissant le poste allumé à toute heure, souvent branché sur les chaînes d'information.

Le modèle est de type « hôtel Ibis », un écran plat de 35 centimètres de diagonale, connecté par un câble HDMI si court qu'il interdit de déplacer l'appareil pour l'approcher du lit. Comme si, en prison, personne ne souffrait d'une vue basse... Bénéficier d'un câble plus long suppose la complicité de l'auxiliaire, un détenu chargé du service technique. Cela coûte deux paquets de cigarettes, sans certitude d'obtenir satisfaction.

Sur la table qui jouxte le « meuble télé » traîne la télécommande. La mienne est dépourvue de son cache, si bien que les piles ont tendance à reprendre leur liberté pour rouler sous le lit. Elles sont cabossées mais la zapette fonctionne, il suffit de la diriger vers le boîtier informatique, un carré noir de 20 centimètres de côté fixé au mur au-dessus de l'écran. Enfin, cela dépend de l'endroit où l'on se trouve. L'installation a dû être réalisée par un technicien aussi peu consciencieux que ceux que nous avons tous reçus chez nous au moins une fois. Vous savez, celui qui repart aussitôt arrivé parce qu'il lui manque le « bon câble »... Ici, il a visiblement fait au plus vite, sans prendre le temps de vérifier la bonne marche de la télécommande depuis le lit. Résultat : allongé, il est impossible de monter le son ou de changer de chaîne, à moins d'étendre le bras et de tournoyer la main dans les airs à la recherche du seul axe très précis qui le permet. À force d'imiter un oiseau en plein vol, parfois pendant plusieurs minutes, pour passer de TF1 à France 2, on comprend qu'il vaut mieux se lever.

Ce satané boîtier est réputé inviolable. J'ai pourtant côtoyé un petit génie de l'informatique de 18 ans qui en a pris le contrôle en moins de trente minutes. Il faut dire qu'il était emprisonné pour piratage. Il racontait qu'avec trois copains hackers, ils s'étaient lancé des défis nocturnes, comme pénétrer le système d'un ministère ou d'une entreprise. Et c'est ainsi, selon lui, qu'il s'était retrouvé aux manettes de 40 millions de comptes cadeau du géant américain Amazon ! Alors qu'il commençait à prélever 30 euros sur chacun d'entre eux (il en était au centième compte piraté), la brigade de surveillance numérique de la gendarmerie lui était tombée dessus. Même si les États-Unis et les avocats de Jeff Bezos se sont battus pour le faire extrader, depuis il a été libéré. Aux dernières nouvelles, il aurait trouvé un emploi dans une entreprise de sécurité informatique, pour 10 000 euros mensuels.

Près du boîtier numérique, toujours sur le mur de gauche, 60 centimètres de cloison arborent trois patères anti-pendaison, conçues pour céder sous la pression d'un poids vertical anormal.

Et dans le prolongement, une grande innovation par rapport à ma précédente incarcération : une ouverture de 2 mètres de haut menant au rectangle des sanitaires. D'abord, un évier basique posé sur des rangements, un miroir en matière synthétique surmonté d'une étagère et du même éclairage qu'au-dessus du lit. Deux boutons-poussoirs, eau chaude et eau froide, interrompent vite le flux de l'antique bec verseur qui sort du mur. Rudimentaire mais fonctionnel, et même écolo !

Ça se gâte sur le côté du rectangle, tronqué par un pan de mur à mi-hauteur derrière lequel se trouvent la douche et les toilettes sans abattant. On y accède par une sorte de porte en bois digne d'un saloon de western. Franchement, je mets au défi quiconque a validé une telle installation d'y prendre une douche ! Il suffit de découvrir l'emplacement du robinet et l'impossibilité de s'en servir correctement pour comprendre l'absurdité de sa conception. Un pommeau projetant le jet depuis le plafond aurait optimisé l'espace et permis au détenu de se laver confortablement. Mais cela aurait été trop simple. Non, ici, on a préféré un tuyau chromé de 6 centimètres de long et 4 de diamètre, qui sort à côté des WC. Pour l'utiliser, il faut se coller au mur. Ce qui laisse inutilisé, au fond, un espace de 0,8 mètre carré, trop proche de l'eau pour rester sec, trop éloigné pour s'y doucher correctement. Cette place perdue – 10 % de la surface totale de la cellule ! – représente, pour un détenu, une fortune, un océan, un palace. Quelle dose de bêtise, de je-m'en-foutisme, de manque de considération pour les prisonniers faut-il pour aboutir à pareille honte ?

Pour ne rien arranger, le sol glissant en béton ciré me vaut, un samedi, de tomber et de me briser le poignet en mille morceaux. Je ne suis pas le seul à avoir pâti de ce revêtement, mais là encore, rien n'est fait pour y remédier. Un simple tapis en plastique éviterait bien des problèmes. C'est sans doute trop demander.

Dernier impératif pour le mode d'emploi de la salle de bains, toujours utiliser les toilettes avant de prendre sa douche. Car, après, elles seront trempées. Avec une seule serviette, il reste le choix entre essuyer les WC et se sécher soi-même.

Le « coin bureau » occupe la dernière partie du mur de gauche. En réalité, une tablette de 60 par 80 centimètres, fixée dans la cloison, sans pieds ni étagère. La chaise en plastique gris, seule alternative à la position allongée, n'est pas plus adaptée que le lit.

Sur le côté, un tableau en bois permet de punaiser des photos de la vie d'avant. Un soulagement, mais souvent une torture. Combien de fois détournerai-je les yeux des visages aimés, pour ne pas pleurer, ne pas hurler ma tristesse et mon désespoir ?

*

En cas de détresse profonde, je dispose cependant d'une innovation intervenue depuis ma dernière détention : à côté du boîtier informatique est désormais installé un TÉLÉPHONE.

Progressivement généralisé dans les cellules depuis début 2020, il change la vie du détenu... pourvu qu'il ait de l'argent. Car pour 30 euros, le prix d'un forfait illimité avec Internet inclus dans la vraie vie, en prison on a droit à DIX minutes de communication.

Même si l'appareil au fonctionnement aléatoire, muni d'un gros câble métallique, rappelle un bigophone d'antan, c'est un progrès digne de l'installation de téléviseurs individuels sous le ministère de Robert Badinter (1981-1986). Une révolution : pouvoir parler à sa famille ou contacter son avocat, cela change tout.

Mais n'imaginez pas les prisonniers appeler n'importe quel numéro à volonté. Comme souvent dans l'univers pénitentiaire, un principe exceptionnel devient, lors de sa mise en application, un concentré de procédures, de dysfonctionnements et d'absurdités. Ce cas d'école mérite que je m'y arrête. Comment quelque chose d'aussi élémentaire qu'un coup de fil peut-il se transformer en cauchemar ?

À son arrivée, chaque détenu reçoit une carte verte donnant droit à 1 euro de communication – ce « cadeau » est d'ailleurs le fruit d'une action de mon association. Cela représente environ deux minutes de communication à Paris, juste le temps d'appeler un proche (encore faut-il connaître son numéro par cœur !) qui, si vous avez pris soin de lui laisser votre portable, pourra vous dicter les principaux contacts de votre répertoire. Faute d'avoir pris ces précautions, il faudra écrire. Envoi de votre lettre, réception de la réponse, distribution du courrier en cellule, ce circuit prend au minimum cinq semaines. Et encore, je passe sur la difficulté d'obtenir du papier, une enveloppe et des timbres. Pour ça, la solidarité entre détenus permet de griller tous les délais.

Ensuite, obligation de faire valider ces coordonnées par l'administration, dans la limite de vingt numéros autorisés. Pas si simple : il faut obtenir un formulaire du gradé en charge du téléphone, pas toujours disponible et généralement prompt à répondre : « Faites-moi un écrit et passez-le-moi par le surveillant d'étage. »

Le document rempli, deux possibilités. Pour un condamné comme moi, l'administration pénitentiaire est souveraine. Mais le sort d'un prévenu, dont l'affaire est encore à l'instruction, dépend du juge du même nom. Ce magistrat décide avec qui le détenu a le droit de communiquer. Et le fameux formulaire doit lui parvenir. Aucun moyen de vérifier s'il a bien été transmis : en prison, lorsque vous posez une question, on ne vous répond pas, on vous dit n'importe quoi ou on vous suggère de « faire la demande par écrit et de la transmettre par le surveillant d'étage ». Tout cela peut prendre de trois semaines à deux mois. Il ne reste qu'à attendre face à un téléphone inutile. Qu'on ne s'étonne pas de l'omniprésence des portables en prison ! À la Santé, ceux-ci portent d'ailleurs un surnom, « Bobigny » ou « Batignolles ». Tout simplement parce que ceux qui les font entrer vérifient auparavant, à l'entrée des tribunaux du même nom, qu'ils ne font pas sonner les portiques de sécurité.

Une fois la liste de numéros tamponnée, et épuisé l'euro offert au départ, il va falloir payer. Et là, gare au porte-monnaie. En raison d'un marché sans concurrence détenu par l'opérateur privé T., le tarif minimum – un forfait à 10 euros, valable trente jours – donne droit à 130 minutes d'appel vers des fixes et 60 vers des portables. À l'autre bout de la grille, l'option à 100 euros sur quatre-vingt-dix jours correspond à

1 500 minutes, ou 800 vers les mobiles. Outre le forfait, chaque conversation entraîne un coût de mise en relation (3 centimes d'euros) et de conversation (18 centimes la minute) en France métropolitaine. Vers l'outre-mer et l'étranger, les prix explosent. Un même abonnement autorisera par exemple six fois moins de minutes vers l'Afrique que dans l'Hexagone.

Issu du secteur privé, je sais que toute entreprise doit faire des bénéfices, mais faut-il accepter ce profit sans conscience sociale, considérer le détenu comme une vache à lait au péril du maintien de ses relations familiales ? Après beaucoup de recherches pour trouver le bon interlocuteur, j'écrirai à l'opérateur T. pour l'aider à améliorer son système. J'attends encore la réponse.

Si le service était à la hauteur de cette facture... En réalité, pas du tout. Après l'achat du forfait, son activation prend vingt-quatre heures, deux tours de cadran d'attente angoissée. Si tout va bien, reste à découvrir la procédure à observer lors de chaque appel. Décrocher, composer son identifiant puis son code PIN (attention, trois erreurs de suite exigent d'obtenir un nouveau sésame, ce qui prend quarante-huit heures), et la machine continue d'égrener ses instructions : « Vous avez un forfait 40, valable jusqu'au 30 juillet 2020. Il vous reste 13 %. Composez le numéro. » Bon courage pour estimer mentalement ce que ce « 13 % » représente exactement.

Autre exemple, lorsque vous rachetez un forfait à l'aide du clavier, vous entendez : « Votre recharge a été effectuée avec succès. » Sauf qu'une fois sur deux, ce n'est pas le cas. Car l'opération, non automatisée, exige l'intervention d'un fonctionnaire qui n'est pas toujours à son poste. Le vendredi, par exemple, il part à 13 heures et ne travaille pas l'après-midi.

Le détenu qui sort de prison avant le terme de son forfait n'en récupère pas le solde, bien évidemment. Personnellement, je vivrai encore plus fort. Après ma détention, alors que je serai en centre de semi-liberté où les cellules sont dépourvues de téléphone mais où le portable n'est pas autorisé pour autant, on me prélèvera 148 euros pour une prestation inexistante. Seule réclamation possible, comme d'habitude : « Écrire *via* le surveillant d'étage. » Et voir sa lettre se perdre dans les méandres administratifs de la pénitentiaire...

Mon placement en semi-liberté a d'ailleurs été l'occasion d'un autre imbroglio téléphonique. Alors qu'il est prévu pour le lundi 22 novembre 2021, je souhaite prévenir mes filles que rien n'est sûr pour leur éviter une désillusion. Je ne compte plus, en effet, les promesses non tenues depuis le début de mon incarcération : permissions de sortie raccourcies la veille, ou carrément annulées pour Noël, procès en appel repoussé le jour même, convocations annulées à la dernière minute... Le 19 novembre à 17 heures, après la promenade, je décroche donc mon téléphone pour appeler ma famille. Mais, alors que j'ai encore du forfait, rien. La ligne est interrompue et personne ne m'a prévenu. Horrible week-end de silence radio entre mes filles et moi. Alerté lors du dîner, le surveillant entonne le refrain que vous commencez à connaître : « Écrivez un mot pour que le gradé puisse le traiter lundi... »

Depuis l'installation des téléphones dans les cellules, de nouvelles frictions ponctuent les relations avec les gardiens. Un vendredi matin, alors que nous descendons en promenade, le major qui ouvre la porte de la cour est assailli par tous les détenus du QB4 : « Le téléphone ne marche pas. Il n'y a pas de tonalité, juste un message en anglais :

“*Your international call is down.*” C’est le week-end, major, on ne veut pas rester sans téléphone ! »

Il promet d’aller aux nouvelles. Réponse une heure et demie plus tard, à la fin de notre bol d’air : « C’est national, on ne peut rien faire. » Mais son supérieur, qui l’accompagne cette fois, se montre moins formel : « Essayez d’utiliser la cabine d’étage, cela va peut-être marcher. » Cet épisode confronte deux écoles. Le major, un vieux de la vieille, dit toujours la vérité aux détenus. Le gradé, un jeune bardé de diplômes mais sans expérience, applique à la lettre ce que lui ont enseigné ses formateurs, loin du terrain : donner de l’espoir, ne jamais dire non, appliquer la procédure, laisser traîner les choses.

Devinez lequel est respecté par les détenus et lequel devient leur risée ?

*

Appeler depuis sa cellule n’est jamais anodin. La voix féminine informatique qui confirme le numéro composé et le solde du forfait annonce aussi, sur fond de rengaine de boîte à musique, le temps de la mise en communication : « Cette conversation est susceptible d’être enregistrée ou écoutée. » Voilà qui limite sérieusement l’intimité... Une peine de prison, c’est la privation de liberté, pas l’interdiction d’aimer.

Avec les correspondants, les quiproquos sont nombreux. Le numéro qui s’affiche sur leur portable, inconnu et situé à Lille, ne les incite pas à répondre. Lever ce doute en laissant un message, en rappelant, mange quelques précieuses et onéreuses minutes. S’ils décrochent, ils tombent des nues, du moins la première fois. Il y a les méfiants qui craignent que j'appelle d'un portable interdit : « C'est légal de te parler au téléphone ? » Les naïfs qui m'imaginent aussi parfaitement connecté que dans une chambre d'hôtel : « Je peux te rappeler à ce numéro ? » ou bien : « Envoie-moi un mail, je le ferai passer. » Et tous ceux, pas informés de la valeur d'une seconde de communication en prison, qui papotent et s'étendent comme si de rien n'était. J'ai très vite pris l'habitude d'annoncer d'emblée : « Je n'ai pas beaucoup de temps, je dois aller vite. »

Avancée coûteuse mais remarquable, le téléphone en cellule provoque parfois d'immenses coups de blues. Lors de mon tout premier parloir, annulé en raison d'un raté, j'appelle mes filles pour venir aux nouvelles. Elles sont en larmes, sur le trottoir devant la prison, à essayer de m'apercevoir.

Fixer un rendez-vous régulier peut aussi jouer des tours et affecter le moral. Avec ma compagne, c'était chaque soir à 18 heures. Un jour, alors qu'elle rend visite à ses parents, pas de réponse. Nouvel essai à 18 h 15, toujours le répondeur. Faut-il insister, au risque de se montrer lourd ? Embêter un autre proche en lui demandant de la trouver ? Ma cogitation se mue vite en idées noires.

Détenu, je n'ai rien à dire de mes journées vides, je brûle au contraire qu'on me raconte l'extérieur. Mais le silence est la pire des choses.

*

Même en prison, je ne lâche pas mon combat pour l'amélioration des conditions de détention. Sans réponse de l'opérateur T. au sujet des dysfonctionnements de son service, je me tourne vers Stéphane Richard, le patron d'Orange. Avant ma détention, il a soutenu certaines actions de mon association, comme il a pu. Un jour, au terme d'une réunion où il m'a accordé son aide sur l'expérimentation des « parloirs Facetime », je suis rattrapé devant son bureau par l'un de ses collaborateurs : « Attention, monsieur Botton, les accords obtenus auprès du président sont seulement une base de négociation ! » Cela refroidit.

En prison, persuadé qu'Orange peut faire mieux que T., et notamment mettre en place un numéro vert dédié aux familles, je liste au PDG, par courrier, les dysfonctionnements que nous subissons : voix nasillarde, erreurs de message, procédures complexes, manque d'informations, sans oublier bien sûr de mentionner le coût prohibitif du service. La réponse me parvient par l'intermédiaire de Raphaël Klene, le directeur de la relation client :

Le service concerné m'a confirmé que ces tarifs s'expliquent par la nature du contrat passé entre l'État et un prestataire privé (hors Orange). Ce contrat a en effet été passé entre l'administration pénitentiaire et l'entreprise T. Cette société s'engage pendant dix ans à équiper à ses frais les cellules et à assurer la maintenance. En contrepartie, T. se rémunère sur le prix des communications téléphoniques.

Que l'on ne s'étonne pas, le jour où prendra fin ce juteux contrat, de me trouver au côté d'un autre opérateur téléphonique pour mettre fin au scandale.

*

En prison, le règlement est formel : « Rien ne doit être accroché aux barreaux des fenêtres. » Le problème, c'est que l'été, le soleil vient frapper de toutes ses forces la cellule et rend étouffant cet espace clos par d'énormes murs qui emprisonnent tout : nous, comme la chaleur.

L'administration promet de vous vendre – sous dix jours – un ventilateur que chaque utilisateur déconseille d'acheter compte tenu de son inefficacité, de son bruit et de sa durée de vie, de trois à quatre jours maximum. Lors de mon placement en semi-liberté, au mois de novembre 2021, j'ai laissé le mien à Jean-Luc Lahaye, l'auteur de « Papa chanteur » que je connais depuis quarante ans. Cela revenait à insinuer qu'il passerait l'été suivant en prison. Cela lui a mis un coup au moral. Il a finalement été libéré par la cour d'appel de Paris en mai 2023.

Entre détenus, on s'échange les astuces pour lutter contre la canicule, comme accrocher une couverture aux barreaux, au mépris du règlement. Ou bien un drap mouillé, à condition d'en avoir obtenu un de plus avec la complicité des auxiliaires buanderie. Ou encore laisser la porte du frigo ouverte. C'est ainsi que l'été, le visage de la prison change, car toutes les fenêtres se garnissent de couvertures orange, de serviettes humides, de bouteilles d'eau sorties du frigo pour inventer une pseudo-climatisation. Autant d'ingéniosités inutiles. Quand la chaleur est entrée, c'est trop tard, elle reste. Comme le froid, d'ailleurs.

L'incarcération n'a rien à voir avec le choix d'une chambre d'hôtel. Pourtant, la localisation de la cellule détermine tout autant la qualité du « séjour ». Gare aux voisins bruyants (en particulier les adeptes des « parloirs fenêtres » nocturnes) ou très entreprenants, ceux qui vous sollicitent sans cesse pour faire passer des substances diverses et variées d'une fenêtre à l'autre. L'étage, la vue, l'exposition plein sud ou plein nord dont vous bénéficierez ou souffrirez dépendent des résultats de la loterie à votre arrivée... et du troc, avec la complicité de l'administration.

Se retrouver en étage élevé et pouvoir regarder à l'extérieur est un atout exceptionnel. Dans mon quartier des « vulnérables », la cellule 10 est l'une des plus prisées. Collée au boulevard Arago, elle offre une vue panoramique sur... un feu rouge. Je dis bien « rouge », car le vert, un peu plus bas, échappe au regard. Là encore, chaque centimètre compte. Depuis sa fenêtre, l'œil tutoie aussi les balcons des immeubles voisins. Parfois, des liens se tissent. L'un de mes codétenus m'affirmait pouvoir parler avec un habitant proche, qui chaque soir fumait à la même heure sa cigarette à l'extérieur.

Je plains les propriétaires qui ont élu domicile autour de la Santé lorsqu'elle était fermée pour travaux, espérant peut-être qu'elle ne rouvrirait jamais. Depuis, ils ont découvert les nuisances sonores, et sans doute subi une forte baisse de la valeur de leur investissement immobilier. Ils me font penser aux personnages du film d'Yves Robert, *Un éléphant, ça trompe énormément*, qui achètent une maison proche d'un aéroport un jour de grève du transport aérien...

*

Pour paraphraser Émile Durkheim (1858-1917), qui travailla sur la « sociologie de la punition », rappelons que l'opinion publique ne supporte pas ce qu'elle appelle les « prisons

4 étoiles » et qu'elle protestait déjà lorsque la IIIe République, édifiant la prison alors moderne de Fresnes, y installa l'eau courante...

Pourtant, en seulement deux mois, le premier confinement a fait ressentir aux Français les graves conséquences psychologiques de l'enfermement et de la promiscuité. Qu'ils imaginent donc le triste sort réservé à la majorité des détenus du fait de la surpopulation carcérale. Qu'ils imaginent devoir vivre plusieurs mois avec trois inconnus dans une cellule de 8,64 mètres carrés conçue pour deux, dormir sur des matelas au sol, aller aux toilettes et se laver sans intimité.

Et qu'ils conviennent avec moi que la « prison 4 étoiles », ça n'existe pas !

6

La cour des Miracles

« Tout le malheur des hommes
vient de ce qu'ils ne savent pas
rester au repos dans une chambre. »

Pascal

Incarcéré peu après la fin du premier confinement, j'ai à peine pu savourer le retour à la vie normale. En prison, la crainte du Covid nous prive, nous, les dix-huit « vulnérables », de toute activité et de toute sortie de notre bâtiment. De haute lutte, j'obtiens que nous puissions jouir d'une heure quinze de promenade le matin et d'une heure trente l'après-midi. De 9 h 45 à 11 heures et de 15 h 30 à 17 heures, je profite de ces « balades », qu'il gèle, qu'il pleuve à seaux ou qu'il règne un soleil de plomb. Ce sont nos rares moments de « vie sociale », marqués par le rituel du *check*, poing contre poing, avant de parler, en marchant, du dernier match de foot ou de l'actualité. Le reste du temps, au QB4, chacun reste seul entre ses quatre murs, vingt-deux heures sur vingt-quatre.

Cette cour découverte où nous « tournons » dans le sens inverse des aiguilles d'une montre, comme des fauves en cage, est le seul endroit d'où nous apercevons le ciel sans barreaux, même si nous sommes à l'abri du regard des voisins du boulevard Arago dont nous entendons le brouhaha.

C'est un trapèze, comme un triangle rectangle à la pointe tronquée. J'en mesure les dimensions en l'arpentant à grandes enjambées et en comptant mes pas, sous le regard et les commentaires des autres détenus, intrigués par le comportement du nouvel arrivant. Le plus grand côté mesure environ 35 mètres, le plus petit, 20. Le dernier, long de 25 mètres, est coupé par une traverse de 2,5 mètres avant l'angle aigu du triangle. Dans cet espace inaccessible, une porte mène au chemin de ronde, l'un des symboles de la pénitentiaire depuis un siècle. C'est l'espace entre le mur extérieur et celui de notre cour, le fossé entre la liberté et nous. Ses 5 mètres de large sont impossibles à franchir.

La base du triangle est fermée par un grillage très dense, constitué de tiges de métal verticales sur une hauteur d'environ 5 mètres. Les autres côtés sont des murs de béton plein, lisse, gris très clair. Au sommet de chaque cloison trône un ultime rempart : non pas un, mais deux rouleaux de concertinas, les barbelés particulièrement tranchants. Éternellement fauchée, la pénitentiaire ne manque pourtant jamais de budget pour ces équipements-là. Le sol incrusté de petits cailloux est lui aussi fait de béton gris. Renoncer à tous ces matériaux ternes et austères au profit d'un peu de couleur, de douceur, ne compromettrait pas la sécurité.

Notre aire de promenade est évidemment truffée de caméras de vidéosurveillance. Perchés sur de longs mâts beiges, leurs yeux noirs orientables à volonté nous scrutent sans angle mort. Il arrive qu'elles se braquent en permanence sur la fenêtre d'un détenu. Elles ne respectent même pas notre intimité quand nous utilisons l'urinoir installé sur la gauche : chromé, très design, ce bloc de 1,20 mètre de haut est dépourvu de retours sur les côtés. Choquant, à l'aune du refrain rodé sur le « respect de la personne humaine » en prison.

Au milieu de la cour, les détenus peuvent désormais s'asseoir. Innovation depuis ma première incarcération, deux séries de bancs en béton ont été installées. La première forme une ligne de 7 mètres, la seconde, un rectangle de 7 mètres par 2. Plus loin, un autre banc abrité d'un petit auvent se trouve contre le mur de 20 mètres, à l'emplacement de l'angle droit.

La partie centrale du rectangle est garnie de végétation, ou du moins de l'idée que s'en fait la pénitentiaire, c'est-à-dire de lamentables mauvaises herbes dignes d'un jardin délaissé depuis des mois. Malgré tout, la nature reprend ses droits. Quelques malheureuses fleurs jaunes et violettes égayent ce sinistre parterre. Dès qu'elles surgissent, des détenus les cueillent subrepticement pour les envoyer à leur compagne. Compte tenu de la lenteur du courrier, ce message fort arrive aussi fané que la vie de l'expéditeur...

À croire que l'administration ne comprend même pas le sens du mot « verdure ». Par mauvaise volonté, ou simplement par respect sans conviction d'un cahier des charges. Dans la pointe du triangle, une autre plate-bande de 3 mètres de long, tout aussi déprimante, loge dans le sol au ras du béton. Elle sert de décor aux usagers des deux barres de traction noires fixées contre le mur, comme un équipement de gymnastique de rue.

À 65 ans tout juste au moment de mon incarcération, je renonce vite à tenter de décoller mon corps du sol. Mission totalement impossible. Spectateur, je reste en admiration devant les jeunes qui enchaînent cinquante tractions, se lancent des défis, organisent des concours. Au fil des semaines, je vois leurs muscles se renforcer, leurs silhouettes changer. Rien d'autre à faire pour rester en vie.

Depuis la cour de promenade, on aperçoit un étage complet dont les fenêtres sont recouvertes de Plexiglas. C'est le QD (quartier disciplinaire), *alias* le « château » pour faire allusion à Versailles. Pure ironie, bien sûr : la nuit, les hurlements qui s'en échappent en permanence sont effrayants. À l'étage supérieur, le QI (quartier d'isolement) et ses conversations d'une fenêtre à l'autre. Ce bruit, nous n'y faisons attention que lorsqu'il diminue, le dimanche. Paradoxalement, cette pause a quelque chose d'inquiétant.

Au son de ce brouhaha, l'ambiance dans la cour est lugubre, mortelle. Des pigeons se laissent régulièrement piéger par les concertinas ou par les « yoyos » qui pendent aux fenêtres pour le trafic. Certains détenus, pourtant meurtriers ou suspectés de l'être, prennent pitié et tentent d'abréger l'agonie des volatiles en leur lançant des bouteilles d'eau. Des corbeaux voraces viennent sous nos yeux se délecter de chair fraîche.

Les pigeons apportent parfois un peu d'humanité, ou simplement de distraction. Pendant des jours, nous suivons, médusés, la construction d'un nid logé dans les barbelés. Le mâle, au prix d'un parcours périlleux parmi les lames tranchantes, apporte à la femelle de quoi consolider leur abri. Pourquoi choisir de loger dans un univers aussi hostile que le nôtre ?

*

En promenade, les quelque vingt détenus se répartissent en plusieurs groupes distincts. Bien sûr, il y a des solitaires, surtout parmi les longues peines (dits les « habitués »), dont on ne sait pas trop s'ils s'isolent par goût ou en raison de la force des rumeurs qui circulent dans les coursives sur la nature de leurs actes. Les auxiliaires, ces détenus qui travaillent et gèrent toute l'intendance de la prison (électricité, linge, cuisine, bibliothèque, télévision, plomberie, peinture...), ont eux aussi mauvaise réputation : pour accomplir leurs tâches, ils sont « classés » par l'administration (qui peut les « déclasser » à tout moment), et donc suspects de ne pas se montrer loyaux à notre égard.

Mais le plus souvent, la géographie des affinités se distingue à l'œil nu. Ainsi, dans ce microcosme de la délinquance où naviguent des dealers, des violeurs, des avocats, des délinquants financiers, des islamistes, des dictateurs et même un transsexuel, on trouve aussi des représentants des forces de l'ordre corrompus ou violents, qui forment un ensemble homogène entre policiers, CRS, gendarmes, membres des services secrets...

Les joueurs, eux, occupent les bancs. Parties de cartes surtout (huit américain ou poker chinois, comme dans les clips de rap), échecs parfois, backgammon plus rarement.

La table de ping-pong est toujours squattée par les mêmes as de la raquette pour des matches endiablés qui permettent d'oublier le temps qui ne passe pas en attendant le procès qui tarde, l'audition à venir qui angoisse, le résultat incertain de la demande de mise en liberté.

D'autres tournent le long des murs et cherchent un angle mort à l'abri des caméras pour une tractation confidentielle, ou bien s'accrochent au grillage pour engager des conversations avec les détenus restés aux fenêtres de leur cellule, faute de bénéficier des mêmes horaires qu'eux.

Quelle que soit l'activité, les musulmans restent avec les musulmans, les Noirs, avec les Noirs et les « Français », avec les « Français ».

Par temps de pluie, cependant, tout le monde se retrouve sous le préau, au coude-à-coude pour rester au sec car son étanchéité laisse à désirer. Le seul banc en béton à l'abri est inondé en dix minutes. Dès que l'averse est passée, les mêmes groupes se reconstituent et se placent suivant l'orientation du soleil, comme des tournesols tristes et désœuvrés répartis tout le long du mur. Nous sommes des mouches regroupées au gré des circonstances sur les excréments de leur vie.

*

À part la période de Noël, qui rend l'éloignement de la famille encore plus cruel, il n'y a rien de pire que l'été en prison. La chaleur, les activités interrompues, le manque de personnel, les parloirs plus rares... et les images de la France en congé qui défilent à la télévision. Si j'ai passé plusieurs étés enfermé, le souvenir de celui de 2020 dépasse tous les autres.

Ces semaines-là, au quartier des « vulnérables », malgré la canicule qui exige des trésors d'inventivité pour se rafraîchir, l'ambiance reste en apparence très apaisée. En réalité, au fil des conversations, je perçois de fortes tensions qui se cristallisent souvent dans la cour de promenade.

Un mercredi après-midi, j'entends des éclats de voix entre un groupe qui « tourne » le long des parois et six à dix autres détenus assis sur le seul banc à l'ombre. Je ne vois rien, mais j'entends :

« Tu n'es qu'une merde.

– Viens, frappe-moi et on verra.

– Toi le premier et on verra ! »

En fait, personne ne frappe personne car, sous la surveillance des caméras, l'auteur du premier coup serait vite identifié et recevrait un aller direct pour le QD.

De tels éclats de voix se produisent régulièrement mais celui-ci semble particulièrement violent et dégénère pendant quarante-cinq minutes, au fil des tours de promenade, ce qui me permet de repérer les deux belligérants principaux.

Le premier, un géant de 2,07 mètres et 150 kilos, est un auxiliaire chargé du linge et de distribuer les repas en présence d'un surveillant (un pouvoir considérable puisque s'il décide de vous servir en premier, vous aurez du choix et vous mangerez chaud...). Pour 50 euros par mois, cet homme de 42 ans est aussi affecté aux soins d'un dictateur africain de 84 ans, handicapé en fauteuil roulant, en attente de transfert vers la Cour internationale de justice de La Haye.

Le second, presque deux fois plus jeune, est aussi petit que son adversaire est grand. Originaire du Cap-Vert, cette mini-boule de muscles est un véritable moulin à paroles. Tout cela lui vaut le surnom de Kirikou. Mignon, pour un homme dont j'ai appris plus tard qu'on avait découvert une lame de rasoir dans sa chaussette, et dont un médecin m'a dit : « Il est fou, ce gars, il faut faire attention, il a déjà pris vingt-trois ans, donc s'il égorge l'un d'entre vous, il prendra, quoi, quatre ans de plus... » Comment veut-on qu'un personnel jeune et mal formé, qui parfois n'a que six mois de terrain, gère la violence qui a envahi les prisons ?

En promenade, jusque-là, je ne les ai jamais vus s'opposer. Mais cette fois, insultes et menaces pleuvent. L'auxiliaire, plus ou moins intégré aux « forces de l'ordre », continue à tourner avec son groupe. L'autre le poursuit et prend à partie quiconque s'en mêle, ne serait-ce que par un commentaire ou un simple sourire.

La tension monte. Par leurs fréquents contacts avec les surveillants, qui connaissent les motifs d'incarcération, les auxiliaires sont toujours en avance d'une rumeur. De fait, le grand répond par des informations précises aux provocations du petit :

« Vas-y, frappe-moi et tu verras !

– Je ne parle pas aux tueurs et violeurs de handicapées.

– Je viole tes filles, ta mère et ta grand-mère ! »

Finalement, ils en restent là. La promenade est terminée, tous deux sont conscients d'avoir été filmés, ils savent aussi que leur altercation et les encouragements des détenus présents aux fenêtres – « Vas-y Kirikou, dérouille-le » – ont attiré l'attention des surveillants. Chacun d'eux signale donc l'incident au gradé présent. Mais il n'a échappé à personne qu'ils se sont fixé un « rendez-vous » deux jours plus tard, à 9 heures, pour régler leurs comptes au gymnase, où nous passons deux heures chaque vendredi matin à suer entre deux panneaux de basket, face aux sacs de boxe, sur le rameur ou le vélo.

Le jour dit, pourtant, rien ne se passe comme prévu ou redouté. Car en entrant dans la vaste salle de sport, nous tombons nez à nez avec... une femme.

Une femme improbable. La petite vingtaine, près de 1,80 mètre, les cheveux ramenés en chignon et vêtue d'un tee-shirt à manches longues de l'équipe de France de rugby. Aucun regard ne se porte sur son visage à la peau diaphane, tous repèrent qu'elle a fort peu de poitrine. La prison, c'est aussi l'exacerbation de nos manques. Sa beauté la met mal à l'aise dans cet univers d'hommes frustrés.

Nous sommes encadrés par quatre moniteurs, mais personne ne nous la présente. De notre côté nous avons appris à ne poser aucune question. Nous en déduisons que c'est une stagiaire, sans certitude.

Un silence pesant s'installe. Normalement, les cris et les engueulades pour constituer les équipes envahissent la salle. Pour une fois, les activités démarrent sans un bruit. J'observe la vestale après avoir pris possession du rameur. Elle reste plantée au beau milieu de l'agitation, impassible, puis s'empare d'un ballon et jongle avec une belle technique. Elle tente de s'intégrer à un groupe, puis l'autre, mais rien n'y fait. Elle semble vivre une immense épreuve. On l'a sans doute affectée aux « vulnérables » parce que c'est là qu'il y avait le moins de risques physiques pour elle. Mais la prison ne s'apprivoise pas comme ça.

L'après-midi même, elle devient notre principal sujet de conversation. Avec des commentaires incroyablement violents et machistes. Il n'empêche : ces délinquants, dont certains ont un passé très lourd, se sont transformés à son contact et sont devenus sages comme des images, doux comme des agneaux.

L'auxiliaire et Kirikou en ont oublié d'engager le combat.

7

Chers maîtres

« Ne désespérez pas de ces hommes,
si vous voulez qu'ils espèrent encore en nous. »

Maître Henri Leclerc

En détenu expérimenté, je reprends vite l'habitude de cadrer mon emploi du temps au millimètre, de créer une routine salvatrice afin d'occuper le mieux possible ce temps devenu un ennemi et de ne sombrer ni dans les « cachetons », ni dans l'oisiveté destructrice.

Pour mes visiteurs, je fixe deux règles : ne jamais me mentir et toujours m'informer du moindre détail qui risquerait de dérégler mon train-train ou de me priver de mes occupations, si rares en prison. Interdiction formelle de demander à me voir pendant une sortie dans la cour, un rendez-vous médecin, au moment de la « gamelle » (le repas) ou des heures de gymnase. Le mercredi, le jeudi ou le vendredi après-midi, en revanche, sont des plages d'inactivité déstabilisantes, donc à privilégier. À condition de venir avant la promenade de 15 h 30.

Fort de toutes ces informations, maître Hervé Temime programme notre première rencontre un jeudi après-midi. Prêt bien avant le rendez-vous, j'attends qu'un gardien vienne ouvrir ma cellule pour m'annoncer : « Botton, parloir avocat ! » Mais l'heure arrive et la porte reste close. Espérant un simple retard, je refuse de sortir en promenade, où je n'aurais pas pu emporter mes dossiers et mes notes. Le temps passe, j'ai l'œil rivé sur ma montre et l'oreille à l'affût du moindre pas.

Rien.

Quand mes « co » remontent de la cour, je comprends, furieux, que l'entretien n'aura pas lieu.

À l'heure de la gamelle, l'auxiliaire m'interpelle :

« Pierrot, pourquoi tu n'es pas descendu en promenade ?

– Je devais avoir parloir avocat.

– Ah, les avocats... » commente le surveillant.

Petite remarque qui montre bien la fréquence de ce genre de ratés. Mais je ne m'en accommode pas. Je rumine sur ma balade sacrifiée et sur le manque de respect de mon nouveau défenseur. Plutôt que de l'appeler, je me mets en mode « détenu ». Silence radio, seul face à l'adversité, subir sans rien dire ni attendre quoi que ce soit de l'extérieur.

Le lendemain matin, alors que je suis comme tous les vendredis au gymnase, on vient me chercher. Je suis à deux doigts de ne pas y aller, de finir ce qui me fait du bien et que j'attends avec impatience chaque semaine : me défouler pour au moins quarante-huit heures, le temps que je mets à récupérer d'un effort déraisonnable pour mon âge, de l'avis général. Mes quarante-cinq minutes de rameur, suivies d'autant sur le vélo, sont sacrées. Pendant la séance, des pensées magiques m'envahissent : « Si je bats mon record, je recevrai une bonne nouvelle. » En prison, on devient tous fous.

Et puis, j'ai ma dignité de détenu. Ce n'est pas parce que je suis en prison que je suis disponible pour n'importe qui, à n'importe quelle heure. C'est un leurre, mais dans cet univers où je ne maîtrise plus rien, l'orgueil se loge où il peut. Vite ravalé, car je ne suis pas en situation de faire le malin : avec cinq ans sur la tête, j'espère une forte réduction de peine en appel. Ma fierté ne pèse pas lourd face à quelques mois de prison de moins.

On me « monte » donc au parloir avocat, en survêtement, essoufflé, lessivé, trempé et puant de sueur, sans mes dossiers. Lorsque j'arrive dans la salle, personne. Un classique : on nous « sort » toujours très en avance, car notre temps n'a aucune valeur, contrairement à celui de nos visiteurs. Nous sommes à disposition de tout le monde, et tant pis pour notre amour-propre. Une gifle de plus !

Autant pour me calmer que pour m'occuper, je me lance dans une série de pompes et d'abdominaux. Et c'est en pleine action que me découvre le couple très original qui débarque après de longues minutes. Une jeune femme de 34 ans, de taille moyenne, tout en noir, très apprêtée et BCBG avec son mini-sac Céline vert, accompagne un homme massif, qui semble aussitôt emplir la pièce. Outre un pantalon en toile et une chemise blanche, il arbore une curieuse tunique à col mao en jean ornée de larges boutons, comme fier d'avoir enfin trouvé une veste originale à sa taille. De grosses lunettes d'écaille cerclent son regard. Clairement, Hervé Temime en impose.

Mes premiers mots à l'adresse de mon avocat sont pour ronchonner : « Vous ne deviez pas venir hier ? Personne ne m'a prévenu d'un contretemps. Ce n'est pas parce que je suis détenu qu'il faut me traiter ainsi. »

Que n'ai-je pas dit là ! Comme si j'avais appuyé sur le bouton déclenchant l'arme nucléaire, le ténor démarre au quart de tour. Mais je ne me laisse pas faire, je le coupe, je réponds, ce dont il n'a visiblement pas l'habitude :

« Non, mais c'est incroyable d'être reçu comme cela. Pour qui vous prenez-vous ? J'ai beaucoup de respect pour les détenus, mais il y a des impondérables, vous pouvez le comprendre ?

– Oui, mais vous pouviez aussi me prévenir.

– C'était hier, je viens aujourd'hui, cela ne change pas grand-chose.

– Je ne vous reproche pas les impondérables, mais de ne pas m'avoir prévenu, c'est tout.

– Écoutez, on ne m'a jamais parlé sur ce ton. Si je ne vous conviens pas, je pars, pas la peine de poursuivre dans cette ambiance. »

Il se met debout, très grand seigneur, et se prépare à lever le camp, sans doute pour me tester. Mais je suis en train de jouer le même jeu, pour lui montrer ce que je vis, pour lui prouver que mon engagement pour les détenus est gravé dans ma chair : « Partez si vous le souhaitez, Hervé, je le regretterai, mais vous devez comprendre ce que c'est que d'être détenu pour moi, vingt-cinq ans après une première incarcération. »

Il y a des relations humaines qui basculent en une seconde, et c'est bien ce qui se joue à cet instant-là entre les quatre murs de ce parloir sordide. Il aurait suffi de peu de chose pour que la balance penche du mauvais côté. Par exemple qu'il m'assène une phrase du type : « Il me semble pourtant que vous n'êtes pas suroccupé. » Au lieu de quoi, révélant son immense sensibilité, il apprécie aussitôt le militant à fleur de peau et change de ton.

L'incident est clos, place au dossier. D'emblée, il s'affirme convaincu de pouvoir obtenir une forte réduction de peine. Mais il souhaite d'abord parler du fond et attaque avec énormément de franchise, ce qui n'est pas pour me déplaire :

« Comment avez-vous pu utiliser le compte courant associé d'une société pour votre usage personnel ?

– Les experts-comptables, les commissaires aux comptes et même le fisc n'y trouvaient rien à redire.

– J'ai vu leurs interrogatoires, en effet. Mais vous, vous saviez ? Vous avez payé, il y a vingt-cinq ans, pour le savoir, non ?

– Je pensais être encadré. J'ai sans doute fait exploser tout le monde, je me suis laissé envahir par la cause. J'ai travaillé là-dessus avec la psychiatre de la prison.

– Vous avez l'air sincère. Vous savez, lorsque j'ai vu les articles au vitriol du *Monde*, j'ai été surpris et même déçu car je trouve votre combat admirable.

– Cela n'a rien à voir avec ce que j'ai fait pour les détenus. L'État m'a juste volé mon projet de prison basée sur le travail, et ça, c'est une honte !

– Vous saviez que vous alliez être condamné ?

– Oui.

– Voulez-vous une demande de mise en liberté ?

– Non, Hervé. Je n'y crois pas, donc je vais attendre le procès en appel en prison même si c'est très, très dur. J'y suis, j'y reste. Et puis je pense à écrire un livre sur ce que je vois.

– Donc, pas de demande de mise en liberté ?

– Non. »

Après cet entretien, nous nous reverrons peu. Tout l'été, je travaille avec maître Margaux Mathieu, la femme au sac Céline. Grande bûcheuse, elle connaît vite mon dossier sur le bout des doigts. Accrocheuse et passionnée, elle ne cesse de me confier son indignation et sa détermination : « Je ne comprends pas votre peine en première instance. C'est incroyable que l'on n'ait pas fait témoigner les comptables, les commissaires aux comptes et les agents du fisc qui vous ont contrôlé sans y trouver à redire. C'est fou. On va se battre, Pierre ! »

À partir de ce jour, j'ai foi en mes deux défenseurs et en leurs méthodes. Surtout, dans le monde incroyablement dur et masculin de la prison, chaque « parloir avocat » avec Margaux devient une oasis de classe, d'élégance intellectuelle et physique, de compréhension, d'écoute, de patience et d'espoir. Après le décès d'Hervé Temime, effondrée, elle m'a confié que lors de mon procès en appel, l'immense ténor lui avait pour la première fois fait confiance au point de la laisser plaider à ses côtés.

*

Mon procès en appel, prévu à partir du lundi 14 septembre 2020, doit être repoussé au dernier moment en raison d'une suspicion de Covid chez le président de la cour. Maître Temime estime que cela nous offre une « carte à jouer ». Lors de l'audience de renvoi du procès, il souhaite obtenir une nouvelle date en avril 2021, un rendez-vous suffisamment éloigné pour justifier une demande de remise en liberté. Nos chances pour qu'elle soit acceptée, estime-t-il, seraient alors de « trois sur quatre ».

Je valide cette stratégie, tout en lui livrant ma conviction : le tribunal, pour ne pas me libérer, trouvera une date bien avant le printemps, malgré les perturbations causées par la pandémie.

Dans l'attente de cette audience de renvoi, maintenue, elle, au 14 septembre, je vis l'un des week-ends les plus pénibles de ma détention. Car malgré mes doutes, l'idée d'une possible libération s'insinue en moi à chaque seconde. Je n'en parle à personne, et surtout pas à ma famille, mais je ne pense qu'à ça. Dans la cour de promenade, en pleine séance de gymnastique sur mon tapis de yoga, le regard braqué sur le ciel bleu à travers les filins anti-hélicoptère, je me vois déjà échapper aux cris de la prison, aux conversations de mes codétenus, au bruit des clefs des surveillants et à l'horrible claquement des loquets que l'on ferme définitivement pour la nuit à 18 heures.

L'espoir fait vivre. Il peut aussi tuer, s'il est déçu.

Le lundi de l'audience, tout se déroule malheureusement comme je l'avais prévu. Le tribunal saucissonne mon futur procès sur dix jours afin de l'organiser dès octobre, donc trop rapidement pour notre demande de remise en liberté.

Pourtant, à ma grande surprise, le président de la cour veut savoir si Hervé Temime souhaite toujours la déposer. Malin comme un singe, le ténor du barreau fait un tour sur lui-même comme s'il cherchait sa plaidoirie dans sa sacoche et m'interroge du regard. Je sens dans ses yeux son envie de tenter l'opération, de croiser le fer avec le tribunal. En un dixième de seconde, je le déçois en bougeant la tête de gauche à droite pour lui indiquer mon refus. Cet échange furtif n'échappe pas au président, qui n'insiste pas.

Par ce simple signe de tête négatif, je viens de renoncer à la seule chose qui fait tenir un détenu : une promesse de liberté. Je refuse parce que je ne veux pas d'espoir déçu. Je refuse car je ne veux pas sortir de prison pour y retourner plus tard. Je refuse parce qu'à 65 ans, je n'ai plus de temps à perdre dans de tels allers-retours.

Mais mon avocat, lui, est touché. Maître Temime est un très grand, il a la conviction chevillée au corps, dans sa chair. Ma décision lui coûte car elle l'empêche d'exercer son métier, son talent, ce pour quoi il s'est engagé dans cette profession : se battre pour libérer ses clients. Il la respecte cependant.

Le jour du procès, en octobre, après les démonstrations juridiques de maître Margaux Mathieu, le ténor reprend les rênes de mon dossier. Sa plaidoirie mérite d'être largement citée :

Si je n'aime pas comparer, je le dois aujourd'hui, monsieur le président, devant cette horreur qu'est la condamnation de Pierre Botton à cinq ans d'emprisonnement en première instance, alors qu'aujourd'hui, après vingt-cinq ans sans aucune faute, il se présente devant votre cour, seul.

Car comme vous l'avez fait remarquer et comme vous en avez vous-même été surpris, aucun commissaire aux comptes n'est à ses côtés sur ce banc. Pourtant ils ont tous validé les bilans. Certains, qui sont même encore experts auprès de cette cour, ne l'accompagnent pas dans cette tragédie qu'il assume. Même pas le trésorier de l'association, énarque, trésorier de la Croix-Rouge à l'époque des faits et encore trésorier principal des impôts, n'ayant fait l'objet d'aucune poursuite du parquet alors qu'avec courage et honnêteté il avait assumé la totalité de ce qu'il avait validé et parfois même initié[1]. *S'il fallait une preuve du ciblage souhaité, elle se trouve bien ici !*

Mais pire, même les deux contrôleurs fiscaux qui se sont penchés sur les comptabilités des sociétés de Pierre Botton, qui ont été interrogés, et dont vous-même avez été surpris à la lecture de leur déposition, attestant qu'ils « ne trouvent rien à redire aux actes comptables », ne sont pas aujourd'hui, même libres, sur le banc des accusés[2]. *Non, il n'y a que Pierre Botton, et l'on ne cesse de rappeler son passé judiciaire qui date de vingt-cinq ans, et qui, comme vous avez eu l'intelligence de le dire pour la première fois, est totalement réhabilité de plein droit. Oui, monsieur le président, il est aujourd'hui vierge de toute condamnation et de toute façon, il a toujours fait face.*

Alors monsieur le président, je vais devoir comparer et je le regrette. Jérôme Cahuzac[3] *n'a pas fait un seul jour de prison, Dieudonné*[4], *chez qui on a trouvé des sommes extravagantes en espèces et qui n'a cessé de frauder le fisc, n'a pas fait un jour de prison. Parce que la condamnation en première instance est monstrueuse, je vais faire une deuxième entorse à mes habitudes. Monsieur le président, je vais vous conseiller une peine.*

Si votre cour condamnait Pierre Botton à deux ans de prison ferme, il pourrait être remis en liberté le jour du rendu du jugement

---

1. Il s'agit de Claude Baillard, voir le chapitre 3.

2. Dans le même esprit que cette remarque, je tiens à souligner que le jugement initial écrivait notamment que j'avais été « conseillé en matière de comptabilité par des experts judiciaires éblouissants, prétendument incontestables » que m'avait « recommandé un ancien magistrat instructeur ». Il pointait aussi « l'insuffisance des agents [du fisc] auxquels » j'avais été « confronté » comme les « surprenantes lacunes manifestées par l'administration fiscale lors de ses opérations de vérification ».

3. Condamné en appel, en 2018, à deux ans de prison ferme, l'ancien ministre du Budget de François Hollande a effectué sa peine sous bracelet électronique.

4. L'humoriste a été condamné en appel, en 2021, à trois ans de prison dont deux fermes pour fraude fiscale et abus de biens sociaux. Sa peine a été aménagée.

et pour respecter sa volonté, une nouvelle fois ce soir, je ne vais pas vous demander sa remise en liberté dans l'attente de votre décision.

En relisant cette plaidoirie d'Hervé Temime, je ressens encore l'effort que lui demande, ce jour-là, le respect de mon souhait, je perçois toujours le mal intellectuel et professionnel que je lui fais. Je le revois bouillir en silence. Et je l'entends encore me dire tout juste au revoir, le visage renfrogné dans sa sacoche, alors que je repars en détention, menottes aux poings.

*

En novembre, la sentence du jugement en appel tombe : trois ans ferme, plus aucun sursis, plus d'amende (au lieu des 150 000 euros fixés en première instance), et les dommages et intérêts réclamés par le fisc ramenés de 150 000 euros à 1 euro symbolique.

Ce verdict très en deçà du premier est une victoire. Pourtant mon avocat se tourne vers moi, peiné. Je sens qu'il est mécontent, insatisfait. Son dos se voûte, son visage se ferme, ma sentence devient presque la sienne. Je me trouve dans la situation incongrue de réconforter mon défenseur :

« Je suis déçu. Ils n'ont pas osé aller jusqu'à votre mise en liberté dès aujourd'hui. Je suis triste de vous voir repartir en prison. Courage, Pierre.

– Attendez, vous venez de me faire gagner deux ans de ma vie et d'après mes calculs, ma peine est dès à présent aménageable. Merci, Hervé ! »

De fait, malgré l'incompréhensible agressivité d'une juge d'application des peines qui fera tout pour me maintenir en détention, une ultime plaidoirie en appel de maître Temime permettra mon placement en semi-liberté dès novembre 2021.

*

Merci maître, vous étiez vraiment le meilleur, humainement et professionnellement. Vous ne deviendrez donc jamais garde des Sceaux. J'aurais préféré vous affronter ministre plutôt que d'assister à vos funérailles au milieu de votre famille, de vos clients puissants ou célèbres et de vos confrères.

Parfois, on me reproche d'être expansif et trop tactile dans l'expression de mes sentiments. Je sais par triste expérience que l'on ne dit jamais assez « merci », ni « je t'aime », à ceux qui nous sont chers. Après leur départ, il ne nous reste que les remords. Alors, je ne regrette pas de vous l'avoir dit mille fois, de vive voix dans votre grand bureau ou à la fin de mes messages.

Vous me manquez. Votre confiance, votre écoute, votre protection, votre savoir me manquent. Je ne franchirai plus votre porte de la rue de Rivoli au petit matin pour vous parler, je ne vous enverrai plus mes amis, nous n'échangerons plus par SMS. Le vide que vous laissez est immense, celui d'un grand homme.

Reposez en paix et préparez votre plaidoirie pour me faire accéder au paradis malgré tous mes péchés, il y faudra tout votre talent.

Ma famille, mes filles et moi-même vous disons merci à vie.

8

Émotions

« L'émotion nous égare :
c'est son principal mérite. »
Oscar Wilde

La prison de la Santé organise, comme nombre d'établissements pénitentiaires, un grand nombre d'activités culturelles (théâtre, cinéma...) et de formations (informatique, entretien, réparation de vélos, vente, et même métiers de l'audiovisuel pour travailler sur la chaîne interne).

Elles sont très convoitées car bien vues par le magistrat qui décide des fameuses remises de peine supplémentaires. À l'époque, elles pouvaient représenter trois mois la première année de détention, puis deux par année supplémentaire, autant de mesures qui n'existent plus depuis la réforme signée par notre merveilleux garde des Sceaux, Éric Dupond-Moretti[1]. De toute façon tout cela était très théorique, surtout en période de Covid, tant le suivi des activités laisse alors à désirer. Pour y

1. Depuis la loi de 2004, les détenus disposaient d'un crédit forfaitaire de « réductions de peine automatiques », sous réserve de bonne conduite, tout en pouvant demander des remises supplémentaires. La loi pour la confiance dans l'institution judiciaire du 22 décembre 2021 a supprimé les réductions automatiques.

assister, le prisonnier est à la merci du personnel pénitentiaire : il faut que l'information soit transmise et qu'un surveillant soit disponible pour venir le chercher en cellule à l'heure dite. La probabilité de voir toutes ces conditions réunies est extrêmement faible.

En octobre 2020, je me rends pour la première fois au Pipr, le pôle d'insertion et de prévention de la récidive. Au sein de la prison, il occupe tout un étage entièrement voué aux activités, même si la plupart sont alors suspendues en raison du Covid. J'ai été sélectionné par la responsable des occupations culturelles du service pénitentiaire d'insertion et de probation pour devenir rédacteur en chef d'un journal réalisé par les détenus !

Dans la grande salle impersonnelle où l'équipe se réunit autour de tables disposées en rectangle, je découvre plus d'intervenants que de détenus. Nous sommes quatre face à cinq interlocuteurs « libres », venus de l'extérieur ou des services culturels de la pénitentiaire : deux coordinatrices culturelles, une stagiaire en service civique, une bénévole d'une association et la marraine du projet, Natalie Thiriez, l'épouse d'Éric Fottorino, ancien directeur du *Monde*.

Cinq femmes au milieu d'hommes qui n'en voient presque jamais.

Dans l'univers rétréci de la prison, où tout détenu devient un observateur à l'œil aiguisé, chaque nouveau visiteur est passé au scanner. *A fortiori* quand il s'agit d'une femme. En arrivant dans la salle, mon regard est d'emblée aimanté par une cape virevoltant autour du corps de la bénévole. Le pantalon de velours côtelé et les New Balance beige n'ont rien de remarquable, mais la cape, elle, paraît totalement improbable en un tel lieu. Sous une longue chevelure brune, l'accessoire a la forme d'un filtre à café à l'envers. Un col très serré garni de vison, puis du daim verdâtre qui s'évase jusqu'à un autre galon de poils, juste en dessous des fesses... la tenue estomaque visiblement les cadres de la pénitentiaire tout autant que mes « co » et moi, vêtus de nos habituels jogging et baskets.

Quand la réunion commence, nous n'écoutons rien de ce qui se dit. À l'image d'élèves prépubères, nous voilà à l'affût du moindre centimètre de peau, du plus discret mouvement de jambes. Les attitudes les plus anodines réveillent nos libidos en manque.

À un moment, ce fantasme vivant s'assoit face à moi. Une main osseuse ramène les cheveux d'un côté à l'autre du visage aux traits fins, qui paraît de lointaine origine orientale. Aucun bijou ne pare sa quarantaine. Ses sourcils soignés et sa peau entretenue s'animent sous l'effet d'un beau et large sourire, dévoilant de parfaites dents blanches. Ses yeux noisette aux reflets verts – marron, ce serait trop ordinaire – s'éclairent d'une luminosité de soleil couchant.

Une fois la cape ôtée, le pantalon se révèle être une combinaison, façon garagiste ou aviateur. Elle est portée ample, seule une ceinture intégrée marquant la taille, mais autour de la table, sans un mot, nous avons tous la même image puissante en tête : avec ce genre de vêtement, il faut totalement se dénuder pour satisfaire un besoin naturel...

Nous n'avons donc d'yeux que pour la fermeture Éclair dorée, baissée jusqu'à la naissance des seins, suffisamment pour dégager le cou, une partie des clavicules, le haut du torse, mais trop peu pour répondre à la question qui nous taraude : soutien-gorge ou pas ? En l'absence de sexualité, il en faut peu pour faire décoller l'imagination. Même si la combinaison n'est pas provocante, nous cherchons à deviner les formes qu'elle dissimule. Sous la table, les chevilles fines et le bas des mollets très blancs apparaissent jusqu'aux tennis à la mode. Au-dessus, l'attitude corporelle pleine d'assurance, la voix claire, les phrases ciselées, tout trahit le bien-être d'un milieu aisé et l'habitude du pouvoir de décider. Figure associative, elle met ses convictions et son temps au service de notre « Journal de la Santé », mais... en vison.

*

Au fil des réunions, la fascination initiale va vite laisser la place à l'irritation. Certes, nous apprécions sa féminité et nous respectons sa démarche. Mais elle incarne jusqu'à la caricature tous les clichés de la bénévole en prison. Le moindre poème est jugé « génial », tout gribouillis, tout propos est salué par des encouragements : « C'est bien, ce que vous imaginez. C'est vous, il n'y a rien à redire, pas à juger, nous ne devons pas vous critiquer. » Elle écoute toutes nos histoires avec une compassion excessive. Je me prends à imaginer qu'elles alimentent ses récits lors de ses dîners mondains du jeudi soir...

Très rapidement, mon discours militant radical et ma volonté de lutter contre l'administration qui entrave nos travaux s'opposent à cette « bien-pensante » qui veut « faire avancer les choses pas à pas ». Au sommaire de notre publication de détenus, elle cherche à imposer des thèmes « bobo » à cent lieues de nos préoccupations quotidiennes.

Un jour, elle suggère ainsi « un article sur la nourriture bio en prison ». Au départ, personne n'ose la contredire, par peur d'un rapport à la pénitentiaire qui pourrait nous faire exclure du groupe et donc gâcher nos chances d'obtenir une remise de peine. Mais beaucoup de regards se tournent vers moi. Je suis l'ancien, je parle bien, qui d'autre pour souligner l'incongruité de la proposition ? Je me doute que je pars à la confrontation, mais trop, c'est trop. Je demande la parole :

« Madame, vous voulez parler de nourriture bio, mais vous savez, ce qui nous importe, c'est de manger chaud, en quantité suffisante, et qu'on ne nous serve pas midi et soir des féculents mal cuits, collés...

– Je comprends, mais vous devez vous ouvrir à la société extérieure, c'est important, non ?

– Oui, sans doute, mais...

– Vous vous moquez de la planète, de votre corps, de ce que vous mettez dedans ? C'est votre santé, pourtant !

– C'est juste qu'en prison nous ne sommes maîtres de rien et que le bio passe après tout ce que je me suis permis de vous citer.

– Peut-être n'exprimez-vous que votre opinion. Écoutons les autres. »

Classique. Comme toujours, on me renvoie à mon statut. Je ne serais pas « représentatif de la population carcérale ». Erreur : je vis exactement la même chose que les autres. Et s'ils l'expriment avec moins de facilité, leur avis rejoint le mien :

« Ben, c'est sûr qu'il a raison, l'ancien. C'est dégueu, ce qu'ils nous servent.

– Et puis la cantine, c'est trop cher ! Ils ont augmenté tous les produits que nous commandons tout le temps !

– Et la gamelle, c'est froid, c'est pourri, c'est vrai ce qu'il dit, le daron.

– Moi, je la prends pas, je préfère me faire à manger. »

La discussion est lancée, entre récriminations et échanges de tuyaux pour améliorer l'ordinaire. Mais la bénévole ne lâche pas l'affaire : « Ce ne serait pas important que vous mangiez bio ? » Silence et regards gênés des détenus. Elle n'a rien compris à ce que nous vivons. À chaque réunion, mes conversations avec elle, quel que soit le sujet, tournent au même dialogue de sourds.

*

L'aura de notre bénévole va définitivement pâlir un jour de réunion particulièrement dissipée, alors que les membres de la « rédaction » discutent davantage de leur situation judiciaire que du sommaire, de la maquette ou du bouclage des articles. Pour rétablir un peu d'ordre, la stagiaire en service civique hausse le ton. Si tout le monde continue à parler à tort et à travers, prévient-elle, « nous ne tiendrons pas les délais ».

Remarque maladroite. Comme le lui fait aussitôt remarquer un détenu au fort accent banlieusard, le premier numéro est terminé depuis six semaines mais n'a toujours pas paru, faute du feu vert de la direction interrégionale des services pénitentiaires et de son patron, le fameux Stéphane Scotto déjà évoqué[1]. Réaliser un journal en prison n'est déjà pas simple, entre les détenus que les surveillants oublient de

1. Voir le chapitre 2.

« sortir » pour les réunions et ceux qui sont retenus au QD, sans parler de la difficulté à écrire les articles promis une fois les « journalistes » revenus en cellule. Mais le retard pris pour diffuser le premier fruit de nos travaux a achevé de nous démotiver. Alors, entendre parler de « tenir les délais », ça ne passe pas !

Face à ce début de révolte, la « service civique » lâche un argument qu'elle pense ultime, mais qui déclenche la colère des détenus, dans leur langage d'une franchise déroutante, qui mélange le « vous » et le « tu » :

« Nous n'avons pas un temps infini, il y a un budget à tenir.

– Un budget ? Pour payer quoi ?

– Ben oui, l'impression, c'est la pénitentiaire qui la paye, non ?

– Et nous, on n'est pas payés.

– Alors il sert à quoi, le budget ? »

La réponse produit l'effet d'une bombe :

« À payer les intervenants, la graphiste et tous les participants.

– Quoi ? Natalie Thiriez, notre marraine, elle est payée ?

– Non, Mme Thiriez n'est pas payée.

– La bénévole, elle est payée ?

– Oui.

– Madame, tu es payée, c'est ton travail alors ?

– Ouais m'dame, vous dites que vous nous donnez du temps mais en fait vous prenez de la thune.

– Elle est payée combien ?

– En fait tu fais ton taf. Quand tu viens ici, c'est ton taf. »

Mise sur la sellette, la bénévole est bien obligée de prendre la parole à son tour, sans parvenir à contenir la déferlante :

« Je ne suis pas payée beaucoup, ce n'est pas pour cela que je viens, je suis juste défrayée.

– Tu prends de l'oseille, m'dame. Et nous, pourquoi on n'est pas payés ? C'est nous qui écrivons, c'est pas juste.

– C'est notre journal et vous, c'est ton travail, c'est tout. C'est pour ça que tu es là à chaque fois. Sans ça, tu gagnes pas ta thune.

– Ben oui, c'est la seule qui est tout le temps là, tu penses, c'est pour la maille. »

Le mythe s'effondre. Heureusement pour la « victime », l'heure tourne. Un surveillant vient siffler la fin de la réunion et le retour en cellule.

Mon dernier échange avec elle prouve son manque de considération, sous couvert de dévouement charitable. Alors que je suggère qu'elle appelle la direction interrégionale pour obtenir enfin l'impression et la publication de notre premier numéro, j'ai droit à cette réponse aussi pleine de morgue que dépourvue de délicatesse : « Vous n'avez qu'à le faire ! »

Placé en semi-liberté peu après, je ne sais pas ce que sont devenus notre journal et sa drôle de directrice.

*

Je me doute bien que la « femme à la cape » ne comptait pas sur son défraiement pour vivre. Mais son cas souligne une ambiguïté. Les gens qui nous encadrent sont payés par la pénitentiaire ou ont besoin de son autorisation. Mis à part les services du Défenseur des droits, l'Observatoire international des prisons ou le Contrôleur général des lieux de privation de liberté, il y a donc en prison fort peu de personnes à la parole et aux actes libres.

J'ai toujours affirmé que les actes gratuits n'existaient pas. Trop de visiteurs viennent faire de la charité inutile, meubler leur solitude, voire trouver un public qui leur fait défaut à l'extérieur. Je repense à l'intervenante d'une activité « lecture » qui nous imposait ses propres écrits inintéressants, sans aucune critique possible... Tout cela, les détenus le subissent en silence. Parce que, soyons sincères, il n'y a pas une seule activité proposée en prison, que nous suivrions dans la vie normale ! Mais nous nous jetons dessus pour nourrir une demande de remise de peine, ou simplement pour saisir une occasion de quitter nos cellules et de parler avec des gens venus de l'extérieur. Au moins font-ils l'effort de franchir les murs du silence, même s'ils n'ont, pour la plupart, aucune idée de la violence imposée par la privation de liberté.

Je me suis battu pour que les « vulnérables » du QB4 aient droit aux mêmes activités que ceux des autres bâtiments. Et, afin de conserver cet acquis, j'ai sans cesse cherché des participants : « Les gars, tout vaut mieux que de rester en cellule ! Et puis peut être qu'il y aura une intervenante sympa et jolie. Juste pour cela, tu peux t'inscrire ? »

*

Au moins certains souvenirs des activités me font-ils sourire, tout en soulignant encore le fossé entre les bonnes volontés extérieures et le vécu des détenus. Comme cet atelier « dialogue » animé par deux avocats, sur le thème de la violence. Un intervenant commence par exposer une situation imaginaire :

« Si vous avez un conflit avec quelqu'un, un désaccord, comment procédez-vous ?

– Je discute, j'essaye de convaincre.

– Moi, j'écoute le point de vue du poto avec qui j'ai l'embrouille, et si on n'est pas carré tous les deux, je me tire. Je veux pas perdre de temps en tchatche inutile.

– Moi, je tape.

– La violence n'est jamais une solution.

– Si c'est pas la solution, c'est que t'as pas tapé assez fort ! »

Derrière le rire des participants, une vérité qui devrait faire réfléchir l'administration pénitentiaire : les activités qu'elle propose, comme les métiers auxquels elle incite à se former, de l'informatique au jardinage, n'ont aucun attrait pour des gamins de 20 ans gavés par l'argent de la drogue. La plupart des détenus écoutent du rap violent, consomment des drogues diverses et variées, maîtrisent mal le français à l'oral comme à l'écrit. Leur culture, ce sont les tags, les vêtements de sport, le football, le tout dans un langage bien à eux. Alors, la formation « technicien de surface » ou l'analyse du dernier Goncourt...

Mais merci quand même aux frérots qui viennent nous visiter : t'as capté gros ? Si t'as capté, c'est carré !

9

Parloirs

« La vie brise tout le monde
et ensuite certains deviennent plus forts
aux endroits brisés. »

Ernest Hemingway

« Allô, papa, ça y est nous avons reçu les permis de visite. On vient te voir, Marie-Anne et moi, samedi à 14 h 45.

– Génial, comment voulez-vous que je m'habille ? Ville ou détenu ?

– Comme tu veux, papa.

– Alors, ce sera détenu, vous verrez le bas de survêtement dont j'ai besoin. À samedi, mes filles d'amour. »

Une visite, c'est une bouffée d'oxygène indispensable. Et aussi, on ne le comprend qu'une fois sorti, une épreuve pour les proches. Il est fondamental de leur exprimer notre gratitude et nos excuses, tant ils doivent à chaque fois suivre un parcours du combattant totalement insensé. Pour un détenu, solliciter un parloir, c'est juste attendre, après avoir fourni mille documents, l'obtention du permis de visite. Le sésame reçu, à la famille de s'organiser pour trouver un rendez-vous dans un planning saturé, conséquence de la surpopulation carcérale. Dès le départ, mes filles prennent le pli. À chaque annonce de nouvelles dates, le soir à minuit, elles sont devant un ordinateur afin de bloquer des créneaux pour les trois semaines à venir. Précaution indispensable car, le matin venu, il ne reste plus une seule place !

Au QB4, les visiteurs sont reçus le mardi après-midi, le mercredi matin et le samedi après-midi. J'enrage encore en repensant aux trajets que j'ai imposés à mes filles, qui vivent en Seine-et-Marne, au temps perdu dans les embouteillages, à leur angoisse de ne pas arriver quarante-cinq minutes avant l'heure, comme l'impose un règlement idiot appliqué par des cerbères sans état d'âme. Entre autres humiliations : certains jours, les « surveillants parloir » décident unilatéralement, sans justification, d'interdire l'accès aux familles, malgré les RTT posées et les kilomètres parcourus. L'annulation d'un parloir à la dernière minute crée de vives tensions à l'entrée, envenime les relations familiales, pourrit les rapports entre détenus et gardiens.

La rigueur et l'inhumanité des parloirs sont inouïes. On peut tout faire entrer en prison pourvu que l'on connaisse les bons réseaux. Les substances illégales circulent, des couteaux aussi, j'ai vu des cellules équipées d'immenses écrans plats, de consoles Playstation, de machines à café à capsules et même de chichas. Mais remettre ouvertement et légalement à un détenu, lors d'une visite, un simple vêtement, un livre ou des serviettes de bain, obéit à des règles trop strictes et appliquées sans aucun discernement.

Compte tenu de mon exposition, mes filles et moi n'avons jamais cherché à transgresser le règlement, pour ne pas offrir un moyen de pression à l'administration.

*

Je n'ai pas attendu 2020 pour découvrir l'enfer du parloir. Je l'ai déjà vécu, bien sûr. Surtout, cela a été l'un de mes combats plus de dix ans auparavant, quand j'ai obtenu que les parents incarcérés puissent signer les carnets de notes de leurs enfants – lors de ma première détention, cette interdiction m'avait choqué : comme si j'étais mort ! – et qu'on laisse entrer librement dessins ou photos remis par les familles, toutes ces petites tranches de vie qui m'avaient terriblement manqué.

Au départ, je suis alerté par le CGLPL (le contrôleur général des lieux de privation de liberté) sur une restriction absurde : impossible de recevoir en détention un dessin d'une taille supérieure à celle d'un Post-it. Une mesure prise par le directeur du tout-puissant état-major de sécurité de l'époque, Stéphane Scotto. Toujours lui et son obsession sécuritaire ! Quel risque présente un gribouillis ou un cliché, quelle que soit sa taille ?

Peu après ma libération, je fais la tournée des plateaux télé avec un petit papier autocollant rose. Chaque fois, je demande en direct à mes interlocuteurs de quoi il s'agit :

« Un Post-it ?

– Non, c'est la taille des dessins que les enfants de détenus peuvent donner à leur père ! »

Je fais le même coup au président de l'époque, mon ami Nicolas Sarkozy, que je connais depuis plus de trente ans. Je suis arrivé à notre rendez-vous avec une provision de papiers : un Post-it, une feuille 21 × 29,7 coupée en quatre, une autre, en deux et une dernière, intacte :

« Nicolas, si Louis [son plus jeune fils] te fait un dessin, il choisit quelle feuille ?

– La plus grande, évidemment.

– Eh bien, dis-toi que pour envoyer un dessin en prison, les enfants n'ont droit qu'à un Post-it.

– Je ne te crois pas, tu exagères toujours quand il s'agit de tes prisons.

– Non seulement c'est la vérité, mais en plus les prisonniers n'ont pas le droit de signer quoi que ce soit pour leurs enfants à l'école. C'est comme s'ils n'existaient plus.

– Pour ceux qui ont commis des faits de violences conjugales ou sur enfant, c'est normal, Pierre.

– Je ne te parle pas de cela, je te parle des détenus comme moi. Je n'ai rien fait qui concerne les enfants, non ?

– Lors de ta détention, as-tu seulement essayé de faire rentrer un dessin des filles ou de signer leur carnet de notes ?

– Nicolas, comme j'étais certain de ta réaction, je t'ai apporté le décret. Tu as des fonctionnaires qui soit ne lisent pas ce qu'ils signent, soit sont totalement déshumanisés. Regarde. »

Il lit très rapidement le passage et s'exclame :

« C'est incroyable. Ils signent vraiment n'importe quoi, tu te rends compte ?

– Imagine la puissance de cette administration puisque le CGLPL, en désespoir de cause, s'en remet à moi pour trouver une solution.

– Pierre, je m'en occupe.

– Vraiment ? Dans quel délai ?

– Tu me fatigues, je te dis que je m'en occupe.

– Qui puis-je harceler pour que cela se fasse ? Tu comprends, les gosses attendent.

– Vois mon conseiller justice Jean-Pierre Picca, que tu poursuis déjà beaucoup, d'après Claude Guéant et Henri Guaino.

– Flatté que tes conseillers s'intéressent à ma cause... »

Moins d'une semaine plus tard, une circulaire du directeur de l'administration pénitentiaire autorise l'entrée en prison des photos, des documents scolaires ou médicaux et des fameux dessins. Mais le texte prévoit des restrictions honteuses, comme j'ai pu le vérifier lors de mon retour en maison d'arrêt. D'abord, photos, dessins ou carnets scolaires doivent être remis dans le sac de linge, récupéré seulement à la fin du parloir, mais plus souvent le lendemain. Aucun moment de partage entre le papa, la maman et l'enfant... Ensuite, le nombre de photos autorisées est limité à TROIS !

Comment interpréter cette obstruction systématique face aux avancées obtenues, autrement qu'en y voyant un culte de la paperasserie et de la norme en tout ubuesque et, qui sait, la volonté de montrer (à moi comme aux politiques) qui a vraiment le pouvoir ? Une fois de plus, mes interlocuteurs en costumes gris prennent mes démarches pour un manque de respect et une remise en cause de leur autorité au sein même de leur administration. Cela commence à faire beaucoup de monde, dans les milieux de la justice, à vouloir me mettre hors jeu, en espérant que ce sera définitif. Raté !

*

Revenons à ma seconde détention. Un mois que je n'ai pas vu mes enfants. Le samedi de mon premier parloir, je trompe ma fébrilité en observant scrupuleusement la routine. Retour de promenade à 11 heures, repas, douche, vêtements propres... en regardant ma montre à chaque instant. À 14 heures, l'heure à laquelle mes filles doivent se présenter en avance, rien. À 14 h 15, toujours rien. À 15 heures, je me décide à appuyer sur le bouton d'appel. Pour une fois, un surveillant se présente au bout de seulement quelques minutes :

« Bonjour surveillant, j'ai un parloir, mais personne n'est venu me chercher.

– On ne m'a rien dit. Il n'y a rien sur ma liste. Je vais me renseigner. »

En attendant, j'appelle ma fille aînée avec le téléphone de cellule :

« Marie-Sophie ? Que se passe-t-il ?

– On est là, papa. On ne peut pas entrer, le rendez-vous n'est pas dans leur ordinateur. Mais tu dois pouvoir nous voir. On est dans la rue.

– Mais enfin, bien sûr que non ! Vous n'allez tout de même pas faire un parloir fenêtre ! »

La situation imposée à mes enfants me choque terriblement. Ce que la justice fait vivre aux détenus est une torture mentale contre-productive, une pure incitation à se révolter. Les règles qu'on leur applique déclenchent des agressions verbales ou physiques envers le personnel, provoquent ruptures ou tensions avec les familles, et les livrent à la tentation de toutes les addictions – au sport, à la fumette, aux médicaments.

Un surveillant revient me montrer la liste des parloirs réservés par mes filles : mardi, mercredi, samedi prochains. Celui d'aujourd'hui n'a pas été pris en compte par la satanée machine administrative. D'avance, l'angoisse me saisit en songeant aux prochains rendez-vous : seront-ils, eux, bien enregistrés ? Je ne sais qui a commis l'erreur et je m'en moque. Je veux voir mes filles, restées en larmes sur le trottoir du boulevard Arago.

À fleur de peau, je m'emporte, harcèle le personnel, demande à vérifier moi-même, au service des parloirs, que tout est en ordre pour les visites à venir. C'est évidemment impossible. Comme toujours, je dois écrire au gradé du bâtiment, attendre la gamelle pour remettre le message au surveillant, qui le transmettra, ou pas, à son supérieur qui l'ouvrira quand il aura le temps et qui répondra... rarement, et toujours trop tard.

J'en suis là de mes ruminations lorsque le surveillant « vétéran », celui qui m'a accueilli le premier jour[1], vient me voir :

« Voulez-vous voir le lieutenant ? Il arrive pour vous parler.

– Non, je veux savoir si je vais voir mes filles, qui attendent sur le trottoir. Oui ou non ?

– Non, il n'y a pas le parloir dans l'ordinateur.

– Vous savez que vous êtes en train de nous faire vivre la pire des choses ? Annuler un premier parloir, sans prévenir, alors que la famille s'est déplacée ?

– Je sais, Botton.

– Monsieur Botton, si cela ne vous fait rien. »

Mon agressivité monte. J'ai envie de frapper, de tout casser. Oui, même moi, le détenu soi-disant paisible. Il reprend :

« Monsieur Botton, vous voulez voir le lieutenant ?

– Non, je veux voir mes filles ! Je ne suis pas un détenu à problèmes, mais si on me cherche, on va me trouver.

1. Voir chapitre 5.

À partir d'aujourd'hui, je ne sors plus de ma cellule ni en promenade, ni pour quoi que ce soit. Et je ne mange plus ! »

Voilà le résultat d'un traitement déshumanisé : ma seule solution, la seule révolte possible est de compromettre ma santé. La souffrance qu'on m'inflige me pousse à cette extrémité. Est-ce si difficile à comprendre ? Que je sache, je n'ai ni tué, ni violé, ni agressé personne. Encore en appel, je suis même présumé innocent ! L'humiliation permanente transforme les prisons françaises en fabriques à violences et à récidivistes. Les détenus deviennent insensibles, fermés, agressifs. Durs comme du granit. Prêts à s'autodétruire ou à recommencer leurs méfaits.

Ma colère n'empêche pas la lucidité. Compte tenu de ma notoriété, le pire des scénarios pour la pénitentiaire serait qu'il m'arrive quelque chose. Me déclarer en grève de la faim serait prendre une décision personnelle, vite connue à l'extérieur et qui « couvrirait » l'administration. En revanche, refuser les repas l'un après l'autre la contraint à une surveillance immédiate car la responsabilité, en cas de problème, lui incomberait. D'ailleurs, la réaction du surveillant ne se fait pas attendre.

« Si vous faites la grève de la faim, je suis obligé de faire un signalement.

– Non, non. Vous verrez bien ce soir si je m'alimente. »

Le soir à 17 heures, je refuse toute la nourriture proposée sur le chariot. Ironie du sort, sa composition est l'une des innovations auxquelles j'ai contribué avec mon association. Fini, les repas achetés à un prestataire extérieur et servis en barquette sous cellophane, que les détenus jetaient par les fenêtres. La mauvaise qualité, l'absence de choix (qui contraignait les détenus à acheter, à la cantine, des produits au même prestataire, à des prix indécents), les amas d'immondices dans la cour de promenade, tout militait pour une autre façon de faire. J'avais convaincu Christiane Taubira, alors garde des Sceaux, de mettre en place ma solution : des menus, affichés une semaine à l'avance dans les coursives, prévoient maintenant trois plats au choix, préparés par des détenus et servis, pour les quantités, à la demande. Comme quoi un ministre, s'il le souhaite, peut changer la vie quotidienne.

Le lendemain à 8 h 45, je refuse de sortir en promenade. À 11 heures, pour ne pas être catalogué, j'accepte un fruit mais il finit directement dans la cuvette des WC.

Nouvelle question du gardien :

« Vous faites la grève de la faim ?

– Non, je n'ai pas d'appétit, c'est tout. »

Ce dimanche soir, à la gamelle de 17 heures, je reproduis le stratagème. Le surveillant espère que je vais manger. Visiblement, ils ont tous peur. Je regarde attentivement le chariot et je demande à l'auxiliaire de me donner le lait en poudre et le fromage. J'évite ainsi l'inscription « grève de la faim » sur le registre.

Lundi matin 7 heures, les équipes de la semaine se mettent en place, les informations du week-end remontent jusqu'à la direction. Je transmets les huit courriers rédigés depuis mon parloir raté. À 8 h 45, nouveau refus de promenade. À 11 heures, nouvelles inquiétudes du surveillant, puis de l'auxiliaire, qui me suggère de prendre « au moins le pain et la mousse au chocolat ». Je connais cet « auxi », nous avions sympathisé jusqu'à ce que j'apprenne les vraies raisons de son incarcération. Non pas une affaire financière comme il l'affirmait, mais le viol de deux jeunes femmes qu'il avait aussi massacrées à coups de casque de moto pour qu'elles ne puissent pas le reconnaître. En prison, il ne faut croire personne, mais le temps et la promiscuité érodent la méfiance. Que j'aie eu à fréquenter une ordure pareille est une monstruosité.

Sa sollicitude ne me touche donc pas. D'autant qu'on ne la fait pas à un vieux détenu comme moi : la plupart des auxiliaires sont des informateurs, des « putains de balances », comme on dit ici. Je décline et détourne la conversation sur une histoire de sèche-linge en panne, puisqu'il se charge aussi de la buanderie. Fermeture de la porte.

Elle se rouvre à 16 heures, horaire inhabituel. On m'apprend que j'ai rendez-vous au SMPR, le service médico-psychologique régional. Classique : face au mal-être d'un détenu, l'administration se décharge immédiatement sur les médecins, en espérant qu'ils vont l'assommer d'antidépresseurs, d'anxiolytiques et autres cachetons. Le surveillant m'informe aussi que je fais l'objet d'une procédure de « blocage » : je dois désormais me déplacer accompagné de trois membres du personnel de sécurité, toutes portes fermées sur mon passage afin de ne voir aucun détenu et de ne pas être vu.

De fait, descendant de mon étage, je suis pris en charge par des agents de cette équipe spéciale jusqu'à l'aile médicale de la prison, où un infirmier me reçoit. Il veut savoir ce qui m'arrive :

« On m'extrait de ma cellule pour des rendez-vous comme celui-ci, mais pas pour le premier parloir avec mes filles. Je pourrais considérer qu'il y a une volonté de me briser ! De ce fait, j'ai décidé de ne plus rien attendre de personne et de m'isoler en attendant la fin de mon incarcération. Je veux qu'on me laisse tranquille, je ne veux plus d'espoirs déçus. Comme cela, pas de procédures, pas de contraintes, qu'ils aillent se faire voir...

– Nous n'aimons pas que les détenus s'isolent, ce n'est pas bon, cela peut mal se terminer. Essayez de tenir, je crois que vous avez un parloir demain, mardi, à 14 h 45 ?

– Les informations circulent vite. Je vois que contrairement à ce que l'on nous raconte à longueur de consultation, il y a une porosité totale entre la pénitentiaire et le médical. J'ai en effet un nouveau parloir, si on vient me chercher et si on laisse entrer mes enfants ! »

Apercevant la balance du cabinet médical, je demande à me peser. L'appareil m'annonce 87 kilos. Neuf de moins qu'à mon entrée, même pas un mois plus tôt. L'infirmier confie que cela arrive à la plupart des détenus. Puis il me rend à mon escorte, sur un dernier « essayez de vous reprendre, monsieur Botton ».

Sur le chemin du retour, comme par hasard, on me laisse pendant un quart d'heure en compagnie de deux détenus avec lesquels j'ai des affinités, blocage ou pas.

Au dîner, je mange – ricotta aux épinards, légumes, banane – pour faire baisser la pression. Et surtout pour ne pas arriver sur les nerfs ou dépressif devant mes filles, le lendemain. Au téléphone, je leur confirme ce nouveau parloir, puis j'ai une très longue conversation, qui me fait un bien fou, avec celle qui, à ce moment-là, est encore ma compagne.

Le mardi matin, je refuse la promenade, ce qui me vaut une nouvelle convocation au SMPR. J'ai beau contester l'utilité de ce deuxième rendez-vous en deux jours, rien n'y fait et je dois revivre le cinéma qu'occasionnent mes déplacements.

En croisant le gradé, je sollicite l'abandon de cette mesure d'accompagnement :

« C'est ridicule, cette escorte, lieutenant. Je suis d'accord pour prendre le risque de m'en passer la prochaine fois !

– Ici, ce n'est pas vous qui décidez, Botton. La consigne vient de très haut, nous n'y pouvons rien, nous appliquons les ordres. »

Au SMPR, c'est cette fois la doctoresse qui me reçoit. Avec elle, au fil des mois, j'accomplirai un réel travail sur moi-même. Pour la reconnaissance de mes fautes, mais aussi pour préparer ma sortie. Une fois la justice passée, il faut réussir la suite, arrêter de vouloir tout contrôler, apprendre à écouter les autres. Pendant la détention, elle me répète aussi ce précieux conseil pour bien gérer mes relations avec l'extérieur : « Ne demandez rien, laissez les gens décider s'ils veulent venir vous voir, vous écrire, vous parler. Mettez-vous à leur disposition et ne pensez pas qu'ils sont à la vôtre. »

Ce jour-là, elle me laisse repartir sur une ultime recommandation au sujet du parloir avec mes filles : « Pensez à elles. Demandez-leur comment elles vont, comment vont les enfants, les maris, si ce n'est pas trop dur pour elles. Vous parlerez du reste lors des autres visites, mais pour la première, il est important que vous soyez dans l'empathie. » Je l'écoute, mais j'en suis encore à craindre une nouvelle annulation.

*

Au retour en cellule, un surveillant affecté au parloir, vêtu d'un gilet pare-balles, m'attend pour me remettre un sac laissé par mes filles lors du raté du samedi. Il m'affirme qu'il n'a rien pu faire, qu'il est désolé. Et il conclut : « On vous voit cet après-midi, c'est certain. » Je ne suis toujours pas rassuré. Rien n'est jamais certain avec la pénitentiaire.

Je profite de la présence de ce gardien empathique pour lui demander si je peux donner à mes filles une liste de livres à m'apporter la fois suivante. Réponse affirmative, même si je sais que rien n'est simple. Pour recevoir du linge ou des bouquins, quelqu'un doit vous les laisser lors d'un parloir ou les déposer à l'entrée de la prison, dans un sac remis au détenu après avoir été fouillé – quand le service « aura eu le temps ». Imaginez l'incompréhension entre le visiteur qui a livré les affaires au plus vite et le destinataire qui ne les reçoit que quelques jours plus tard, sans jamais la moindre explication.

En prison, je m'habitue donc à lire *Le Parisien* de l'avant-veille ou un *Elle* du mois précédent. Partagés avec mes « co » lors de la promenade, ces journaux valent de l'or. Parfois, un article sur l'affaire de l'un des prisonniers permet d'en savoir plus sur lui – et de démasquer les menteurs. Alors que les parfums sont interdits, le magazine féminin contient de précieux échantillons que nous asséchons jusqu'à la dernière molécule olfactive. Ces effluves venus de l'extérieur ont la senteur de nos vies d'avant. Ils nous aident à rester des êtres humains.

À peine le « surveillant parloir » m'a-t-il laissé que je reçois la visite de deux aumôniers. Visiblement, les consignes sont de m'occuper et de me surveiller. Contrairement au surveillant, qui a respecté l'interdiction d'entrer en cellule en restant sur le seuil, eux ne frappent pas et ouvrent la porte dont ils ont les clefs. Ils me parlent de la foi, demandent à Dieu de m'envoyer un signe et me remettent un livre de psaumes.

Leur discours n'a certes rien à voir avec celui de bien des imams autoproclamés, qui endoctrinent les détenus musulmans au nom d'un islam très éloigné de celui que pratiquent des millions de Français, mais la situation me gêne. Profiter de l'enfermement d'un homme pour faire du prosélytisme officiel me perturbe. J'ignore encore que je vais m'ouvrir à Dieu pendant cette détention.

L'angoisse monte à mesure que l'heure du parloir de l'après-midi approche. Des maux de ventre m'amènent à plusieurs reprises sur la cuvette des toilettes. Je plains ceux qui n'ont pas la chance d'être seuls en cellule et qui doivent partager ces délicats moments d'intimité.

Au téléphone, l'une de mes filles ne peut pas retenir ses larmes. Je lui confie ma peur de les décevoir et ma honte de leur imposer de me voir dans ce lieu horrible. Elle ne me renvoie qu'une réponse : « Tu es mon papa. »

Malgré tout, je crains de ne pas me montrer à la hauteur. Tout en me répétant en boucle les conseils de la psychiatre – « Pensez à elles » –, je trompe l'attente avec le déjeuner puis la lecture de *La Vie mensongère des adultes* d'Elena Ferrante. J'écris aussi quelques notes pour cet ouvrage, afin de saisir le mélange de joie et d'anxiété qui m'étreint. Les minutes s'étirent terriblement.

La télévision allumée sans le son annonce la condamnation de François Fillon à cinq ans de prison dont deux fermes[1]. J'ai rencontré l'ancien Premier ministre une fois,

1. Le 29 juin 2020, François Fillon a été condamné à cinq ans de prison, dont deux fermes, et dix ans d'inéligibilité, et son épouse Penelope à trois ans avec sursis, pour, entre autres, détournement de fonds publics et recel. Ce jugement a été

brièvement, sur un quai de la gare TGV Lyon-Saint-Exupéry, au retour d'un match de mon club de cœur, l'Olympique lyonnais (OL). Ne ratant jamais une occasion de sensibiliser quiconque à la cause des détenus, j'ai profité de ces quelques instants volés. À l'époque, l'administration m'autorisait à amener des personnalités voir les établissements pénitentiaires de l'intérieur. J'ai rarement entendu une fin de non-recevoir aussi franche que celle de l'élu de la Sarthe :

« Bonjour, vous devriez m'accompagner en prison pour voir ce que c'est.

– Certainement pas ! »

Et de tourner les talons. C'est peut-être ce qui distingue un Premier ministre d'un président. Nicolas Sarkozy a inauguré la prison de Meaux en ma présence, François Hollande est venu se faire expliquer la médiation équine organisée par mes filles à Villepinte et Emmanuel Macron a visité Fresnes peu de temps après son élection.

*

L'heure de mon parloir sonne enfin. Toujours soucieux de vérifier que rien ne cloche, je rappelle mes filles. Elles sont arrivées avec quarante-cinq minutes d'avance, comme requis, mais Marie-Sophie décroche une nouvelle fois en pleurs. L'un de ses bijoux fait sonner le portique de sécurité et elle ne peut pas l'ôter : je lui ai offert pour ses 18 ans ce bracelet dont on ne peut se défaire qu'à l'aide d'un petit tournevis

confirmé en appel le 9 mai 2022, avec des peines moins lourdes. Le couple s'est pourvu en cassation.

spécial, qu'elle n'a pas dans son sac. On lui interdit donc l'entrée. Il y a vraiment de quoi devenir fou.

En réalité, l'objet fautif n'était pas son bracelet mais l'armature de son soutien-gorge, comme nous le comprendrons lors d'un parloir ultérieur où il lui faudra retirer ce sous-vêtement devant tout le monde. Le pire, c'est que les surveillants connaissent ce problème récurrent mais n'en avertissent personne. Mes filles m'ont raconté avoir souvent averti d'autres femmes et improvisé pour elles une cabine avec un immense foulard, tout en demandant aux visiteurs de se tourner. Ce que les gardiens n'avaient pas toujours le tact de faire.

La solidarité des parloirs n'est pas feinte. Elle abat toutes les frontières de classe, d'âge ou d'origine.

Heureusement, ma deuxième fille Marie-Anne a pu passer le portique. Le téléphone à peine raccroché, on vient m'extraire de ma cellule. Toujours soumis à la procédure de « blocage », j'entends les trois agents de sécurité s'assurer, par talkie-walkie, que tout est prêt pour mon passage dans les bâtiments successifs :

« Blocage demandé de QB4 à parloir. Je répète, blocage demandé.

– Blocage QB3.

– QB2 bloqué.

– QB1 bloqué.

– OK collègue, vous pouvez lancer le mouvement. Tout est bloqué. »

Je me dirige vers mon rendez-vous en empruntant des coursives effectivement désertes.

Un portique me sépare encore de l'espace parloir, sachant que j'en ai déjà franchi un à la sortie de mon bâtiment. Rien ne sonne, tout va bien. Derrière un petit comptoir, deux surveillants indiquent l'appareil fixé au mur dans lequel je dois passer ma carte d'identité pénitentiaire magnétisée, tout en posant mes quatre phalanges sur une vitre pour la vérification des empreintes. Des lumières s'allument, rouges puis vertes, l'écran affiche « accepté ». Je suis bien Pierre Botton, matricule 39602.

Après un énième détecteur de métaux, j'arrive dans le couloir des cabines parloirs. On m'a affecté à la n° 6. La porte, munie d'une petite fenêtre pour la surveillance, s'ouvre sur un espace carré de 2 mètres de côté. Trois chaises en plastique entourent la table fixée au sol.

Ma fille est déjà installée, amenée par l'autre porte, elle aussi partiellement vitrée. Les boxes sont pris entre deux couloirs. Des surveillants patrouillent des deux côtés. Les détenus apprennent vite à repérer les petits moments où ils ne sont scrutés ni d'une part ni de l'autre, afin de voler quelques instants d'intimité ou de sexualité. Seules les cabines 10, 11 et 12, dans le champ de la caméra du couloir, sont à éviter si l'on cherche cette tranquillité. Beaucoup de détenus affirment aussi que certains parloirs sont sonorisés. L'un des pensionnaires du QB4, agent des services secrets, a toujours affirmé être venu en personne à la Santé poser des micros dans deux des boxes.

Trois néons blafards font ressortir l'éclat de l'énorme bouton rouge qui trône au milieu de la pièce et permet au détenu ou au visiteur de mettre un terme à l'entretien à tout moment. Covid oblige, nous sommes masqués.

À cet instant, je n'ai encore aucune idée des contraintes que ces visites imposent à mes enfants. Alors, de quoi parlent un père et sa fille au cours des quarante-cinq minutes tant attendues ? De choses et d'autres, de banalités plus ou moins aimables, comme toutes les familles. La vie, en somme.

« Ça va, ma fille ?
– Marie-Sophie n'a pas pu entrer à cause de son bracelet. Elle est furieuse, elle veut le jeter.
– Quelle merde, ce bracelet.
– Tu as fondu, papa. Tu as le ventre qui pend, du fromage blanc sous les bras, et tu n'as plus ton double menton. C'est impressionnant.
– C'est tout, tu n'as pas d'autres compliments ?
– Si, les cheveux. Il faut que tu ailles chez le coiffeur.
– Oui, je vais le faire.
– Et tu as des cheveux blancs.
– J'ai 65 ans, chérie ! »

L'entretien capillaire, en prison, c'est la loterie. Un détenu « classé » s'improvise coiffeur, sauf quand un homme du métier est incarcéré. Lorsqu'il passe dans notre bâtiment, personne ne nous en informe, comme d'habitude.

Le temps s'écoule à une vitesse folle. Me voilà déjà à parcourir le chemin en sens inverse.

Le lendemain, nouveau parloir. Marie-Sophie et Marie-Anne ensemble, enfin : un vrai bonheur. Ma fille aînée se montre beaucoup plus indulgente que sa sœur sur mon physique. Ces rencontres minutées et surveillées mais tellement fortes vont rythmer nos vies pendant dix-sept mois.

*

Après ce deuxième parloir, alors que j'ai déjà revêtu ma tenue de nuit puisqu'il ne se passe jamais rien après 17 heures, on revient me chercher : le directeur veut me voir. Rhabillé en vitesse, j'ai la surprise de me retrouver face à une directrice de 35 ans pour un entretien en tête à tête. Curieusement, cela me rappelle un moment passé dans le bureau de Jacques Chirac, alors maire de Paris. Il avait demandé à sa fille et conseillère Claude de nous laisser tous les deux : « Vous comprenez, Pierre, secret de deux, secret des dieux ; secret de trois, secret de tous. » Sans témoin, la fonctionnaire souhaite savoir ce qu'il s'est passé lors du parloir raté du samedi :

« Vous êtes sûr que le rendez-vous avait été pris, que vos filles ne sont pas venues de leur propre initiative ?

– Comme d'habitude, madame, vous ne pouvez pas imaginer qu'il y ait un dérèglement chez vous. La faute doit incomber aux autres ! Ce n'est pas vraiment le style de mes enfants. Et je connais très bien l'univers pénitentiaire.

– Je sais. Cela arrive souvent, ce genre de problème. Nous avons rouvert cet établissement il y a seulement dix-huit mois, notre personnel est jeune. »

Sa réplique me scotche d'emblée. Il est très rare qu'un membre de l'administration reconnaisse la moindre erreur. Aurais-je affaire à une nouvelle génération ? J'en profite pour enfoncer le clou et passer en revue les nombreux dysfonctionnements, alors que la Santé est censée être une prison modèle :

« Savez-vous que nous avons le choix entre parloir et promenade ? Pourquoi ne peut-on pas venir nous chercher dans la cour puis nous y ramener après le parloir ? Le gradé de mon bâtiment a si peu confiance en ses agents qu'il ne leur laisse pas les clefs de la grille de promenade ! C'est hallucinant, et ce sont les détenus qui en payent le prix.

– Ce n'est pas normal. Mais nous sommes pris entre un personnel peu formé, collé aux procédures, et des agents plus âgés, plein d'habitudes.

– Mais les procédures, c'est bien vous qui les imposez ? J'ai l'impression qu'elles sont appliquées sans aucun bon sens.

– Je sais tout cela. Le personnel sort de l'école et nous avons 45 % d'absentéisme. C'est une gestion très difficile.

– Je vous trouve incroyable de franchise.

– On se le doit lorsque l'on a un pareil outil dans les mains.

– Alors que pensez-vous de l'appel à la prière tous les soirs à 20 heures ?

– On essaye de limiter la casse, mais ce n'est pas facile. De toute façon, c'est la même chose que ce qui se passe dehors.

– Pas tout à fait. Ici, c'est sous votre responsabilité, dans un lieu clos. Que diriez-vous si je mettais à 20 heures un chant grégorien ou une messe catholique ?

– Vous devriez essayer.

– Vous trouvez normal que je ne puisse pas aller à la bibliothèque ni accéder à aucune activité en dehors du bâtiment, contrairement aux autres détenus ?

– Non, pas du tout. Vous pouvez faire toutes les activités sauf que nous devons prendre quelques précautions.

– Lors de ma première période d'incarcération, dans sept établissements différents, je pouvais faire entrer ma lotion pour les cheveux et la solution pour l'entretien de mes lentilles. Ici, c'est impossible !

— C'est normal. Vous pouvez pratiquement tout cantiner à l'extérieur, avec un bon de cantine exceptionnel, qui devra être validé par le lieutenant de votre bâtiment et que je devrai viser... Vous savez, je vous connais, monsieur Botton. J'étais auparavant à la direction de l'administration pénitentiaire, au service de probation et d'insertion. Je traitais toutes les requêtes en provenance du ministère.

— Alors vous savez tout ce que j'ai fait. Vous devriez le reprendre ici.

— Faites-moi des propositions et je vous répondrai.

— Pouvez-vous faire en sorte que les surveillants aient la clef de la cour de promenade ? Pouvons-nous avoir une table de ping-pong comme dans les autres bâtiments ? Et pourquoi les parloirs par visio ne sont pas encore mis en place ?

— La table de ping-pong, je m'en occupe, les clefs aussi. Pour les parloirs visio, acceptez-vous que nous les testions ensemble ? L'installation est faite mais il y a des problèmes techniques et nous n'avons pas encore réfléchi aux procédures.

— Les procédures ? Alors là, je crains le pire. Vous allez m'en faire une usine à gaz, pourtant c'est assez simple, la visioconférence pour tous les numéros validés par la justice. Où sont installés les appareils ?

— Dans la partie parloir avocat. Faites-moi des propositions par écrit, j'y répondrai.

— Pourquoi par écrit ? Je vous ai déjà dit beaucoup de choses, cela peut démarrer tout de suite. Il y a une table de ping-pong inutilisée au gymnase, par exemple.

— Franchement, je suis contente d'avoir quitté mon poste précédent, mais je ne pensais pas vous subir de nouveau ici. Vous n'avez rien perdu de votre mordant.

– Pouvez-vous recevoir de l'argent de mécènes ?
– Non, il faut passer par une association.
– Alors ce sera sans moi. Je ne veux plus d'histoires d'argent.
– Je comprends. Faites-moi des propositions. Si on a le budget, et avec mon accord, vous mettez en musique avec le service de probation et d'insertion pénitentiaire.
– Le parloir Facetime, par exemple ?
– J'adorerais, oui. Certains détenus étrangers n'ont pas de famille en France, ce serait une solution.
– OK, je vous prépare cela. Au revoir. »

Je remonte dans ma cellule, satisfait, assuré de pouvoir poursuivre mon combat de l'intérieur, au cœur d'un établissement pénitentiaire.

Revue de détail après ces promesses de la directrice : rien n'a été simple. Dans l'attente de mon procès en appel, avec l'espoir d'une réduction et d'un aménagement de ma peine, j'ai dû naviguer entre mon activisme acharné et la nécessaire prudence à observer pour complaire au juge d'application des peines.

J'ai tout de même obtenu la table de ping-pong et la clef de la promenade a bien été confiée aux surveillants, quoique irrégulièrement, au gré des gradés en poste. Quant aux parloirs Facetime, après plusieurs tests concluants avec ma compagne de l'époque et sa fille, ils sont devenus opérationnels, mais seulement peu de temps avant mon placement en semi-liberté. Que de temps perdu ! Il y avait pourtant urgence, quand le Covid interdisait tout contact ou déplacement. L'administration s'est ingéniée à tout compliquer : les horaires inadaptés à la présence des enfants derrière l'écran, le document à remplir, le nombre de séances autorisées, leur durée et leur coût.

*

Le parloir réserve parfois de bonnes surprises. Un jour, la gradée en charge du service m'interpelle car elle me reconnaît. Elle occupait un poste à la prison de Villepinte à l'époque où j'y organisais plusieurs activités. Elle se souvient en particulier de la « médiation équine » réalisée avec l'aide de ma fille férue d'équitation. Chaque détail semble gravé dans sa mémoire, avec une précision qui me fait chaud au cœur : l'entrée des chevaux par la grande porte, l'installation des grillages pour les parquer, l'effet apaisant de la compagnie des bêtes sur les prisonniers les plus retors – « Des gars ingérables se privaient de leurs pommes pour les donner aux animaux, c'était insensé ! » – et même la visite de François Hollande et de son garde des Sceaux, Jean-Jacques Urvoas, venus en mars 2017 assister à une séance.

Le parloir, c'est aussi le lieu des sensations, des émotions et des interdits. De toutes sortes : il y a vingt-cinq ans, l'un de mes codétenus célèbres récupérait par le biais de sa femme des fioles d'alcool en plastique, ne sonnant pas au portique, mais qu'il devait ingurgiter avant de retourner en cellule, fouille oblige. Les drogues circulent aussi.

Mais le principal tabou, c'est le sexe. Si personne n'en parle, il est dans toutes les têtes, à tout moment et particulièrement ceux-ci. On sait bien que naissent des « bébés parloirs »... Lors des visites, les intentions manquent parfois de discrétion. Comme ce jour où ma fille Marie-Anne a dû attendre mon arrivée à notre rendez-vous au côté d'une jeune femme nue sous son Perfecto et une jupe portefeuille qui ne cachait rien de son intimité. Mais le plus souvent, ce qui se passe dans les boxes reste dans les boxes, même si cela suppose la complicité des codétenus. Quand l'un fait savoir que sa compagne vient le voir, les autres s'arrangent à tour de rôle pour occuper les surveillants, pourquoi pas en déclenchant l'alarme « sans le faire exprès ».

Pas dupes, ces derniers jouent leur rôle dans cette comédie. Certains ferment les yeux et, quand un prisonnier annonce la couleur – « Aujourd'hui, c'est ma copine, je veux être tranquille » –, s'abstiennent de répondre, ce qui vaut accord tacite. D'autres, à cheval sur le règlement, ne tolèrent aucun baiser ni accolade, voire se permettent des réflexions déplacées. Ceux-là sont vite « traités » par les détenus. J'ai ainsi vu l'un de mes « co » au lourd passé revenir furieux du parloir. Devinant sa colère, je l'interroge :

« Tu n'as pas l'air d'aller...

– Non ! Tu vois le surveillant là-bas ? Il a mal parlé à mon épouse.

– Tu le lui as dit ?

– Inutile. Demain, il ne sera plus là. »

Ce gardien, nous ne le reverrons plus jamais au parloir.

Les « parloirs familiaux » sont censés proposer mieux que l'intimité furtive des rencontres classiques. Le « livret d'entrée » à la Santé, véritable mode d'emploi de la prison, les décrit ainsi : « Il s'agit de studios au sein desquels les personnes détenues peuvent recevoir des proches bénéficiant d'un permis de visite pour une durée maximum de six heures. » Ces parenthèses sont réservées aux prévenus en attente de jugement et ne sont accordées, au terme d'une longue procédure, qu'une fois tous les trois mois. Tout ça pour quelques heures glauques dans une petite pièce minable équipée d'un canapé, de draps, d'une « salle de bains » sans douche et d'une petite cuisine ouverte. Je n'y ai eu droit qu'une seule fois et c'est un très mauvais souvenir.

Dans les cabines parloirs classiques, l'entretien se déroule souvent parmi les miettes et les emballages McDonald's, car certains demandent à leur femme d'entrer avec deux Big Mac dans le soutien-gorge. À charge pour eux de tout dévorer avant la fin des quarante-cinq minutes, entre deux passages de surveillants. D'autres épouses se scotchent de la viande *halal* sur le corps ou l'enroulent à même la peau dans du cellophane.

J'ai une profonde admiration pour l'abnégation des femmes de détenus. Aucun homme n'en serait capable. Elles arrivent, la mine fatiguée, un bébé dans les bras et des adolescents sur les talons, ou bien seules, apprêtées mais sans collant sous la jupe, pour retrouver un « moment de couple » malgré l'environnement dégradant et humiliant. Elles assument, se foutent des regards, des réflexions désobligeantes de certains surveillants.

Quand le parloir se passe mal, la famille ou le détenu sont privés de visites pendant un certain temps, puis les reprennent dans des pièces spécialement aménagées pour interdire tout contact physique, de part et d'autre d'une cloison munie d'un hygiaphone.

Le sexe est interdit en prison mais tout le monde sait qu'il est là. Sinon, on ne trouverait pas des préservatifs et du gel lubrifiant dans les toilettes de l'étage médical... Tout cela, malheureusement, au prix des viols, des contraintes et de la prostitution entre détenus.

Un jour, en promenade, on attire mon attention sur un nouveau. Et je vois une femme à la poitrine opulente arpenter la cour ! Une transsexuelle, dont la rumeur dit aussitôt qu'elle s'adonne à la prostitution et vient même de « planter » un concurrent. L'ex-agent de mannequins Jean-Luc Brunel, pris dans l'affaire Epstein et par la suite retrouvé pendu dans sa cellule[1], la prend en charge. Du haut de ses 74 ans et de son 1,65 mètre, il fait le tour des groupes de détenus, pour la plupart des armoires à glace, afin de leur répéter inlassablement : « Je ne veux pas une seule réflexion, on ne se juge pas. Personne ne juge personne, c'est compris ? » Il parviendra ainsi à parfaitement intégrer notre nouveau codétenu.

*

Grâce au sérieux de mes visiteurs, j'ai été épargné par le « parloir fantôme », comme l'on nomme les jours maudits où la famille ne se présente pas alors que l'on a été extrait de sa cellule.

Mais c'est au cours de mon seul parloir familial que j'ai reçu, sans réaction possible, l'annonce redoutée de la rupture avec ma compagne.

---

1. Voir chapitre 19.

10

Je ne t'aime plus

« Le moindre chagrin d'amour fait plus souffrir
que le pire des cataclysmes.
Rien ne compte d'autre que la vitesse
à laquelle le cœur bat. Et l'heure où il s'arrête
parce qu'une femme, une seule,
décide de nous quitter. »

Michel Bussi

Parmi toutes les émotions vécues en détention, aucune ne m'a miné comme la difficulté à faire vivre l'amour. La distance met tout à l'épreuve et révèle la vraie nature d'une relation. Le temps qui passe, la peur aussi, érode les sentiments.

Tout prisonnier peut demander un rapprochement familial, c'est-à-dire une incarcération dans l'établissement le plus proche des siens. Mais dans mon cas, devais-je rester près de mes enfants à Paris, ou bien de Claire, avec qui je venais de passer le confinement dans le Sud, en compagnie de Caroline, sa fille de 10 ans ? Lors de mon procès en appel du 9 novembre 2020, je n'obtiens pas l'aménagement de peine espéré et suis donc fixé : j'en ai pour vingt-quatre mois au total. Pour ma compagne, c'est tout autre chose que sept mois... À ce moment-là, nous sommes chacun dans le cœur, la tête et la vie de l'autre depuis quinze ans, avec quelques interruptions. Elle a été tour à tour une rencontre, une employée, une copine, une amie, mon amie, mon amante, une de mes maîtresses, MA maîtresse, une femme partie vers un autre homme et revenue, mère d'une petite fille de trois ans, pour devenir finalement ma moitié. Après notre séparation et ma libération, on se reverra épisodiquement.

Désormais, ce ne sont plus seulement nos trente-trois ans de différence d'âge qui nous séparent, mais aussi les 700 kilomètres entre la Santé et Toulouse où elle réside. Je ne l'ai pas vue depuis le 31 mai 2020, lendemain de mes 65 ans et date de mon retour à Paris pour mon procès. Ce jour-là, alors que nous venons de rester cloîtrés plusieurs semaines en raison du Covid, elle semble heureuse :

« Ce confinement a été la meilleure période de ma vie. J'ai adoré tout ce temps passé avec ma fille et toi, rien que nous trois chez moi, à regarder des séries, faire la cuisine, jouer au backgammon...

— Tu tiendras le choc si je suis incarcéré ?

— Bien sûr, cela ne changera rien pour moi. »

En réalité, ma détention va pulvériser notre relation.

*

Au début, les rendez-vous téléphoniques quotidiens, à 18 heures comme elle l'a désiré, sont honorés avec enthousiasme. Malheureusement, je n'ai rien d'autre à raconter que la monotonie et les horreurs de la prison. Mais elle me fait un bien fou en évoquant le soleil du Sud, son travail, ses amis, en détaillant une soirée sur une plage – sa tenue, les participants, les bons moments. Plus tard, je visualise tout ça grâce à la photo qu'elle m'envoie. À cet instant, le présent ne m'effraie pas. Je brûle seulement de les retrouver, sa fille et elle, dès ma sortie.

Malgré la détention, pas question de rater son anniversaire qui arrive le 2 juillet. Pour ses 32 ans, je veux envoyer des fleurs, écrire une lettre, réserver un restaurant, offrir un cadeau. Rien de plus facile pour un homme libre, insurmontable entre les quatre murs d'une cellule. Le courrier ? Incarcéré le 2 juin, je sais déjà que je ne serai pas dans les temps, puisque ma correspondance doit passer par le bourgmestre de la prison, puis par le parquet de la cour d'appel, avant d'être envoyée. Le téléphone ? À cet instant, je l'ai dit, je n'ai encore ni crédit ni numéro validé par la justice. En outre, je ne vais pas faire autoriser les coordonnées d'un restaurant ou d'un fleuriste alors que je n'ai droit qu'à vingt interlocuteurs, car modifier la liste créerait ensuite une nouvelle galère administrative.

Je passe donc par l'intermédiaire de mes filles pour organiser l'anniversaire de ma compagne. Sans broncher, elles me découvrent faible, angoissé, terriblement dépendant de cette femme qui a pratiquement leur âge et ne les accompagne pas dans leur propre douleur. Car j'ai décidé de la protéger de mon incarcération, de faire comme si j'étais seulement parti en voyage à l'étranger. Si bien qu'elle ne participe à aucune des opérations douloureuses entraînées par ma peine de cinq ans : déménager mon appartement comme après un décès, plonger dans mon intimité pour ranger mes vêtements, préserver mes souvenirs, trouver et classer les documents nécessaires à ma défense... J'ai honte aujourd'hui de ce que j'ai demandé à mes enfants, qui ont vécu profondément et concrètement mon emprisonnement tout en conciliant cette charge avec leur vie d'épouses et de mères.

En toute indécence, sans prendre en compte cette souffrance, je suis obnubilé par cet anniversaire. Contrairement à l'avis de la psychiatre, qui m'a toujours dit de ne pas minimiser la peur qu'engendrait la prison pour ma compagne et sa fille, je me persuade que l'amour y survivra. Dans les 9 mètres carrés de ma cellule, j'imagine toutes les menaces qui pèsent sur notre couple, mais je me sens de taille à mener le combat. Après tout, j'y suis parvenu la première fois, vingt-cinq ans auparavant : la mère de mes deux premières filles avait été irréprochable et ma détention n'avait pas affecté ma relation avec une autre femme devenue, après ma libération, ma compagne et la mère de ma troisième fille.

Certain de réussir de nouveau, j'utilise des méthodes similaires. Après avoir réservé un restaurant et choisi un gâteau, je cherche maintenant un cadeau qui envoie ce message précis : « Je t'aime, regarde ce que je suis capable de faire pour toi. Vis, profite de ta jeunesse, ne me mens pas, mais surtout ne m'oublie pas. » Je me sens capable de tout accepter pour la retrouver une fois ma peine exécutée. Il me faut juste lui offrir quelque chose qui la marque, lui rappelle la sensibilité, les émotions, la sensualité aussi. Un présent qui ne la quitte pas, jusque dans son intimité, pour évoquer celle de notre couple. Et pour cela, je ne connais qu'une adresse : la boutique de Monette, rue des Saints-Pères.

Entre le boulevard Saint-Germain et la rue de Grenelle, à deux pas des ministères, de Sciences Po et de l'hôtel particulier de feu Bernard Tapie, Monette tient depuis quarante ans Sabbia Rosa, LE magasin de lingerie sur mesure du Paris de la mode et des stars du monde entier. Je connais sa façade vert émeraude, qui détonne tant à Saint-Germain-des-Prés, depuis mes 25 ans. Jeune Lyonnais à la découverte de Paris, j'ai mille fois arpenté l'étroit trottoir qui longe sa vitrine. J'ai vite osé appuyer sur la sonnette dorée dissimulée dans le chambranle de la porte, sésame indispensable pour accéder à ce temple de la soie imprimée.

Dès la première visite, j'ai rencontré l'impératrice du lieu, celle qui crée et expose la plus belle lingerie de France et peut-être du monde. Chez Monette, pas de production en grande série, chaque pièce est unique. Pour moi, depuis lors, la séduction passe par ce magasin. J'ai consacré de longs moments à choisir une étoffe, un imprimé ou une couleur, introuvables ailleurs. Et j'ai follement aimé offrir ces coûteuses parures pour masquer ma timidité, marquer mon respect, incarner ma sensibilité dans l'intimité de la soie d'un pyjama de rêve. La qualité et la douceur du tissu, le soin apporté au paquet et à son emballage m'ont toujours épargné le moindre refus.

Si Monette a accompagné toute ma vie amoureuse, elle a pris une place particulière lors de ma première incarcération. Je vivais alors une passion dévorante. J'ai toujours adoré être fou d'amour, perdre la tête, entendre mes amis chercher à me raisonner, refuser toutes les barrières. Dans cette histoire, tout était voué à nous séparer, la morale comme ma peine de prison et l'impossibilité d'obtenir un permis de visite pour une liaison cachée. Grâce à ma complice de Saint-Germain-des-Prés, j'ai pu, pendant six cent deux jours, continuer à surprendre ma jeune maîtresse, dessiner moi-même des modèles dans l'obscurité de ma sinistre cellule, les faire réaliser dans son atelier puis livrer à domicile avec un mot, une fleur, un mets luxueux, pour franchir le désert de la séparation.

*

En 2020, je reprends donc mes crayons, après avoir demandé à l'un de mes avocats d'entrer en contact avec Monette. Quand j'ébauche des sous-vêtements, je ne suis plus incarcéré. Je vole par-delà les murs, je montre mon désir intact – avoir envie, c'est vouloir vivre – et je défie la concurrence des vautours qui rôdent forcément autour de ma jeune et belle compagne. Un bout de tissu pour conserver un lien sensuel et témoigner du bouillonnement qui m'envahit le cerveau, tel le Diego « libre dans sa tête » de la chanson de Michel Berger, mais surtout pas « déjà mort peut-être » comme à la fin du refrain.

Ces quelques lignes ne pourront jamais traduire les trésors d'imagination, de confiance, de complicité déployés par Monette. Alors que nombre d'amis me tournent le dos, elle me fait passer des échantillons de soie en détention. Dissimulées dans ma cellule, les précieuses étoffes deviennent mon oasis intime, m'évitent d'être un vrai prisonnier. Ensuite, elle travaille dur pour déchiffrer mes dessins, compense mes lacunes par son art des coutures, des broderies, des attaches, afin de transformer mes fantasmes en réalité. Elle ne me juge jamais et pardonne en silence une bretelle osée ou une fente audacieusement placée. Ensuite, elle livre le vêtement en soignant l'emballage et le moment – pour savoir si c'est fait, je saoule mes avocats de questions. Jamais elle ne me pose celle du paiement, malgré mes condamnations et mes dettes, malgré même mon ingratitude quand je râle sur les délais de fabrication ou de livraison. Elle accepte tout et scelle notre confiance dans de belles lettres écrites à l'encre verte.

Pour l'anniversaire de ma compagne, Monette réalise donc, d'après mes croquis, un pyjama violet au liseré jaune, brodé sur le sein gauche d'un cœur orné, en son centre, du chiffre 32. J'imagine le petit paquet beige marqué d'une écriture italique du même vert que le cordon, j'entends le froissement du papier de soie, je vois l'image de son sourire, de sa surprise, de l'enthousiasme de ses amies. Comme une illusion de ma présence. J'ai besoin d'y croire, de continuer à tisser une relation où subsistent la sensualité et le romantisme, l'érotisme et la complicité, le plaisir partagé. Sans l'aide de Monette, je serais un vieux con sénile qui attend la mort et ne bande plus.

Grâce à toi, je suis resté en vie et j'ai peut-être même gagné quelques années de jeunesse... dans ma tête. Cela n'a pas de prix.

Le 2 juillet, au téléphone placé sur haut-parleur, j'entends d'abord le silence des invités stupéfaits, se demandant s'ils ne participent pas à une évasion ou à un acte illégal. Puis les rires et les chants du « Joyeux anniversaire ».

Plusieurs semaines après, je reçois une photo de la soirée, montrant ma compagne ouvrant son cadeau. Le cliché est conforme à ce que j'avais imaginé : la couleur, le cœur, la broderie et les sourires.

J'ai réussi à contourner les sinistres circonstances de cette fête. Même si, ouverture du courrier oblige, j'ai dû la partager avec le personnel pénitentiaire.

*

L'heure convenue pour nos appels me convient parfaitement. Dix-huit heures, moment maudit pour les détenus. Après la « gamelle », le surveillant vient clore pour la nuit la porte de la cellule. Le claquement fracassant des deux verrous, ce bruit inoubliable et angoissant, signifie que plus rien ne se passera jusqu'au lendemain matin, 7 heures. Il ne reste plus qu'à vivre au rythme des émissions de télévision. Cyril Hanouna prend l'antenne pile à cet horaire et *Touche pas à mon poste* cartonne en prison.

Coupé du monde, privé de toute capacité à agir, condamné à subir, j'ai bien du mal à trouver des sujets de conversation. Ayant compris que ma compagne écoute NRJ lors de ses trajets en voiture, matin et soir, j'achète une radio à la « cantine ». Après deux semaines d'attente, puisque le poste est arrivé sans piles et qu'il m'a fallu ce délai pour m'en procurer, je me branche sur la même station. Je peux évoquer les blagues de Manu Levy, l'animateur de la matinale, ou bien son célèbre « jeu des cinq mots ». Tout vaut mieux que de raconter ma vie faite de procédures interminables, de bagarres et de mesquineries.

Ce coup de fil quotidien me donne l'impression de pouvoir la garder et l'occasion de humer le monde extérieur. Lorsqu'elle me passe sa fille Caroline, je peux suivre son parcours scolaire et profiter de sa spontanéité enfantine. « Pierrot, tu beugues ! » me lance-t-elle de sa voix de petite fille de 10 ans les soirs où le réseau flanche en raison du grand nombre d'appels passés aux familles à la même heure – le « business », lui, se réalise la nuit et rarement sur le téléphone légal. Malgré le son défaillant, ces échanges me font un bien fou. Je l'écoute me parler de son compte TikTok et de ses 3 000 abonnés, me décrire les vêtements achetés sur le site Shein, me réciter sa poésie de Prévert.

Dès le début de notre histoire, j'ai été « cash » avec ma compagne, comme toujours dans ma vie affective : « Je ne t'épouserai pas, je ne séparerai jamais ta fille de son père et je ne te ferai pas un deuxième enfant. » Mais avec Claire, je suis tombé dans le piège de Caroline, qui devient comme ma quatrième fille. Elle attend mes appels avec joie et m'inonde d'amour – « Je t'aime, Pierrot » – ou tout simplement de sincérité quand elle doit interrompre la conversation : « Pierrot, je dois faire mes devoirs ! » Je sais tout de sa jeune vie : le prénom de sa meilleure amie, où elle s'assoit en classe, le détail de ses relevés de notes, d'ailleurs excellentes. Ses mots m'emportent chaque soir loin des cris de bêtes de la promenade, des « *wesh* », « *wallah* » et « frérot, t'as capté ? » des conversations à la fenêtre de la prison, de la violence et des bruits de clefs. Grâce à elle, je me trouve un avenir, des projets, un foyer :

« Tu as écouté "Beau-papa", la dernière chanson de Vianney ?

– Oui.

– Tu as compris les paroles ?

– Oui.

– Tu sais que je t'aime ?

– Moi aussi, Pierrot. »

Aujourd'hui encore, j'ignore pourquoi j'ai protégé Claire de la prison. À aucun moment je ne lui demande de venir me voir ou de solliciter un permis de visite, alors qu'il m'apparaît naturel que mes filles soient présentes. Je ne veux pas que l'on connaisse son existence, qu'on la voie, qu'on l'utilise, qu'elle souffre. J'ai peur de la perdre maintenant que je suis privé de tout ce qui l'a peut-être attirée : la vie aisée, le pouvoir, les relations, les voyages.

Elle est si détachée de la réalité de ma détention qu'elle imagine le téléphone situé non dans ma « chambre », comme elle l'appelle avec déni, mais dans le couloir, genre film américain, avec les autres détenus qui écoutent les conversations en attendant leur tour.

*

Un jour, à 18 heures, elle ne décroche pas. Un quart d'heure plus tard, je la sens préoccupée : « J'ai pris du retard dans mon travail, et ensuite je vais au tennis à 19 heures. » Pour la première fois, je perçois que je suis une contrainte. Blessé, j'écourte la conversation au bout de cinq minutes, au lieu des vingt que nous nous fixons habituellement. Pourtant, avant de raccrocher, elle me lance : « Je t'aime. »

Ça non plus, ce n'est pas habituel.

Je ne veux pas devenir un poids. Même si mon cerveau imagine déjà mille raisons à cette soudaine distance, je rappelle à 19 h 30, certain de tomber sur son répondeur : « Mon amour, ne prends pas mal ce message que je laisse sciemment sur ton portable alors que je te sais à ton cours de tennis. J'ai senti que j'étais devenu une obligation. Donc, je ne vais plus t'appeler tous les soirs à 18 heures, jusqu'à ce que tu en exprimes le besoin et surtout l'envie. Le moment venu, tu me feras passer le message par mes filles. Je t'aime, profite de ta vie. »

Comme le disait Napoléon : « En amour, la seule victoire, c'est la fuite. » Mais ce message est une souffrance, à me rendre dingue. Les jours suivants, mes pensées tournent en boucle. Ai-je bien fait ? Dois-je rappeler ? Ai-je eu tort, depuis le début, d'imposer des conversations de vingt minutes ? Mais pour se dire quoi, sinon ? Et si, maintenant, mon silence jouait contre moi ? Se sent-elle plus libre sans mon appel de 18 heures ? Comment la séduire de nouveau, dans ma situation ? Veut-elle mettre fin à notre histoire ? Et si oui, suis-je en état de le supporter ?

Chacun a déjà vécu la torture psychologique créée par une tension amoureuse. L'enfermement la multiplie par cent. J'appelle mes filles sous des prétextes futiles, en réalité pour savoir si elles ont des nouvelles de la joueuse de tennis. Elles subodorent que quelque chose ne tourne pas rond. Je me réveille à 4 heures du matin, je broie du noir, j'écris des lettres sans les envoyer. En promenade, je fais du sport, seul avec ma détresse affective car en prison, s'épancher ne sert qu'à créer des sujets de bavardage entre détenus et surveillants. Un jour, je fais un malaise, puis un autre le lendemain. Est-ce dû à cette douleur psychique ? Dois-je prendre des médicaments pour dormir et ne plus être tenté de l'appeler, au risque de tomber dans les cachetons comme les autres ?

Après mûre réflexion, je me convaincs que j'ai pris la bonne décision. Il faut tenir bon. Je garde en tête sa voix pressée, agacée, presque excédée lors de notre dernier entretien et je me dis que c'est normal : elle est occupée par son travail, la petite, ses copines. Je cherche des motifs de me rassurer.

*

Dans la tourmente, je me raccroche à un espoir. Durant l'été, au détour d'une conversation banale, Claire m'a annoncé sa demande de permis de visite. Faute de lien légal entre nous, mes filles lui ont signé une attestation certifiant qu'elle est ma compagne. Me remémorant sa volonté de venir me voir, je rappelle un soir à 18 heures, comme d'habitude. Elle décroche et consacre nos vingt minutes réglementaires à me raconter sa journée, comme si de rien n'était. J'apprends aussi qu'elle programme sa visite, la toute première depuis que je suis incarcéré, pour le samedi 29 août.

Cette bonne nouvelle – je me suis donc monté le bourrichon pour rien ! – ne me soulage pas longtemps. Une inquiétude chasse l'autre. C'est aussi ça, la prison, la folie qui rôde au coin de chaque minute de solitude. D'abord, il faut s'organiser : mes filles, qui depuis le début gèrent la réservation des parloirs et assurent toutes les visites, seront contraintes de lui céder une place. Comment vont-elles le prendre ?

Et puis, sous pression, je me pose mille autres questions. Claire n'est jamais venue constater les dégâts de la détention. Ni le poids perdu – j'en suis à 12 kilos – qui fait pendre la peau de mon ventre malgré la gymnastique quotidienne, ni ces nouvelles rides qui marquent un peu plus notre écart d'âge et que j'essaie de retarder avec de la crème Nivea, seul produit de beauté que je puisse acheter en prison... Et si son amour s'effilochait comme ma couleur châtain, de plus en plus remplacée par des cheveux blancs ? Mon ennemi le temps me place dans la même situation que bien des femmes, qui luttent pour ne pas vieillir, par peur de se voir remplacées par une plus jeune.

J'ai beau me raisonner – après tout, elle a décidé d'elle-même de venir me voir –, je suis persuadé qu'elle va me quitter. Qui pourrait le lui reprocher ? À ce moment-là, dans l'attente de mon procès en appel, je suis condamné à cinq ans. Je sortirai donc à 70 ans, ruiné, alors qu'elle fêtera ses 37 ans, avec la vie devant elle. Au fond, j'appréhende sa visite. Je ne cesse de lui écrire ou de lui dire au téléphone qu'elle peut changer d'avis et attendre mon procès en appel. Je redoute de perturber l'équilibre factice auquel nous sommes parvenus, elle dans le Sud, moi au bout du fil chaque soir.

Mais elle a déjà prévu de dormir chez son amie Christine, acheté des tickets de métro, réservé le train pour l'aller et l'avion pour le retour. Elle a même pensé à déposer sa valise, le temps du parloir, chez mon ami Michel, boulevard Raspail. Le lundi 24 août, tout est organisé.

Les cinq jours qui me séparent de sa venue seront les plus longs depuis le début de ma détention, sans personne à qui livrer mes doutes et mes interrogations. Qui comprendrait que je me soucie à ce point de cette première rencontre ? Même mes filles, je le ressens, se retiennent d'exprimer leur rancœur à l'égard de ma compagne. Elles admettent mal qu'elle ait laissé passer tout un été sans me voir, alors qu'elles-mêmes m'ont rendu visite dès les premiers jours. Comme me le dit l'une d'entre elles au téléphone : « Tu sais, papa, on a l'impression que tu nous demandes de la protéger, comme si nous, nous n'avions pas besoin de l'être. Nous aussi, nous souffrons, et pour nous aussi le premier parloir a été très compliqué. »

Bien que je sois aveuglé par l'incarcération et la séparation, cette mise au point m'ouvre les yeux. Je comprends que je dois désormais prendre en compte la souffrance de mes filles Marie-Sophie et Marie-Anne, aussi fortes et solidaires soient-elles. En raison de sa maladie, Marie-Suzanne, elle, est entourée de toute l'attention de sa maman.

Je saisis aussi que si je protège Claire, au-delà de ce qu'elle souhaite elle-même, c'est par égoïsme et par peur de la perdre. Étudiante de 18 ans quand je l'ai rencontrée, elle a grandi, au fil de sa vie tumultueuse, pour devenir cadre d'entreprise, indépendante financièrement, mère célibataire dans un monde d'hommes, prête à se battre et à tout assumer.

Dans l'attente du parloir, je suis obsédé par le choix de ma tenue pour le jour J. Baskets et survêtement, comme d'habitude ? Un col roulé pour cacher mon cou ridé et flasque ? Ou bien ce jean dont mes filles disent qu'il me donne l'air malade en révélant mes jambes trop maigres ? Je me sens comme ce vieil homme, dans un livre lu en cellule, qui demandait à sa jeune compagne : « Voulez-vous devenir ma veuve ? »

Les minutes interminables me rendent fou d'impatience et d'inquiétude. Claire doit passer la fin de la semaine à Lyon, en séminaire avec son entreprise, puis prendre le TGV pour Paris le vendredi soir. La veille, au rendez-vous téléphonique fixé à 20 h 05, elle ne décroche pas. À 21 heures, par l'intermédiaire de ma fille Marie-Suzanne, je lui fais envoyer un SMS : « Papa essaye de te joindre, il n'y arrive pas. Est-ce que tout va bien ? À quelle heure prends-tu le TGV ? Quand peut-il t'appeler ? » Je vais plusieurs fois aux nouvelles. C'est seulement à 22 heures que Marie-Suzanne me lit la réponse tout juste reçue : « Tout va bien, je suis sur une péniche avec mon entreprise, le réseau est sans doute mauvais. Je prends le TGV à 15 h 40. Tu peux m'appeler à 17 heures. » Malgré tout, vers 23 heures, je demande à ma fille d'envoyer un nouveau texto : « Claire, à la gare de Lyon, fais attention de ne pas te faire voler ton téléphone. »

Le vendredi matin, toujours aussi fébrile, je contacte Claire à l'heure du petit-déjeuner. Le son de sa voix me fait du bien. Puis je la rappelle après 17 heures. La communication passe mal dans le TGV, le masque anti-Covid étouffe sa voix, elle se dit fatiguée par le séminaire. Quand je propose de la rappeler plus tard, sa réponse me glace : « Non, je serai avec Christine », dit-elle avec fermeté.

Me voilà reparti dans la déraison. Même chez son amie, ne peut-elle pas consacrer dix minutes à son amour incarcéré ? D'ailleurs, est-elle vraiment chez Christine ? S'est-il passé quelque chose au séminaire ? Entre ces satanés quatre murs, je vois toujours tout en noir. Le soir, j'appelle quand même et elle décroche. Mauvaise nouvelle, mon ami Michel, qui devait garder la valise le temps du parloir, n'est pas certain de se trouver chez lui ce samedi :

« Je ne sais pas où laisser mon bagage, tu n'as pas une idée ? Ils n'ont pas de consigne, là-bas ? Comment font les familles qui viennent de l'extérieur ?

– Tu sais, c'est bien que tu viennes, car tu vas pouvoir comprendre ce qu'est la prison. Je vais voir s'il y a une autre solution pour ta valise. »

Mais je n'en trouve pas, et je ne suis pas au bout de mes peines. À 20 heures, ma fille aînée me conseille de rappeler Claire, qui s'est fait voler son sac ! Seul dans ma cellule, je hurle. J'avais un pressentiment. Je souffre de ne servir à rien. Au téléphone, elle est sous le choc : « Je me suis fait voler nos cartes de crédit. J'ai dit à Marie-Sophie de bloquer la tienne, j'ai bloqué la mienne, mais je n'ai plus aucune pièce d'identité [indispensable pour le parloir] et je n'ai que 2 euros sur moi. Heureusement que j'ai des tickets de métro. »

Immédiatement, je veux remuer ciel et terre, muni des seuls cinq numéros dont je dispose. Je sollicite ma troisième fille, pourtant terriblement malade. Au départ, très douce, Marie-Suzanne me donne l'accord de sa mère pour loger ma compagne, mais ce n'est pas ce dont j'ai besoin. Cette démarche, je l'ai compris ensuite, était une erreur. Plus tard, je me suis excusé par lettre. J'ai adoré écrire à ma fille, noir sur blanc, ma vérité et mon amour, j'ai aimé aussi ses réponses. Le destin a voulu qu'elle soit hospitalisée à Sainte-Anne, à 150 mètres de ma cellule. Longtemps, nous avons respiré le même air et vécu presque les mêmes contraintes : visites contrôlées, courrier contingenté et porte bouclée le soir.

En ce qui concerne les appels, je comprends vite que je n'irai pas bien loin sans l'aide de Marie-Sophie. Excédée, occupée à préparer d'importantes compétitions d'équitation qui se déroulent le lendemain, mon aînée parvient à prendre du recul mais me rappelle leurs propres démêlés, à sa sœur et elle, lors des premiers parloirs. Sous-entendu, elles se sont débrouillées toutes seules, elles. Mais elle connaît ma hantise du « parloir fantôme ». Elle promet d'appeler la prison.

Du côté de Claire, les nouvelles s'améliorent. Elle doit recevoir une copie scannée de son passeport, mon ami Michel, finalement disponible, va lui avancer de l'argent et s'occuper de la fameuse valise. Je la sens paniquée, larguée, épuisée, pourtant sa voix est limpide. À 23 heures, nerveusement à bout, je décide de ne plus rien faire, de ne plus téléphoner jusqu'au lendemain 14 h 45, l'heure du fameux parloir. On verra bien.

Pourtant, dans l'état de panique et de dépendance où je me trouve, je rêve d'une longue conversation pour obtenir des explications sur son comportement. Pourquoi ne respecte-t-elle pas nos rendez-vous ? Pourquoi ne dit-elle presque jamais

« je t'aime », seulement « moi aussi » quand j'exprime mes sentiments ? Pourquoi m'écrit-elle si rarement ? Non, il faut tenir, éviter d'accumuler reproches et questions qui pourraient l'amener à rompre.

*

Ce samedi matin, je suis levé à 4 h 30. Pour chasser mes idées noires, je lis Guillaume Musso en attendant la promenade. Après ma gymnastique, allongé au soleil au milieu de la cour, j'espère arriver un peu bronzé à mon rendez-vous amoureux. Le temps ne passe pas. La gamelle du déjeuner l'accélère à peine. L'écriture ou un film sur Canal +, guère plus. Je résiste à la tentation d'avaler l'un des anxiolytiques que je cache dans mon tube de dentifrice. Pour ne pas être « shooté » si elle vient. En même temps je suis certain qu'elle ne viendra pas. Mais, sait-on jamais, je me rase avec une nouvelle lame, je me lave les cheveux. Je me fais « beau ». Crème Nivea, jean et col roulé très fin en cashmere gris clair.

Quand la porte de ma cellule s'ouvre à 14 h 30, je fais le blasé pour calmer mon cœur qui bat à 150, la tête qui me tourne, ma vue floue. Sur le parcours, les bruits me paraissent dix fois plus forts qu'ils ne le sont en réalité.

Derrière la porte du box 29, elle est là, très droite sur sa chaise.

Trois mois que je ne l'ai pas vue. Elle a domestiqué son épaisse chevelure noire en une tresse qui contraste avec un tee-shirt blanc. Un masque de tissu marron dévoile son regard de femme du soleil aux braises intenses. Sa longue veste en coton descend, par-dessus le pantalon noir, jusqu'à ses baskets blanches. Elle est sobre. Belle. J'ai peur qu'elle prenne mes rides en pleine figure, que mon âge lui saute au cerveau, que l'ambiance horrible de ce lieu la perturbe. Mais dès qu'elle m'aperçoit, elle se lève et se jette dans mes bras. Une étreinte sans un regard, sans un baiser, sans un mot, sa tête sur mon épaule.

Enfin, je me lance :

« Comment me trouves-tu ?

– Tu as minci, cela ne me choque pas. Tu n'as pas chaud avec ce pull ? »

Je réponds par la négative alors que des taches de sueur commencent à poindre sous mes aisselles.

Ce que nous nous sommes dit, comme nos sentiments et nos gestes, n'appartient qu'à nous. Selon la définition de la relativité par Einstein, une minute les fesses sur une plaque chauffante, c'est très long, mais une minute avec une jolie femme que l'on aime, c'est très court. Eh bien, quarante-cinq minutes aussi.

À 65 ans, j'ai connu mon lot de moments inoubliables. Les voitures de luxe, les yachts et les hélicos, les fêtes et les palaces du bout du monde, les festivals de Cannes et les grandes finales de football, les plus grandes tables de France et les ors de la République, le show-business et les femmes, la naissance de mes filles... Mais ce 29 août je reçois l'un des plus beaux cadeaux de ma vie. Je suis cloué par son courage et sa confiance. Claire a tout bravé, les péripéties des derniers jours, son ignorance du monde pénitentiaire et sa solitude, pour venir voir son homme et lui dire, les yeux dans les yeux, qu'elle l'attendra aussi longtemps que nécessaire.

Les mots sont légers et la vie est lourde, je ne le sais que trop, mais ce jour-là je veux croire qu'ils ne s'envoleront pas. La détention détruit tout au laminoir du temps et des épreuves, pourtant je prends chaque minute de bonheur. Pour tenir, pour croire à l'impossible.

Je ressors du box 29 regonflé par son énergie, par la force de son amour, par la confiance en l'avenir.

*

Comme prévu au règlement de la prison, cette première visite « classique » m'autorise maintenant à solliciter un « parloir familial », ce que je fais immédiatement. On me fixe d'abord la date du 26 octobre, mais le Covid bouleverse le calendrier en même temps que la vie quotidienne des détenus, privés d'activités et de sport mais aussi de contacts physiques avec leurs visiteurs. La rencontre espérée dans l'un des « studios » de la Santé est en effet remplacée par un face-à-face habituel, dans un box aménagé pour respecter les contraintes sanitaires, c'est-à-dire séparé en deux par un immense Plexi transparent qui commence à 25 centimètres du sol. L'annonce de ce report passe mal aux oreilles de Claire : « Je n'en peux plus de ces changements, souffle-t-elle au téléphone. Je ne veux penser aux choses que lorsqu'elles sont certaines. » Je n'ose lui parler des Plexi séparateurs, de peur qu'elle n'annule tout, de guerre lasse.

En attendant, nos coups de fil quotidiens reprennent. À l'approche de mon procès en appel, dont j'espère une réduction et un aménagement de peine, je dois me tenir prêt à organiser une éventuelle sortie sous bracelet électronique.

À la demande de mon avocat, je pose la question à ma compagne. Sa réponse est une douche froide suivie d'une caresse plus réconfortante :

« Si je sors avec un bracelet, veux-tu que j'aille à Toulouse ? Moi, j'aimerais bien.

– Pierre, il faut que j'en parle à ma psy. Je suis bien comme ça, je peux regarder les séries que je veux à la télévision, je suis indépendante. C'est plutôt non.

– Mais es-tu certaine, lorsque je sortirai pour de bon, de vouloir encore vivre avec moi ?

– Oui. »

Ça m'apprendra à poser des questions guidées par ma peur et mon besoin de certitudes. Une erreur de plus !

Pour tromper l'angoisse, je me prépare au prochain parloir. En posant un manche à balai sur deux piles de livres, je simule dans ma cellule la configuration des nouveaux box Covid : pourrai-je me glisser dans les 25 centimètres entre le sol et le Plexi ? Entre deux passages de surveillants, je remonte mon installation et tente sans cesse l'exploit. Les jambes et les cuisses passent mais mon torse fait systématiquement chuter la baguette de bois. Le jour du parloir, fin octobre, c'est elle qui se faufile sans difficulté sous le Plexi.

Malgré le bonheur de pouvoir me gorger de son parfum et de sa peau, j'ai le sentiment de rater quelque chose lors de ce deuxième rendez-vous. Est-ce l'obstacle du Plexiglas ? Le manque d'elle, qui me conduit à prendre plutôt qu'à donner ? Préoccupé, je l'appelle dès la fin du parloir, mais l'heure n'est plus aux considérations amoureuses. En sortant, elle a trouvé un message de sa mère. La petite Caroline s'est profondément coupée avec un scalpel en voulant sculpter une citrouille pour

Halloween. Plus de peur que de mal, mais c'est tout ce qu'un détenu redoute, suivre à distance la frayeur et l'angoisse de son conjoint, sans pouvoir intervenir comme un partenaire normal.

Peu après le parloir, une autre tuile vient souligner mon impuissance. Lors d'un déplacement professionnel en Corse, Claire, à son arrivée sur l'île, est testée positive au Covid. Elle doit annuler son périple, retourner sur le continent pour quatorze jours d'isolement, organiser la garde de sa fille. Finalement, au moment de reprendre le ferry, un second contrôle plus fiable révèle qu'elle n'est pas contaminée. Bien sûr, pendant la pandémie, bien des Français ont vécu ce genre de contrariétés dans leur couple et leur famille. Mais en détention, on ne peut rien faire d'autre qu'y assister passivement, pendu aux communications téléphoniques à sens unique, rongé par un terrible sentiment d'éloignement.

Le stress monte encore d'un cran le jeudi 29 octobre, quand BFMTV m'apprend qu'un terroriste a assassiné trois personnes à la basilique Notre-Dame à Nice. À 500 mètres de l'appartement que Claire occupe au retour de Corse, avant de retrouver Toulouse ! Une nouvelle fois, je m'en veux de ne pas être à ses côtés. Au téléphone, alors que je me dis rassuré de l'entendre, elle me « cueille » à nouveau : « C'est gentil, Pierre, mais cela ne me protège pas. Tu n'es plus là pour me protéger. »

Elle a raison, je ne sers plus à rien, simple spectateur de cet enchaînement de difficultés qui, je le sens, sont autant de coups de boutoir portés à notre relation. Pour ne rien arranger, ma dernière commande chez Sabbia Rosa, pourtant expédiée depuis plus d'un mois, ne lui est toujours pas parvenue. Décidément, rien ne va et tous mes efforts sont vains.

Plutôt que de la harceler de coups de fil, je préfère lui faire envoyer dix-sept roses et un poème. Merci à l'avocat qui m'y aide sans juger les vers très intimes que je lui dicte pour qu'il les transmette au fleuriste. Je me bats comme je peux contre la solitude de ma compagne, avec le sentiment que je vais devoir me montrer capable de la partager pour ne pas la perdre totalement.

J'attends un retour au calme pour reprendre mon téléphone et évoquer ce qui me taraude depuis notre dernier parloir, mon sentiment de ne pas avoir été à la hauteur.

« Non, Pierre, tu as tout bien fait. Mais je ne reviendrai pas tant que tu n'auras pas un parloir familial.

– Tu es sûre ? Tu viendrais pour un parloir familial ?

– Oui, mais encore faut-il que tu l'obtiennes. »

La voix est ferme. Ce n'est que l'un des symptômes de l'amour qui s'effiloche. Claire ne s'accroche même pas à l'espoir d'une réduction de ma peine. Je lui épargne le récit de mes démêlés judiciaires, alors même que mon moral est miné par les déceptions successives, par l'humiliation des transferts vers les audiences, les menottes, les fouilles, l'attente interminable dans les geôles nauséabondes et inhumaines de la cour d'appel de Paris, qu'on ne surnomme pas pour rien la « souricière ». Je ne m'étends pas non plus sur les conséquences de ma fracture du poignet, suite à la chute dans ma douche. Cinq jours de souffrance à l'hôpital Cochin où l'on m'amène pour me plâtrer, à devoir mendier du Tramadol, un opiacé, alors que d'autres détenus ont accès à tous les somnifères du monde en quantités incroyables, à ne pas pouvoir voir mes filles que l'on interdit de visite, à rester dans le flou complet sur la date de mon opération ou les soins chirurgicaux effectués.

Désemparé par l'espacement des conversations avec Claire, je m'accroche à l'espoir du parloir familial qu'elle m'a promis. Les relations se distendent mais la petite Caroline, elle, est bien là, chaque soir de la semaine, ponctuelle et heureuse de m'entendre. Je prends soin de ne pas tout mélanger, mais du haut de ses 10 ans, elle ne peut s'empêcher de parler de sa maman. Je prends un coup de massue le jour où elle me dit : « Tu sais, maman n'est pas là, elle est à Paris. » Sans me le dire, sans venir me voir. Ce que je craignais est sans doute en train d'arriver.

*

C'est à ce moment que je demande la modification de ma liste de numéros de téléphone pour y inclure celui de Tatia. Je connais cette jeune et fidèle amie depuis ses 19 ans (elle en a aujourd'hui 31). Lors de notre rencontre, alors que nous étions sur une plage de Cannes pour le feu d'artifice du 14 juillet, elle m'a touché en s'enfuyant dès les premières fusées tirées, les mains sur les oreilles. Les détonations lui rappelaient trop celles de la guerre dans sa Géorgie natale, qu'elle avait quittée pour vivre seule en France, loin de sa famille.

Quand je reprends contact, Tatia me prévient tout de suite qu'elle ne me rendra pas visite. Avec son 1,80 mètre, elle n'a rien d'une faible femme, mais la prison n'a pas le même sens pour elle que pour moi. Elle m'offre en revanche son temps, son écoute et ses conseils. J'ai besoin de m'épancher et de comprendre. Elle comble le vide laissé par Claire : de longs appels, une immense empathie, sa sincérité, sa joie, ses copines. Moi qui n'ai jamais apprécié la compagnie des hommes, je souffre d'entendre mes « co » insulter les femmes et narrer des expériences sexuelles où elles sont traitées comme du bétail.

Tatia, avec ce rôle d'« oreille », est l'une des personnes qui m'ont aidé à tenir, comme mes avocats se sont occupés de mes problèmes judiciaires, mes très proches, de soutenir mes filles, d'autres, des questions d'argent ou de la préparation de l'avenir.

*

Quand le recul de la pandémie permet enfin le rétablissement des parloirs familiaux, Claire tient son engagement. Le 21 juillet 2021, dès que je la rejoins dans la pièce sordide, je suis frappé par le contraste avec ses visites précédentes. Elle m'apparaît fatiguée, en sweat-shirt et pantalon de survêtement, les cheveux attachés avec un banal chouchou. Elle n'a fait aucun effort de maquillage non plus. Alors que je m'approche pour l'embrasser, elle m'accueille avec des mots définitifs : « Je ne t'aime plus, je n'ai plus aucune attirance, ni physique ni intellectuelle, pour toi ! »

Je prends le coup sur la tête sans rien laisser paraître. Au fond de moi, je suis détruit. Malgré le moment et les mots horriblement mal choisis, je réagis avec le maximum d'élégance et de sérénité possible.

Il nous reste trois heures à passer ensemble, sans même le secours de la télévision en panne. Pourtant, une fois débarrassée du poids de son aveu, elle vient vers moi. Rien d'amoureux dans son geste, mais comme un besoin de vérifier que je saurai toujours l'accueillir. Alors qu'elle se blottit contre moi, je ne cherche ni reconquête ni explication. Je n'ai qu'un message à lui envoyer : quoi qu'il arrive, je serai là et elle pourra toujours venir se réfugier dans mes bras, même si l'un est encore pris dans le plâtre... Nous avons déjà vécu ce genre de moments. Comme cette fois, il y a plusieurs années, où elle m'a rejoint dans ma propriété du sud de la France, avec Caroline encore tout bébé, pour fuir un compagnon alcoolique.

Ce 21 juillet à la Santé, dans ce « studio » minable, une fois la vérité dite, elle reste de longues minutes contre mon torse et se laisse caresser les cheveux. Non, pas d'acte sexuel, beaucoup mieux : un rôle retrouvé de vieil ami, le début d'une relation qui va se reconstruire autrement, plus d'amour mais de la complicité, de la tendresse et de la confiance.

Après un tel parloir, je dois retourner en cellule, tenter de dormir, ne rien dire à personne.

Là, il va falloir être très, très fort.

11

Espoirs

> « Je ne veux pas être un obstacle à ta vie.
> Viens me voir de temps en temps
> et ne m'oublie jamais,
> c'est tout ce que je te demande. »

Si j'encaisse calmement l'épreuve du 21 juillet, c'est que mon esprit est déjà ailleurs. Dehors, pour être précis. Au mois de novembre précédent, en appel, ma peine a été ramenée de cinq à trois ans ferme. En cet été 2021, j'approche donc de la moitié de ma détention et cela m'ouvre droit à des permissions de sortie accordées par la juge d'application des peines, en attendant qu'elle accepte peut-être un aménagement, bracelet électronique ou semi-liberté. Et mes premiers pas hors de la Santé, sans compter bien sûr les transferts vers l'hôpital ou le tribunal, sont fixés du samedi 24 juillet, 8 heures, au lendemain, 18 heures.

En détention, on apprend que rien n'est jamais sûr. De fait, au dernier moment, la veille au soir, on vient m'annoncer qu'à la suite de la contestation du parquet, la chambre d'appel de l'application des peines a rogné mon excursion de vingt-quatre heures. Je dois rentrer le soir même. Au revoir, ma première nuit en ville depuis plus d'un an, *exit* tous mes plans avec mes enfants, Claire et Caroline.

Je peine à y voir autre chose qu'une brimade, quand dans le même temps des juges, sans ciller, libèrent des trafiquants de drogue pour trois jours. J'ai beau avoir l'habitude des coups bas signés par des magistrats qui haïssent ce que je représente, ces humiliations inutiles sont impardonnables. Mais par habitude, je sais aussi que si je me tiens à carreau, je pourrai déposer une nouvelle demande de permission dans quatre semaines et que cette fois-ci le parquet ne pourra plus rien y faire. Si j'osais, je leur ferais un bras d'honneur, comme ceux réalisés par notre inénarrable garde des Sceaux à l'Assemblée nationale[1].

Dix heures, un samedi estival, ce n'est pas de trop pour réapprendre la liberté, réparer les liens avec mon entourage, montrer à tous mes soutiens que la fin n'est plus qu'une question de mois. Ces moments, je les dédie aux autres. Pour moi, il est encore trop tôt. Je dois rester enfermé dans ma tête, sinon retourner en cellule serait trop difficile.

Mes deux filles aînées m'attendent à la sortie. Elles ont prévu de me présenter le propriétaire des écuries où elles travaillent, pour élaborer un projet avec lui. À peine un pied sur le trottoir qu'elles me mettent déjà au travail. Je ne suis pas Superman ! À ma grande surprise, au cours de cet entretien, mes automatismes reviennent en un clin d'œil. Mais l'heure tourne et je veux profiter de ma liberté très provisoire pour « rendre » à ceux qui m'aiment. Voir le plus de gens possible – rendez-vous a ainsi été pris au théâtre Édouard-VII avec mon ami l'acteur Éric Elmosnino[2] – mais comme je peux :

1. Ces gestes d'Éric Dupond-Moretti devant les députés en séance dans l'hémicycle, le 7 mars 2023, ont suscité un tollé. Sur le ministre de la Justice, voir le chapitre 12.
2. César du meilleur acteur en 2011 pour son rôle dans *Gainsbourg (vie héroïque)*.

avec moins de temps que prévu, je dois annuler certaines retrouvailles, sans luxe d'explication sur les circonstances. Ce sera parfois pris pour un manque de respect.

Dans la tourmente de cette sortie bouleversée, j'ai oublié de prévenir Marie-Suzanne. J'ai horriblement mal. Je m'en veux. Tout est trop difficile.

En franchissant la porte de la Santé, j'ai une liste de personnes à contacter pour les remercier. Autant de minutes volées à mes enfants, autant de moments aussi où je me sens scruté sans aucune intimité. Qui j'appelle, et pour parler de quoi, tout est analysé, comme au laser.

Sortir, ne serait-ce que quelques heures, c'est revoir Claire, malgré tout et dans un tout autre cadre que trois jours auparavant au parloir. Elle me rejoint avec Caroline à la Bourse du commerce où Jean-Jacques Aillagon, l'ancien ministre de la Culture devenu président de Pinault Collection, a eu la gentillesse de nous organiser une visite de ce tout nouveau musée.

Sortir, c'est aussi télescoper des murs d'incompréhension. Ainsi, comme j'essaie de réunir le plus de gens possible au même endroit afin d'éviter les déplacements chronophages, j'ai prévenu l'une de mes soutiens des années d'activisme pour les prisons. Mais quand elle vient à moi devant le bâtiment, notre conversation prend un tour ubuesque et blessant :

« Tu vas bien ? C'est incroyable qu'on te laisse sortir comme ça. Tu es seul, il n'y a pas de policiers qui te surveillent ? Tu as un bracelet ?

– Bien sûr que non. Franchement, tes propos me choquent.

– Je n'en sais rien, Pierre, je ne sais pas comment ça se passe. Regarde, un car de policiers stationne devant le musée : tu es sûr qu'ils ne te surveillent pas ?

– Non, c'est une coïncidence.
– Bon. En fait, tu nous as bien eus ?
– C'est-à-dire ?
– Eh bien, tu demandais notre aide pour les prisons, mais pendant ce temps tu avais la belle vie.
– Tes propos sont déplacés. J'ai été relaxé de tout ce qui concerne l'association. Même le fisc a été débouté.
– On n'envoie pas quelqu'un trois ans en prison pour rien, Pierre ! »
À quoi bon polémiquer, me défendre ? Au moins sa franchise me permet-elle de toucher du doigt l'état d'esprit d'une partie de mon entourage. Ce qui me choque le plus, c'est lorsqu'elle me réclame un selfie ! Je suis donc redevenu une bête de foire.

Toujours accompagné de Caroline et Claire, je retrouve ensuite mes filles, mes gendres et mes petits-enfants à la fête foraine des Tuileries. Nous sommes rejoints par Djamel Bouras, le champion olympique de judo, mon ami depuis plus de trente ans. Après mon appel, il abandonne sa réunion au PSG, où il travaille, pour accourir avec une pile de livres. Bien sûr, les procédures vont m'empêcher de les faire entrer en prison lors de mon retour...
L'heure approche, justement, et pas question de me présenter en retard à la maison d'arrêt. Qui va me raccompagner ? Je ne veux pas imposer cette épreuve à Marie-Sophie, qui reste marquée par nos trajets de juin 2020. Finalement, c'est mon ami Michel, le « gardien » de la valise de Claire lors du premier parloir, qui s'y colle.

Avant de quitter ma compagne, enfin, celle qui m'a annoncé trois jours plus tôt ne plus l'être, je pose une seule question :

« Je vais avoir une autre permission, tu seras là ?

– Oui, je serai là pour toutes les permissions, Pierre. »

Rien à ajouter, sinon la serrer très fort dans mes bras.

Nous partons en taxi jusqu'au parking de Michel, pour récupérer sa Smart. À cause d'un AVC, il est paralysé du côté droit, peine à se mouvoir et à parler. Devant la prison, ses derniers mots sont pourtant limpides et remettent les pendules à l'heure :

« Bon, je retourne me faire enfermer.

– Toi, Pierre, tu sais que tu finiras par sortir. Moi, je suis prisonnier à vie ! »

Rentrer d'une permission, c'est refaire le parcours. Cellule d'accueil, attente, fouille, attente, couloirs, ouverture électronique des grilles, talkie-walkie hurlant, et finalement le bruit de ma porte de cellule qui se referme sur mes 9 mètres carrés de solitude. Vidé, crevé, mais rempli d'espoir par cet avant-goût.

Revenir de l'extérieur, c'est aussi affronter, à la promenade du lendemain, le feu roulant des questions de mes codétenus :

« T'as mangé quoi ?

– C'est comment dehors ?

– T'es allé où ?

– T'as fait quoi ?

– Pourquoi tu ne nous as pas prévenus ?

– Parle-nous des femmes !

– C'est dur de rentrer ?

– Ça veut dire que tu n'es pas loin de la sortie ?

– C'est quand la prochaine permission ? »

Je ne réponds pas. Inutile de leur faire mal.

Folie du système carcéral : j'ai passé le samedi dehors, sans autre contrainte que celle de l'heure du retour, mais le mardi, quand je me rends à Cochin pour une visite de contrôle de mon poignet, la pénitentiaire m'encadre comme un grand criminel ! Dans la prison, je fais toujours l'objet du « blocage » qui contraint à vider les couloirs avant mon passage. Puis, pour parcourir les 600 mètres qui séparent la Santé de l'hôpital, deux véhicules ouvrent la route à ma voiture spécialement équipée, avec quatre fonctionnaires à bord. Je suis menotté, plusieurs fois fouillé. Les autres patients hallucinent devant de telles mesures. Je crois que ce qui manque le plus à notre administration, c'est quelque chose qui ne s'apprend guère dans les grandes écoles : le bon sens !

*

Le parfum de liberté des permissions de sortie, forcément, accroît mon désir de voir ma peine aménagée. Le dossier à présenter à la juge d'application des peines, monté par une « conseillère pénitentiaire d'insertion et de probation » (Cpip) en général plutôt favorable aux détenus, suppose un entretien préparatoire. Il faut alors absolument tout dire de nos projets et de notre entourage. Au cours du rendez-vous, j'ai émis le souhait, en cas de libération conditionnelle, de retrouver ma compagne à Toulouse. Cela n'a suscité aucune objection. Mais voilà que lors d'un deuxième entretien imprévu, je me retrouve face à la même Cpip, visiblement très ennuyée lorsqu'elle attaque un questionnaire inquisitorial sur ma vie privée, sans doute à l'initiative de la juge :

« Je n'avais pas fait attention à l'âge de votre compagne, vous êtes ensemble depuis longtemps ?

– Oui.

– De quoi vit-elle, c'est vous qui l'entretenez ?

– Pas du tout !

– Quel est son *curriculum vitae* ?

– Elle a fait une des meilleures écoles de commerce de France, à Paris.

– Vous l'avez connue comment ?

– Elle cherchait un stage.

– Il y a donc un lien professionnel entre vous ?

– Aucun. Dois-je vous rappeler, puisque vous avez accès à mon dossier, qu'elle a été interrogée par la brigade financière et que rien ne lui a été reproché ?

– Mais où vit-elle ?

– À Toulouse.

– Elle est locataire ? À qui appartient son appartement ?

– Elle en est propriétaire.

– Comment a-t-elle pu être propriétaire à son âge ?

– Elle a une belle situation, depuis longtemps.

– Vous avez un lien avec son employeur ? »

En situation d'infériorité, par peur de compromettre le résultat, je m'efforce de répondre docilement, mais arrive le moment où, n'y tenant plus, je me lâche :

« Écoutez, ça suffit. Toutes vos questions ont pour but de trouver un lien de dépendance de ma compagne. Non seulement c'est humiliant pour elle, mais en plus je ne suis pas certain que cela soit très légal. Si j'étais avec quelqu'un de mon âge, poseriez-vous toutes ces questions ? Non ! C'est bien sa date de naissance qui amène cet interrogatoire indécent. Si j'étais avec un homme, poseriez-vous toutes ces questions ?

Bien sûr que non. Nous sommes dans un délit de sale gueule, ou plutôt de belle gueule. Ce questionnaire est discriminatoire, je ne répondrai plus à rien. Laissez-moi en prison ! »

L'inquisition s'arrête là, la conseillère me laissant entendre qu'elle n'a fait qu'obéir à une demande de la magistrate en charge de mon dossier.

Ainsi, tout déplaît à cette juge qui semble rendre non la justice mais la morale. SA morale, qui apparemment ne me donne pas le droit de choisir qui aimer. Surtout pas à moi, père de trois enfants nés de deux femmes différentes et déjà lié, lorsque j'ai rencontré Claire, à une femme de vingt-sept ans plus jeune que moi.

Notre couple atypique a toujours suscité des regards interrogateurs. Eh bien, non, je ne suis pas son père, pas plus que Brigitte Macron n'est la mère du président de la République ! Et, non, elle n'est pas une femme fragile, écervelée ou intéressée, qui aurait choisi de grimper dans l'échelle sociale en utilisant un homme mûr. Aux yeux de ceux qui nous jugent, elle est réduite à son physique – je sais bien qu'ils pensent « à son cul » – et peu leur importe qu'elle soit titulaire d'un master, diplômée d'une grande école, cadre dans une grande entreprise, indépendante et maman d'une petite fille de 10 ans.

Pourquoi la passion devrait-elle être codée ? Certains aiment les blondes, d'autres, les brunes, les BCBG ou les baba cool. Moi, j'aime l'amour d'où qu'il vienne et cela ne viole aucune loi.

Alors, ce que j'ai vraiment envie de répondre à l'administration pénitentiaire, c'est : « Laissez-moi en prison et allez vous faire voir avec vos soupçons moralisateurs. » Pourquoi devrais-je répondre à ces questions humiliantes pour elle comme pour moi ? On ne me les poserait pas si nous nous étions conformés à un modèle classique, si j'avais été par exemple un homme marié pour sauver les apparences tout en entretenant une maîtresse bien plus jeune. Ça, je n'en voulais pas et Claire ne l'aurait jamais accepté. Nous avons choisi d'être fiers de l'amour que nous avons fait vivre tant bien que mal pendant plus de douze ans. Nous en avons toujours assumé les inconvénients et les risques, et tant pis si, aujourd'hui, c'est au prix d'un refus de ma libération conditionnelle.

*

Comme j'ai tenu mes engagements lors de ma première sortie, une nouvelle permission m'est accordée, sans susciter cette fois d'appel du parquet. Jusqu'au dernier moment, je m'attends néanmoins à un coup fourré. Mais non : j'ai bien droit à quarante-huit heures et une nuit.

Pour commencer, j'ai une bévue à réparer. La première personne que je serre dans mes bras est donc ma fille Marie-Suzanne, au bar de l'hôtel Lutetia, voisin du Bon Marché où elle travaille. Je l'aime tellement ! Des selfies souvenirs scellent ce magnifique moment.

Puis j'enchaîne les rendez-vous, avant de retrouver Caroline et Claire à l'hôtel Molitor. Je n'ai plus d'appartement, mais, malgré ma situation, le groupe Accor, dirigé par mon ami Sébastien Bazin, accepte de m'accueillir dans cet établissement mythique de l'Ouest parisien. Moi qui adore nager, je brûle d'enchaîner les longueurs dans ses deux superbes piscines.

Nous discutons, en toute confiance et confidences. De nous, de la prison, des déflagrations qu'elle engendre. La proximité est intense. Je ne suis pas au bout de mes surprises puisque le matin, au bord de la piscine, elle a une grande annonce à me faire :

« Je peux te parler de ma rencontre ?

– Oui, bien sûr.

– Il y a six mois, en entrant dans une boutique avec Caroline, j'ai eu un coup de foudre, comme une évidence. Tu veux voir sa photo ?

– Je sens que tu as envie de me la montrer !

– Voilà. Je n'ai encore rien fait. Je voulais t'en parler avant. »

Sur le cliché, je découvre un homme aux cheveux décolorés, tatoué, banal. Elle attend mon verdict. Je me lance :

« Tu sais, Claire, il y a bien longtemps que je me prépare à cet instant, c'était inévitable. Je souhaite que tu ne m'oublies pas, continuer à te voir ainsi que Caroline, et si possible vous protéger.

– C'est vrai ? Tu es un homme incroyable, j'avais peur de ta réaction.

– Que pensais-tu que je puisse faire ? Tu aimes, tu es sincère avec moi, je te souhaite d'être la plus heureuse possible. Mais ne m'oublie pas. »

De mois en mois, les permissions se succèdent et Claire, comme promis, n'en manque aucune. En revanche, sans surprise, la juge rejette toutes mes demandes d'aménagement de peine et utilise toutes les manœuvres dilatoires possibles et imaginables : expertises psychiatriques complémentaires, renvois, délibérés dans des délais démentiels... Chaque fois, je conteste ces décisions devant la chambre d'appel de l'application des peines.

Pour justifier une éventuelle libération conditionnelle, mes filles me cherchent un contrat de travail auprès de mes relations. Je dois en effet gagner ma vie et dédommager les parties civiles représentées par le parquet. Rappelons que depuis mon procès en appel de novembre 2020, les dommages et intérêts dus au Trésor public ayant été ramenés à l'euro symbolique, je n'ai plus d'argent à verser qu'à mes propres sociétés. Cherchez l'erreur !

Déclarer soutenir un détenu est une chose, mais s'engager devant la justice à l'embaucher en est une autre. Malgré l'ampleur de mon réseau, cette chasse à l'emploi se solde par une suite de déceptions et de mensonges. L'un de mes amis, célèbre commerçant lyonnais, promet ainsi de m'embaucher et de venir le dire en personne lors de l'audience où je dois défendre mon dossier. Mais il se rétracte le jour même à 14 heures, à deux heures de la clôture du dépôt des demandes.

Je vais être sauvé par un homme que je ne connais pas. Un contrat arrive en effet sur le fil, à 15 h 48, signé par un entrepreneur qui apprécie mon parcours et mon combat pour l'amélioration des conditions de détention. Après quelques remarques acerbes sur cet emploi de conseiller marketing à 5 000 euros mensuels tombé du ciel au dernier moment, la cour décide mon placement en semi-liberté cinq semaines après le rendu du jugement, soit le 22 novembre 2021. Précisons que 80 % de mon salaire (et la même part de ma retraite) vont aux parties civiles, avec justificatifs à fournir tous les mois à mon Cpip. Ces obligations seront respectées à la lettre.

*

Le jour venu, sans avoir obtenu aucune information précise entretemps, je reçois le jugement. Je découvre qu'on m'attend à 9 heures au centre de semi-liberté de la Santé, faute de quoi je serai considéré comme évadé !

Vous n'imaginez pas tout ce qu'on accumule en dix-sept mois de détention : serviettes, casseroles, radio, vêtements, nourriture, chaussures de sport pour tous les jours et de ville pour les audiences au tribunal, livres, produits d'hygiène, de nettoyage, nécessaire de toilette, dossiers judiciaires, courriers reçus, photos... Je suis entré avec deux cabas Carrefour, je ressors lesté de dix gros sacs. Pour les transporter jusqu'au greffe, on me fournit un chariot qui m'aide tant bien que mal, malgré quelques chutes sur le parcours.

En quittant ma cellule à 8 heures, j'imagine que je vais pouvoir passer par l'intérieur de la prison afin d'effectuer les formalités dans le même greffe que celui du centre pénitentiaire. C'était compter sans les fameuses procédures ! En réalité, je dois procéder à ma levée d'écrou, sortir par la rue de la Santé puis rejoindre l'entrée du quartier de semi-liberté, rue Messier, soit à l'opposé de la célèbre porte principale, à 400 mètres au bas mot.

Me voilà sur le trottoir à 8 h 30. Seul, car mon téléphone ayant été coupé le vendredi, je n'ai pu prévenir personne de l'heure de ma sortie. Et sans chariot, puisque celui qu'on m'a prêté en prison doit y rester. Pour ne rien arranger, à 66 ans – eh oui, un an de plus –, je marche très mal, conséquence de mon très grave accident de la route à l'adolescence : après plusieurs opérations, ma jambe gauche a été raccourcie de

3,2 centimètres, d'où une claudication prononcée. Enfin ma fracture du poignet n'est pas encore totalement remise.

Heureusement, mes filles aînées, flairant les mauvaises surprises réservées par l'administration pénitentiaire, sont venues m'attendre. Malgré leur aide et leur petit chariot à roulettes vertes, ce n'est pas gagné pour tenir le délai imparti. Chargés comme des baudets, sous le regard médusé des passants, nous progressons de 10 mètres en 10 mètres. Voyant l'heure tourner, je devance mes filles jusqu'à l'entrée du quartier de semi-liberté pour prévenir de mon arrivée et de celle, imminente, de mes affaires. Avec la souplesse habituelle de la fonction publique, on m'informe que tout ce qui ne sera pas entré avec moi restera dehors. Je n'ai plus qu'à retourner trier mon bazar à même le trottoir, pour perdre du poids et gagner du temps.

Pour ne pas commencer de travers cet aménagement de peine tant attendu, j'obéis docilement aux consignes. Mais intérieurement, je bous. Une fois de plus, la pénitentiaire, qui se plaint sans cesse de son manque de moyens et d'effectifs, crée elle-même une surcharge de travail pour ses agents. Si j'avais pu simplement traverser l'établissement, non seulement je n'aurais pas pris le risque de me mettre en retard et les surveillants auraient fait l'économie d'une nouvelle fouille de mes affaires, puisque mes sacs n'auraient pas quitté l'enceinte de la prison. Mais non, la procédure, c'est la procédure, et nous voilà repartis pour un contrôle méticuleux. Assorti de quelques autres absurdités : mon tapis de gymnastique, autorisé dans ma cellule en détention, est prohibé dans celle du quartier de semi-liberté, tout comme ma troisième couverture !

Après dix-sept mois, je ne discute plus. Je ne cherche même pas à comprendre pourquoi ma nouvelle cellule n'est pas équipée du téléphone, sans qu'on m'autorise le portable pour autant. Ni pourquoi, au grand regret des surveillants, j'aurai droit à une fouille de cellule tous les quinze jours et à une fouille au corps par semaine. Des mesures sans aucun doute justifiées par mon passé bien connu de trafiquant de drogue et par mon comportement en détention, vierge de tout incident... Insensé ! Seule consolation : désormais logé au troisième étage, je bénéficie d'une superbe vue sur la tour Eiffel. Comme un goût de liberté et de renouveau.

Non, je ne cherche pas à comprendre sur le moment, mais en réalité je connais l'explication. La décision de me placer en semi-liberté contre l'avis de la juge d'application des peines est un véritable camouflet pour elle car en la matière les appels sont rares et les décisions, encore plus rarement modifiées. Pour cette magistrate, mon nouveau régime doit tout avoir d'un péché originel. En tout cas, je ne vais pas cesser de l'expier.

Ainsi, dès mon arrivée en novembre, je sollicite sans attendre une permission pour Noël, sur le conseil des surveillants. Alors que pratiquement tous les détenus voient leur dossier accepté, le mien est refusé, sur décision de A. D., cette même juge qui a rejeté ma libération conditionnelle. En effet, la semi-liberté est sous l'autorité d'un juge d'application des peines spécifique, mais à ce moment-là il est en congé et remplacé par cette collègue du « régime fermé ». Difficile de croire qu'elle ne m'a pas tenu rigueur de la décision prise contre son précédent jugement, d'autant qu'elle ne s'arrêtera pas là, motivant son avis négatif par ces mots : « M. Botton ne respecte pas les obligations judiciaires de son placement en semi-liberté. » En quoi ? Je l'ignore. Mais comme elle n'a pas à se justifier davantage...

Privé de fêtes de fin d'année en famille, je suis ensuite convoqué par le Cpip en charge de mon dossier pour de nouvelles explications. Il se montre très embarrassé, puisque je lui donne déjà chaque mois tous les justificatifs demandés. Mais la magistrate semble déterminée à démontrer à la chambre d'appel qu'elle a commis une erreur en aménageant ma peine et qu'elle seule détient la vérité en ce qui me concerne. J'ai donc droit à une véritable deuxième enquête. Fournir mes feuilles de paie ne suffit plus, je dois maintenant prouver que l'argent viré sur mon compte provient de mon employeur ! L'homme qui a accepté de m'embaucher m'aide donc à me procurer les doubles des documents bancaires. De même pour mes chèques aux parties civiles, envoyés chaque mois en recommandé au Trésor public : aux preuves du débit sur mon compte, je dois ajouter une attestation de l'encaissement par le service concerné.

Las de cet acharnement, je ne sollicite dès lors plus rien de la justice, préférant terminer ma peine sur une « sortie sèche », sans aucun autre aménagement.

*

Logé à Paris, je réussis tout de même à organiser un voyage à Toulouse. En retrouvant l'appartement de Claire pour la première fois depuis mai 2020, je constate que la disposition des meubles a changé. Pas autant, toutefois, que notre relation. La parenthèse enchantée du confinement paraît bien loin... Nos rapports évoluent maintenant au rythme de ses confidences sur une passion qui n'avance pas dans le sens qu'elle souhaite, même si elle voue un amour inconditionnel à son nouvel homme.

Soumis aux soubresauts de son histoire, je dois m'inventer un nouveau rôle et apprendre à ne plus être la deuxième priorité dans sa vie, après sa fille. Pour les vœux 2023, elle m'écrit une jolie carte : « J'aime cette citation de Sacha Guitry, que le mari se mette à la place de l'amant puisque l'amant se met bien à la place du mari. »

Malgré les montagnes russes de son combat pour construire un nouveau couple, nous partons quelques jours en Italie.

Peu après notre retour, elle disparaît. Plus de son ni d'image. Quand elle revient, je passe des moments fabuleux avec Caroline à Paris. Théâtre, jeux, cinéma, scooter, friperies : un bonheur.

Malgré sa défection face à mes propres souffrances en prison, et fort de l'appui de Dieu à qui je ne cesse de demander assistance depuis que je l'ai retrouvé en détention[1], je lui pardonne, je l'écoute, je la conseille... dans le vide.

Une autre fois, elle privilégiera son compagnon plutôt que sa fille, réagissant en femme plutôt qu'en maman.

La capacité des femmes à se détruire dans un amour passionnel inexplicable est hallucinante. Leur lucidité est impressionnante, leur analyse, juste, leur constat, parfait. Pourtant, elles se comportent comme quelqu'un qui roule avec une mauvaise voiture dans une impasse verglacée mais fonce pied au plancher vers le mur.

Plus tard, je finirai par recevoir un SMS de Claire : « Je ne vais pas venir à Paris. Tu as été vraiment gentil et présent, je te garderai toujours dans le cœur. Merci. »

1. Voir le chapitre 17.

Les dégâts de l'incarcération ne se mesurent pas toujours dans l'instant. L'onde de choc se propage longtemps, très longtemps après.

C'est aussi ça, la prison.

12

Traîtrator

« C'est de la confiance que naît la trahison. »

Proverbe arabe

Quand on est en détention, tout prend des proportions incroyables, démesurées. Et bien souvent, on se trompe.

Ainsi, le 6 juillet 2020, tandis que je viens d'intégrer le quartier des « vulnérables » de la Santé, la télévision m'apprend ce qui aurait dû être une excellente nouvelle : la nomination au poste de garde des Sceaux du célèbre avocat pénaliste Éric Dupond-Moretti, dans le nouveau gouvernement de Jean Castex.

Pile un mois après mon incarcération, un immense espoir se lève alors dans nos coursives. En pleine pandémie, l'administration pénitentiaire pallie l'absence de personnel récurrente en nous privant de parloirs, d'activités, de parloirs familiaux, de sortie pour ceux qui ont des permissions, le tout au nom des mesures anti-Covid...

Aussi, l'apparition d'un nouveau ministre soi-disant « du côté des détenus » lève un immense espoir. Non seulement les médias l'ont surnommé Acquittator en raison d'un nombre record d'acquittements obtenus dans les prétoires depuis des années, mais nous sommes convaincus qu'il connaît « la réalité de la détention » et va intervenir immédiatement pour mettre un terme à des mesures aussi idiotes qu'arbitraires.

N'a-t-il pas, début juin, tout juste un mois avant d'entrer place Vendôme, signé la « lettre ouverte au président de la République[1] » rédigée par l'Observatoire international des prisons pour alerter sur la surpopulation carcérale ? Avoir vu, au bas de cette missive qui rappelle que « la Cour européenne des droits de l'homme a condamné la France pour les conditions de détention indignes qui règnent dans ses prisons », son nom figurer parmi ceux d'un prestigieux aréopage de parlementaires, d'avocats, d'écrivains, de comédiens, d'Annie Ernaux à Bruno Solo en passant par Anne Sinclair, et le savoir désormais à la Chancellerie crée donc chez beaucoup une formidable attente.

Au centre pénitentiaire de Fresnes, auquel le néoministre réserve son premier déplacement dès le lendemain de sa nomination, les prisonniers l'accueillent triomphalement par un concert d'acclamations et de portes de cellules tambourinées. Filmée par les chaînes d'information, la scène n'échappe pas aux Français.

Joli coup de communication au cœur de la honte de la République, cette prison d'un autre siècle devenue une fabrique de délinquants, où l'on s'entasse sans hygiène ni dignité dans des cellules vétustes et délabrées.

Pourtant, s'il osait y retourner aujourd'hui, pas sûr qu'il reçoive le même accueil. Car les chiffres sont là : en trois ans de règne d'Éric Dupond-Moretti, le nombre de prisonniers en France a explosé pour atteindre 74 513 au 1er juillet 2023.

1. Consultable sur oip.org.

Un record jamais égalé, historique. Ainsi, les maisons d'arrêt, où sont incarcérés les détenus en attente de jugement et les condamnés à de courtes peines, ont un taux d'occupation de 146,3 %. Il dépasse les 200 % dans huit établissements pénitentiaires, dont Perpignan (212,2 %), Nîmes (212 %) ou Rochefort, en Charente-Maritime (205,8 %). La réalité derrière ces données officielles est sordide : promiscuité, violence, dégradation des conditions sanitaires, et des milliers de personnes contraintes de dormir sur des matelas posés à même le sol.

Une honte pour un soi-disant militant !

Félicitations, monsieur le ministre, excellents résultats !

J'aurais dû me méfier. N'avais-je pas, il y a quelques années, et ainsi que vous l'avez lu, sauté de joie en apprenant l'arrivée de Jean-Jacques Urvoas au ministère de la Justice ? Une fois titulaire du maroquin, ce défenseur de l'amélioration des conditions de détention était devenu pour moi un adversaire à combattre, tant fut longue la liste de ses reniements[1].

Eh bien, de la même façon, Dupond-Moretti a fait impression une journée, puis ses déclarations se sont révélées n'être que des coups de menton. Cet homme, avec qui j'ai arpenté les prisons d'Île-de-France pour défendre ce que je pensais être *notre* cause, est la dernière victime en date de ce que j'ai déjà évoqué et appelé le « syndrome de la place Vendôme ». Mais en être atteint à ce point, c'est rare ! À force de s'asseoir sur ses engagements passés, Acquittator mériterait d'être rebaptisé Traîtrator.

Oui, j'aurais dû me méfier, nous aurions tous dû nous méfier et nous remémorer les innombrables déclarations

1. Voir le chapitre 2.

vertueuses du ténor du barreau avant son entrée au gouvernement, contredites ensuite sans la moindre honte.

La première est particulièrement savoureuse. Sur LCI, le 15 avril 2018, la journaliste Audrey Crespo-Mara interroge l'avocat sur son souhait éventuel de devenir garde des Sceaux. Il répond avec son assurance coutumière : « Non, sûr ! Vous voulez que je vous le signe ? D'abord, personne ne me le proposera. Ce serait un bordel, mais alors... Personne n'aurait jamais l'idée sotte, totalement saugrenue, incongrue, invraisemblable de me proposer cela. Franchement, je n'accepterais jamais un truc pareil. Ce n'est pas mon métier. »

On peut se souvenir aussi des nombreuses diatribes du pénaliste à l'encontre des juges, au temps où il les affrontait férocement dans tous les tribunaux de France. « Ça m'est désagréable de plaider devant vous, car je vous déteste », jette-t-il un jour à la figure d'un président d'audience, en 2006. Ou bien ce pilonnage en règle de l'ensemble de la profession, tiré de l'un de ses livres publié en 2017 : « Je ne vais pas faire semblant de chanter les louanges de la magistrature : je me méfie de son corporatisme, de sa frilosité, de la détestation qu'elle voue au barreau. Pourtant, il existe de grandes juges : c'est le troupeau qui est petit[1]. » En juillet 2020, les magistrats dont il n'a cessé de dénoncer l'« entre-soi » accueillent d'ailleurs sa nomination comme une catastrophe. « Une déclaration de guerre », clament-ils dans les médias.

Et que reste-t-il de ses sorties tonitruantes sur l'impossibilité de faire évoluer le fonctionnement de la justice

1. Éric Dupond-Moretti et Stéphane Durand-Soufflant, *Directs du droit*, Paris, Michel Lafon, 2017.

française ? Le grand orateur semble souffrir aujourd'hui d'une énorme extinction de voix, par rapport à l'époque où il déclarait dans *Paris-Normandie* en juin 2014 : « Dès qu'on veut réformer la justice, c'est comme quand on s'attaque à l'enseignement, les boucliers se lèvent ! C'est une espèce intouchable. Je suis pour un système qui mette en place la responsabilité des juges. La justice est indépendante, oui, mais l'indépendance, cela ne signifie pas faire n'importe quoi. Moi, je ne voudrais pas avoir affaire à la justice ! »

On attend toujours la réforme promise.

En revanche, monsieur le garde des Sceaux innove : il est le premier ministre de la Justice à rester en place malgré une mise en examen pour prise illégale d'intérêts et un renvoi devant la Cour de justice de la République annoncé pour la fin de l'année 2023.

À force de s'accrocher à son fauteuil, et bien qu'il conteste vigoureusement les faits, ses mains vont se flétrir.

Sans doute la fronde des magistrats lors de son arrivée puis cette mise en examen ne sont-elles pas pour rien dans la transformation du personnage. Il faut toujours prendre garde aux grandes gueules qui savent la fermer lorsqu'il s'agit de sauver leur peau.

On le sait aujourd'hui, les réformes espérées et les révolutions annoncées sont restées pour l'essentiel au fond des tiroirs de son bureau de ministre, au profit de ce qu'il faut bien nommer « aller à la soupe ».

N'est pas Robert Badinter qui veut !

*

Éric, si je suis aussi sévère avec toi, c'est que nous nous tutoyions et partagions parfois une table à La Petite Maison, à Nice, même si au fil du temps, nous nous sommes de moins en moins fréquentés. Il m'est donc d'autant plus douloureux de voir celui que j'ai connu défenseur des détenus devenir le fossoyeur des remises de peine automatiques. « Il vaut mieux cent coupables en liberté qu'un seul innocent en prison[1] », déclarais-tu il y a quelques années dans l'un de tes livres. À quoi bon bomber le torse en paraphrasant Voltaire si c'est ensuite pour avaler toutes les couleuvres du pouvoir ? Tu es devenu un Tartarin du militantisme, quel dommage !

Le pire, c'est que ce monde politique que tu as tant voulu rejoindre va te faire payer cher ton intrusion. Tu n'es pas des leurs et ils te le feront comprendre. Oh, rassure-toi, on te proposera un placard doré dans une administration inutile, peut-être même une place éligible sur la liste des Européennes en 2024, histoire de t'exfiltrer tout en préservant ta susceptibilité légendaire. Ainsi, tu auras tout perdu : ton prestige d'Acquittator, tes spectateurs et tes clients. Ton *ego* démesuré en aura pris un sacré coup, mais pas autant que tes convictions passées sur lesquelles tu t'essuies les pieds matin et soir.

Car je ne vais pas te plaindre. Il n'y a pas pire ennemi que celui qui trahit son camp. Je suis déçu parce que nous étions tous les deux sur la même longueur d'onde lorsque je te croisais à la prison de Fresnes, seul, le dos voûté, traînant ta sacoche, et que nous prenions un café ensemble dans des cafétérias sordides aux côtés des familles de prisonniers attendant l'heure des parloirs. Ils plaçaient leurs espoirs en toi. Aujourd'hui, les rats qui pullulaient dans cet établissement

1. Éric Dupond-Moretti, *Le Dictionnaire de ma vie*, Paris, Kero, 2018.

pénitentiaire indigne y sont toujours et peuvent dormir sur leurs deux oreilles : ce n'est pas toi, ministre, qui les délogeras.

J'avoue, j'y ai cru moi aussi, comme un idiot. J'y ai cru car c'est possible. Il ne faut pas imaginer qu'un garde des Sceaux ne peut rien faire, ni agir vite. Certains de tes prédécesseurs me l'ont prouvé. Ministre de la Justice en 2009-2010, Michèle Alliot-Marie a mis en place en moins de trois mois, suivant quelques-uns de mes conseils, un plan diablement efficace pour lutter contre le « choc carcéral[1] » à la prison de Nanterre, puis dans vingt grands centres pénitentiaires de la métropole. Qu'on l'apprécie ou pas, Christiane Taubira (2012-2016) est restée à son poste une femme de conviction, acceptant qu'on la secoue et qu'on lui rappelle ses engagements de militante, capable de se battre sans se soucier de son image. Dans le secret de son bureau, je suis allé jusqu'à lui reprocher de réciter des vers du poète René Char à l'Assemblée nationale : « C'est bien beau, vos citations et vos discours magnifiques, mais je n'ai jamais vu qui que ce soit se laver avec des extraits de René Char, or aujourd'hui à Fresnes les détenus ne se lavent toujours que trois fois par semaine ! » Elle m'a écouté sans tourner le dos et a ensuite fait le maximum pour agir sur ce problème. Elle a accepté, et même apprécié je crois, l'ardeur de l'activiste que j'étais.

Pas sûr que toi, Éric, tu supportes encore la contradiction puisque aujourd'hui certains de tes clients, ceux qui t'ont enrichi et permis de rouler en Bentley, ne pourraient, dit-on, même plus te saluer !

Toi si prompt à opposer aux critiques la sacro-sainte augmentation du budget de la Justice obtenue du président

1. On appelle ainsi le traumatisme lié à l'incarcération.

de la République, comme si c'était la réponse à tout. Une simple circulaire de ta part aurait changé notre quotidien en détention et la vie de nos familles. Comme au temps où tu soutenais le bon sens et les améliorations rapides. Mais aujourd'hui, les larmes des gosses et des mères qui jonglent entre les RTT à déposer et le coût des transports pour aller voir papa en prison, ça te touche ? Tu préfères satisfaire ton *ego*, dans ta voiture avec chauffeur escortée par les motards, réfléchir à des « réformes de fond » qui ne font rien bouger concrètement, et réserver l'urgence aux mesures répressives.

Tu disais combattre le Rassemblement national, mais depuis ta déroute électorale dans le Nord, qui t'a fait descendre de ton piédestal, tu devances maintenant ce que ses membres appliqueraient s'ils arrivaient au pouvoir.

Si tu oses retourner devant les électeurs au suffrage direct, je te prédis que le moindre petit baron local te marchera dessus et te renverra d'où tu viens avec du goudron et des plumes.

Dans un autre de tes livres, tu as écrit : « En matière judiciaire, la morale a souvent le visage des évidences trop faciles et les oripeaux de la présomption de culpabilité[1]. » J'ai vu ce qu'il restait de ce beau plaidoyer lorsque je t'ai croisé, il y a quelques mois, dans ce même restaurant niçois où nous parlions naguère.

Le summum de la honte, tu l'as atteint pendant les émeutes de l'été 2023 avec cette décision d'une laideur insoutenable : envoyer une circulaire pour demander aux parents de garder leurs enfants chez eux, critiquant l'éducation de ces victimes

1. Éric Dupond-Moretti et Stéphane Durand-Soufflant, *Bête noire*, Paris, Michel Lafon, 2012.

de la pauvreté, du racisme, des trafics, et les menaçant de deux ans de prison et 30 000 euros d'amende.

Tu t'es couvert de ridicule en ajoutant devant le Sénat avoir « rédigé un flyer » à destination « des parents » pour expliquer « en termes simples », à ceux qui les « auraient oubliées », quelles sont leurs obligations !

Honte à toi, monsieur le ministre, avec ton talent et ta puissance que l'on ne peut contester, tu ne cesses de dire le contraire de ce que tu affirmais autrefois. Toutes ces couleuvres avalées aussi rapidement ne sont pas bonnes pour ta santé. Tu es ce que le milieu parisien produit régulièrement : tu auras intrigué, puis été courtisé, acclamé, sollicité, critiqué, jugé et... oublié, ce qui sera le plus dur pour toi.

Voilà quel sera ton avenir, monsieur le garde des Sceaux : tes confrères t'ont déjà tourné le dos, les politiques te feront à leur tour des bras d'honneur, les détenus te siffleront si tu oses remettre les pieds dans les prisons, tu deviendras alors une éphémère starlette des réseaux sociaux où tu tenteras d'exister par des excès verbaux.

Non, n'est pas Robert Badinter qui veut. Tu auras été un très grand avocat et un tout, tout petit ministre.

Quel gâchis.

13

De très mauvais exemples

« À chaque troupeau sa brebis galeuse. »

Stanislaw Jerzy Lec

Il y a plusieurs années, j'ai surpris en disant tout le bien que je pensais de l'action du juge Courroye qui m'avait pourtant embastillé avec sévérité et violence[1]. De même, j'ai évoqué plus haut l'expérience et l'effort d'explication des magistrats de la cour d'appel malgré la lourde condamnation qu'ils m'ont infligée[2]. Ou encore la qualité du travail de compréhension du juge d'application des peines du quartier de semi-liberté et de ses collègues de la chambre d'appel de l'application des peines, même s'ils ne m'ont pas libéré immédiatement et m'ont imposé un aménagement de peine horriblement contraignant[3].

On le voit, mon style n'est pas de montrer du doigt des professions dans leur globalité. Certes, je n'ai guère rencontré de magistrats du parquet très constructifs – il paraît que

1. Le juge Philippe Courroye était chargé de l'instruction qui conduisit à ma première condamnation en 1996.

2. Voir le prologue.

3. Voir le chapitre 11.

ce n'est pas leur rôle, je le regrette ! Mais je n'ai pas hésité à saluer le comportement des policiers venus m'arrêter en bas de mon immeuble quand ils m'ont épargné les menottes devant ma fille, comme celui de ceux qui, lors des transferts, m'ont aidé avec humanité compte tenu de mon état de santé[1]. Malgré vingt-quatre mois de détention, je n'ai pas non plus, dans ce livre, un mot plus haut que l'autre à l'encontre des surveillants, que je plains sincèrement, compte tenu de leurs conditions de travail et des rapports qu'ils doivent entretenir avec leur hiérarchie[2]. Je pourrais continuer et vanter également le travail des Cpip ou l'écoute et le dévouement des personnels chargés des activités destinées à nous occuper et nous aider à évoluer.

L'immense majorité des membres de ces différentes professions que j'ai rencontrés ont exercé et exercent leur mission avec le plus de discernement possible. Raison de plus pour dévoiler les attitudes inacceptables de certains fonctionnaires ou représentants des institutions qui, par leurs comportements partiaux, ternissent l'image de leurs corporations.

*

Je suis un militant. Je sais que souvent ma passion, mon engagement m'amènent à me montrer excessif, à utiliser des méthodes inhabituelles pour obtenir des résultats immédiats, à user de provocations, à ne pas contrôler mon langage. Imparfait et clivant, je l'admets. Seulement, moi, je ne suis

1. Voir le chapitre 4.
2. Voir le chapitre 15.

investi d'aucune mission par l'État. Dépourvu du pouvoir de modifier, d'abîmer voire de détruire la vie de qui que ce soit, j'avance, muni de mes seules convictions sur ce que devraient être la prison, la justice, l'application des peines et les missions de ceux qui en ont la charge. Sans jamais utiliser ma toute petite influence pour « me faire » un opposant ou quelqu'un dont je réprouve les agissements. Être un délinquant n'empêche pas d'avoir sa propre éthique.

Parce que ma triste expérience peut arriver à tout un chacun, je souhaite simplement raconter, quitte à bousculer les codes médiatiques établis, comment j'ai vu certains fonctionnaires céder à des attitudes indignes de la mission qui leur est confiée. Comment, en situation de punir, des adeptes du « faites ce que je dis mais pas ce que je fais » pointent du doigt les turpitudes des autres tout en adoptant des comportements pires que ceux qu'ils dénoncent – mais, dans leur cas, sans conséquence sur leur parcours puisqu'ils sont protégés par leur statut. Ces agissements méritent d'être montrés du doigt et corrigés. Pour y parvenir, il faudrait aussi que les collègues des « brebis galeuses » renoncent à faire corps autour d'elles et réfléchissent à la façon de susciter un nouveau respect envers nos institutions.

On dira que je suis animé par l'esprit de vengeance. Eh bien, pas du tout, même si certaines décisions m'ont marqué au fer rouge et coûté d'énormes souffrances psychologiques, affectives et même physiques.

En révélant les comportements ci-après, je n'ai qu'un souhait : que cela n'arrive pas à d'autres !

*

J'ai déjà évoqué le brigadier-chef B., qui dirigea au sein de la brigade financière l'enquête préliminaire contre moi[1]. On dira qu'il ne faisait « que son travail », c'est-à-dire participer à la fameuse manifestation de la vérité. Mais alors pourquoi ses différences d'attitude d'un interrogatoire à l'autre ?

D'un côté, je l'ai dit, il va à la rencontre des fonctionnaires de la Caisse des dépôts dans leurs locaux prestigieux avec vue sur la Seine, en les prévenant plusieurs semaines à l'avance, sans pratiquer aucune perquisition et sans prendre en compte les mails que je lui ai adressés.

De l'autre, il interroge ma fille anorexique pendant huit heures, au point qu'elle devra ensuite être hospitalisée, il envoie des fonctionnaires aux écuries de mes enfants (je veux cependant remercier ses exécutants d'avoir caché leurs armes et enlevé leurs brassards pour préserver une certaine discrétion) et, alors que je suis mis en cause dans une affaire financière, demande à ma compagne ce qui se passe dans ma chambre à coucher ou m'interroge sur ma vie sexuelle.

Est-ce acceptable ? Est-ce normal, juste ? Et au nom de quelle procédure légale justifier la présence, à mon procès, d'une bonne partie de la brigade financière ? Était-ce une volonté de se mettre en valeur aux yeux de la hiérarchie, du voyeurisme ?

Il y a toujours un moment où ceux qui agissent ainsi se trahissent en sortant du cadre. Dans son cas, c'est arrivé lors de ma garde à vue à l'Hôtel-Dieu où des examens devaient lui permettre de juger de mon aptitude à la poursuite des interrogatoires. Ce jour-là, sous les yeux effarés des infirmières, des médecins et du personnel médical, le brigadier B.

1. Voir le chapitre 4.

débarque au sein de l'unité avec son ordinateur, ses cartons et son imprimante portative, pour continuer son enquête dans ma chambre, alors que je suis vêtu d'une chemise d'hôpital qui me laisse les fesses à l'air ! Dans un ballet qui pourrait prêter à rire, le personnel voit le fin limier entrer et sortir avec son équipement au gré des contrôles de tension et de température, des consultations et des prises de médicaments. À chaque acte médical, bien obligé de s'éclipser mais ne voulant pas laisser sa procédure sans surveillance, il est contraint de remballer ses affaires, puis de les rapporter pour reprendre l'interrogatoire. Je soupçonne les infirmières, outrées par l'acharnement judiciaire de Sherlock Holmes, d'avoir multiplié à dessein les examens...

Tout cela est légal, comme la possibilité que me confère la liberté d'expression d'écrire ses lignes pour le narrer. Ce n'est pas parce que je suis un multicondamné que je ne dois pas être protégé par la loi !

La pièce de théâtre s'est achevée par une décision d'inaptitude à la garde à vue et par mon transfert, pour douze heures, vers l'unité psychiatrique de la préfecture de police de Paris. À la grande surprise des médecins du service, le policier, sans doute dégoûté par l'attitude du personnel médical et malgré la possibilité de poursuivre les fameux interrogatoires, n'est pas venu me chercher à la sortie. Laissant ainsi tomber ses méthodes... légales mais tellement choquantes.

*

L'attitude de certains magistrats du parquet financier fut tout aussi choquante à mes yeux. Des magistrats qui ont bénéficié ensuite de promotions. La « fiabilité », une « vertu » appréciée dans certaines instances, semble-t-il. À ce stade, je ne souhaite faire que des constatations, libre aux lecteurs de penser ce qu'ils veulent des informations qui vont suivre.

En 2017, J. B., le procureur qui a déclenché mon affaire avec célérité et application, a bénéficié de la dernière décision du garde des Sceaux, Jean-Jacques Urvoas, avant l'arrivée effective d'Emmanuel Macron à la présidence de la République. Sachant qu'un processus de nomination est toujours habillé de diverses procédures qui peuvent prendre du temps, notons que l'important est de la mettre dans les tuyaux puis de croiser les doigts jusqu'à ce qu'elle devienne effective. Le décret du 7 août 2017 le plaçait en position de détachement auprès d'une agence française installée en Tunisie en qualité d'expert résident international.

Pour avoir été en situation de pouvoir, et parfois même de devoir exécuter certaines basses œuvres, il m'est à moi-même arrivé de devoir prendre soin des « recommandations » d'un ministre sur l'avenir de tel ou tel bon « toutou à sa mémère » : trouver une place dans un organisme improbable mais très confortable, à la personne qu'on vient de remercier... le temps de faire oublier les agissements de celui ou celle qu'on considère comme un bon petit soldat et qui, plus tard, saura servir une nouvelle majorité avec la même conviction.

Quant au procureur G., qui a accepté de requérir contre moi en première instance, qu'il ait été ensuite préféré à cinq cent vingt-neuf autres candidats pour devenir substitut à la cour d'appel de Paris, avancement obtenu en 2020 après le rendu du jugement me condamnant à cinq ans de prison ferme, est évidemment une reconnaissance de ses mérites... et une simple coïncidence sans doute.

*

J'insiste : ce chapitre n'a rien d'un règlement de comptes. Mais que je sache, il ne m'est pas interdit de chercher aussi à cerner la personnalité du juge Benjamin Blanchet, président du tribunal qui m'a jugé en première instance et a terminé l'audience, je le rappelle, en lançant un mandat d'arrêt à mon encontre alors que j'étais déjà pour ainsi dire devant les portes de la prison de la Santé. Peut-être s'est-il trompé, ce jour-là, au sujet de mon attitude vis-à-vis des décisions de justice. Alors si, à mon tour, je fais une erreur d'analyse sur son parcours de militant syndical, je le prie de m'en excuser par avance.

Tandis que la plupart de ses confrères restent dans l'anonymat, lui adore les médias. Il s'est levé même parfois à 6 heures du matin, sous prétexte d'engagement syndical, pour apparaître sur RMC, du temps où Jean-Jacques Bourdin y officiait. On l'a vu aussi répondre aux questions de BFM TV ou de Public Sénat, donner une interview au *Journal du dimanche,* voire signer une tribune chez mes « amis » du *Monde*.

Il existe un texte titré « L'obsession anti-judiciaire est un tourment strictement incompatible avec la démocratie », où le vice-président au tribunal judiciaire de Paris prend la défense de sa corporation, sur lequel je souhaite m'arrêter[1]. Son intervention est présentée ainsi :

Benjamin Blanchet dénonce, dans une tribune au Monde, *la persistance en France d'un climat hostile à la magistrature. Pour certains, elle serait gangrenée par la politisation, l'ambition et le*

1. Tribune parue dans *Le Monde*, 10 juin 2022.

laxisme. Affirmer des choses aussi absurdes, c'est oublier que les juges n'ont qu'un seul devoir, la soumission à la loi.

Permettez-moi d'abord de saluer l'œcuménisme de ce magistrat qui dénonce une campagne anti-magistrature sur le thème de la politisation de celle-ci et qui file publier une tribune dans l'un des journaux les plus politisés de notre pays ! C'est compliqué de jouer sur les deux tableaux.

L'ex-Premier ministre François Fillon, condamné en première instance par un tribunal présidé par Benjamin Blanchet, avait ainsi écrit un jour : « Ce n'est pas seulement la question de l'indépendance du parquet qui doit être posée mais aussi celle de la neutralité des juges. Ils ne doivent pas afficher des idéologies, adhérer à des organisations syndicales qui prennent des positions idéologiques[1]. » Mauvaise pioche pour lui que de s'être retrouvé en audience face au vice-président d'un syndicat de magistrats qui déroulait sur toutes les chaînes d'information un discours sur l'indépendance des juges...

Dans le cas de François Fillon – comme dans celui de bien des « affaires » –, la question était de savoir qui, de la justice ou des médias, renseignait l'autre. Question cruciale à ce moment-là car, depuis des semaines, la justice était accusée d'opportunisme et même de partialité pour s'être réveillée à trois mois de l'élection présidentielle, et donc d'intervenir en quelque sorte dans la campagne. Y avait-il eu, de la part des magistrats instructeurs, la volonté de « faire un coup » politique contre le candidat de droite ? Interrogé, Benjamin Blanchet, qui n'était d'ailleurs pas personnellement en cause, s'en est défendu. Au *Journal du dimanche* qui lui demandait

1. *JDD*, 16 avril 2017.

comment sortent les informations, Benjamin Blanchet a d'abord répondu ceci : « J'en viens à me demander si les journalistes ne sont pas plus autorisés que les magistrats pour répondre à cette question car c'est devenu une pratique tellement courante et tellement habituelle qu'il est difficile de s'y retrouver. » Quant à savoir qui avait pu laisser filtrer les documents de l'affaire Fillon, il dénombrait plusieurs sources potentielles : « Tous ceux qui concourent à la procédure pénale et cela fait beaucoup de monde – des magistrats, des avocats de la défense, de la partie civile, des fonctionnaires de police, des greffiers. » En somme : il y avait tellement de possibilités de fuite que l'on ne pouvait accuser personne... Et si les magistrats avaient agi, conclut-il, c'était à la suite des révélations de la presse : « Je ne perçois pas comment on peut dire que les magistrats se réveillent si tard, dès lors que, s'agissant de l'affaire dite Fillon, c'est le *Canard enchaîné* qui a publié un article le 25 janvier. »

Et qui a informé le *Canard enchaîné* ? Simple supposition : et si c'était le parquet financier qui avait « balancé » aux journaux pour pouvoir, ensuite, tenir ce discours ? Mais j'ai sans doute l'esprit mal tourné...

Une autre intervention médiatique de Benjamin Blanchet en dit long sur sa conception de la justice. Sur BFM TV, le 1er mars 2017, le juge syndicaliste participe à un débat face au député de droite Philippe Houillon, ancien rapporteur assassin de la commission parlementaire sur les dysfonctionnements de l'institution judiciaire dans l'affaire d'Outreau. En pleine tourmente Fillon, le parlementaire attaque :

« Il y a des questions extrêmement lourdes qui se posent. Et bien des victimes espéreraient avoir un traitement aussi rapide de leurs affaires. Mais c'est le peuple souverain qui va décider, peuple au nom de qui la justice est rendue par ailleurs. »

Et là, le visage impassible du magistrat se transforme au point qu'il coupe la parole au représentant de la nation :

« Ce n'est pas le peuple souverain qui rend la justice.

– Comment ?

– Ce n'est pas le peuple souverain qui rend la justice !

– Non, mais c'est en son nom qu'elle est rendue donc il est au-dessus de la justice !

– Bien sûr que non !

– Bien sûr que oui, bien sûr que oui, puisqu'elle est rendue en son nom, il est au-dessus de la justice.

– Bien sûr que non ! Vous ne pensez pas que tout un chacun peut se présenter devant le suffrage universel pour prétendre se laver d'une infraction en matière pénale ? Ce sont les magistrats qui rendent la justice dans ce pays ! »

Quel rôle joue la morale personnelle d'un magistrat lorsqu'il rend la justice ?

Dans mon cas, la peine sera logiquement réduite par la cour d'appel mais le mandat d'amener prononcé à mon encontre plombera mon dossier et rendra partiellement difficile toute remise en liberté ou aménagement de peine.

Ainsi que je l'ai écrit plus haut, j'ai entendu ensuite des phrases comme : « Le jugement auquel vous n'étiez pas présent » ou « Vous étiez à Nice lors du rendu de votre jugement », absolument fausses.

C'est mon avis, il est peut-être erroné. Mais n'ai-je pas le droit de l'avoir ?

*

Lorsqu'un homme politique arrive dans un poste à responsabilité, il amène souvent dans ses bagages un fidèle des fidèles, qui apparaît dans l'organigramme en tant que conseiller spécial, personnel, parfois au poste de directeur de la communication, plus rarement à celui de chef de cabinet adjoint.

Au moment où mon affaire a commencé à défrayer la chronique, l'homme lige de Jean-Jacques Urvoas, le ministre de la Justice de l'époque, s'appelait Floran Vadillo. Un conseiller spécial qui ne manque pas de missions, dont celle de me gérer. Nos relations ont toujours été tendues, parfois conflictuelles. Parce qu'il était chargé de protéger son patron ? Parce qu'on lui avait demandé de me mettre à l'écart ? Parce que je l'insupportais ? Parce que mes convictions lui déplaisaient ? Les raisons peuvent être multiples et même cumulables.

Reste que c'est par lui que j'ai appris que l'accès aux prisons me serait à l'époque interdit, par lui que nous avons su que les autorisations de tournage étaient annulées, par lui que l'interruption de nos actions dans l'univers pénitentiaire a été actée... C'est lui aussi qui, un jour, est venu me supplier d'assouplir ma position vis-à-vis du garde des Sceaux. Et lui qui a mis fin à une tradition sympathique que j'avais instaurée depuis plus de dix ans. L'histoire vaut d'être racontée.

Pour Noël, j'apportais tous les ans des « lyonnaiseries » aux agents chargés de l'accueil de la place Vendôme, membres de l'administration pénitentiaire. Qui les recevaient avec plaisir, ne devant pas toujours être remerciés ainsi. Eh bien, il exigea que ceux-ci se mettent à les refuser sans même me prévenir ni m'en expliquer la raison. En quoi cette attention était-elle gênante ? Avait-on peur que naisse une complicité jugée déplacée entre eux et moi (quand on connaît mes relations épidermiques avec la pénitentiaire, cela fait sourire) ? Craignait-on que j'obtienne ainsi des passe-droits (ce n'est pas le genre de la maison avec un ancien détenu) ? Y voyait-on un mélange des genres préjudiciable alors que moi-même j'épinglais la Chancellerie ?

Dans le même temps, il est question d'éventuels « intérêts bien compris d'un ancien conseiller au ministère de la Justice » évoqués par *Le Parisien* dans un article de 2017. Un article qu'il me paraît important de reproduire ici en entier.

Floran Vadillo, ex-conseiller spécial de l'ancien garde des Sceaux Jean-Jacques Urvoas, travaille désormais pour Sopra Steria, une entreprise liée contractuellement avec la place Vendôme, rapporte le quotidien. *Y a-t-il un risque de conflit d'intérêts lorsque le conseiller spécial d'un ex-garde des Sceaux devient cadre dirigeant d'une entreprise liée contractuellement à son ex-employeur ? Aux yeux de Floran Vadillo, ancienne éminence grise de Jean-Jacques Urvoas, poser la question relève presque de l'indécence. En juin, ce brillant docteur en sciences politiques de 32 ans est devenu directeur du conseil de sécurité intérieure-défense de Sopra Steria, n° 1 de la numérisation de documents en Europe. Avec la bénédiction de la Commission de déontologie de la fonction publique (CDFP), qui a rendu un avis positif.*

« Je ne connaissais pas Sopra Steria avant qu'elle ne me débauche, affirme Floran Vadillo. Vous ne trouverez pas la moindre mention de celle-ci dans les archives liées à mes anciennes fonctions. » Lorsque nous faisons remarquer à l'ex-conseiller que c'est pourtant un de ses proches, directeur au sein même de l'entreprise, qui l'a sollicité, Floran Vadillo répond du tac au tac qu'il croyait que son ami était toujours chez Airbus.

La commission de déontologie n'a pas été contrariante. Elle n'a rien trouvé dans les nouvelles fonctions de Floran Vadillo de nature « à compromettre ou mettre en cause le fonctionnement normal, l'indépendance ou la neutralité du service », lit-on dans le document.

L'avis de la commission repose sur les déclarations de l'ancien employeur – en l'occurrence le dernier directeur de cabinet de Jean-Jacques Urvoas, resté trois mois en poste – et celles de Floran Vadillo. « Je n'ai découvert l'ampleur des contrats qu'après mon embauche », précise l'intéressé. La commission a émis une seule réserve, bien mince : l'ex-conseiller doit s'abstenir « de toute relation professionnelle, jusqu'au 15 mai 2020, avec les membres du cabinet du ministre de la Justice qui étaient en fonction lorsqu'il l'était lui-même et qui le seraient encore ». Aucun risque, ce cas de figure n'est plus d'actualité.

En revanche, rien n'empêche Floran Vadillo de rencontrer professionnellement un ancien membre du cabinet Urvoas, devenu sous-directeur de la Direction de l'administration pénitentiaire (DAP). « À la DAP, nous sommes vigilants sur ces sujets », affirme Stéphane Bredin, actuel directeur de l'AP. Selon nos informations, une réunion houleuse s'est tenue en août entre Sopra Steria, dont Vadillo, et l'administration. Un contrat, lié au renseignement pénitentiaire, n'a pas été signé.

Ce que je souhaite pointer ici, ce sont les liens entre le cabinet du garde des Sceaux et la pénitentiaire, ainsi que le deux poids, deux mesures entre le sort que l'on m'a réservé alors qu'il n'y avait pas un euro d'argent public dans les dossiers que l'on a ouverts contre moi.

Je laisse chacun juge.

QB4

*

Des comportements « limites », je n'en ai pas rencontré seulement chez les fonctionnaires. Mais également chez des gens qui étaient très proches et qui ont profité de mon incarcération pour abuser financièrement de mes enfants.

14

Musulmans ?

« L'enfer est vide, tous les démons sont ici. »

William Shakespeare

Ce que je vois ici est hallucinant, la République a abandonné ses prisons. Exemple : appel à la prière à 5 heures du matin et un autre le soir à 20 heures au vu et au su de tout le monde, sans que personne ne réagisse.

Ces phrases télégraphiques, sorties telles quelles de mes centaines de pages de notes noircies en détention, soulignent un phénomène qui me surprend dès mon arrivée à la Santé en juin 2020 : l'omniprésence de l'islam, bien plus frappante que lors de ma première incarcération. Dans cette enceinte où la langue de Molière a pour ainsi dire disparu des parloirs, de la cour et des conversations aux fenêtres –, la pratique religieuse fait désormais partie du quotidien, de manière obsédante.

Ainsi, dès leur arrivée, les détenus cherchent à situer La Mecque pour pouvoir prier. Un jour, j'entends un ancien livrer ce conseil : « Tu vois ton lavabo ? Tu pries la tête vers ton lavabo, c'est la direction de La Mecque. » Le seul problème, c'est que toutes les cellules ne sont pas disposées à l'identique. Si l'indication vaut pour l'une, elle sera erronée pour celle d'à côté, construite de façon symétrique afin de réunir les arrivées et évacuations d'eau. Si bien qu'en priant en direction du lavabo, le croyant a une chance sur deux de tourner le dos à la ville sainte.

Les libertés de conscience et de culte, droits humains fondamentaux, sont garanties en prison et c'est heureux. Beaucoup a été fait en ce sens, comme l'autorisation de détenir des tapis de prière, même si des inégalités demeurent, puisque par exemple les Juifs peuvent faire entrer de la nourriture *kasher* par l'intermédiaire du rabbin, alors que la viande *hallal* n'est pas autorisée.

Le respect des croyances devrait cependant s'accompagner de règles intangibles. Et c'est là que rien ne va, car l'administration pénitentiaire accepte sciemment les transgressions, au même titre que les appels à la prière diffusés par de puissantes sonos à travers les fenêtres. Cela devrait être sanctionné, comme la généralisation des imams autoproclamés, connus et tolérés par les autorités.

Le renoncement au cadre républicain au profit des règles communautaires ouvre un boulevard à la radicalisation. Aucun discours idéologique de ma part. Je raconte seulement ce que j'ai vécu, vu et entendu pendant vingt-quatre mois.

*

Il a un petit bonnet noir sur la tête, un pantalon de survêtement vert bouteille avec une bande jaune, un blouson en cuir, un pull ras de cou sombre.

Seul sur un banc en béton, je lis au bout de la cour de promenade, protégé du froid par un bob en laine et mes gants aux couleurs de l'Olympique lyonnais. Ce détail lui fournit un prétexte pour entamer la conversation :

« Tu es Lyonnais ? Moi aussi, enfin, une ville à côté, Vénissieux. Tu ne dois pas connaître.

– Bien sûr que si ! »

Sans aucune envie de poursuivre, je replonge dans ma lecture. Mais voilà, nous nous sommes « captés » une fois, donc désormais nous nous saluons. Quelques semaines plus tard, alors que l'on se « checke » en entrant dans la cour de promenade, je remarque, sur le côté droit de son masque anti-Covid, des dessins et inscriptions indéchiffrables pour moi. Mais quand je lui demande de quoi il s'agit, il reste silencieux et se détourne, sous le regard des autres détenus qui ont tout observé avec un sourire non feint. L'un de mes « co » vient éclairer ma lanterne :

« Il ne te répondra pas.

– Pourquoi ?

– Sur son masque, ce sont des inscriptions de Daech, l'État islamique. C'est le gars de l'affaire Samuel Paty.

– Mais il n'est pas mort ?

– L'assassin, si, mais lui, il a envoyé et fait circuler les photos de la tête décapitée et les messages après l'attentat. »

Nous sommes mi-février 2021, quatre mois après l'atroce assassinat du professeur d'histoire-géographie de Conflans-Sainte-Honorine.

Lors d'une promenade suivante, toujours dans un froid glacial, l'homme au masque vient s'asseoir près de moi. Cette fois, j'engage la conversation. Elle tourne d'abord autour du foot, évidemment : les résultats de l'OL, le match de Ligue des champions Barça-PSG qui approche... La glace est rompue, je cherche à en apprendre un peu plus. Il doit avoir besoin de parler, car très vite je vais en savoir beaucoup trop :

« Comment tu t'appelles ?

– Y., je suis là depuis le 26 octobre.

– Je ne t'ai pas vu, tu ne sortais pas de ta cellule ?

– J'étais à l'isolement, pendant trois mois.

– C'est dur, l'isolement. Il y a vingt-cinq ans, j'ai fait 602 jours à l'isolement.

– Où ça ?

– Ici, à la Santé, et dans six autres prisons. Et pourquoi on t'a mis avec nous maintenant ?

– La cheffe de détention m'a dit qu'elle voulait me laisser une chance, qu'elle allait voir si je me tenais correctement. De toute façon, je suis là pour vingt ou trente ans.

– Tu as quel âge ?

– J'ai eu 18 ans au mois d'août. Quelle connerie ! Je suis dans le dossier Samuel Paty. Le gars qui l'a décapité, c'est mon pote. Il nous avait envoyé un SMS, dans un petit groupe avec d'autres : “Mes amis priez pour moi, aujourd'hui j'ai une épreuve.” Je pensais que c'était une épreuve de maths à l'école, moi ! Et puis après, il m'a envoyé la photo de la tête décapitée.

– Mais c'est horrible ! Comment as-tu pu regarder ça ?

– Moi, je regarde beaucoup les vidéos comme ça, de décapitations, j'ai l'habitude. »

Joignant le geste à la parole, il me montre avec le tranchant de la main l'endroit où poser le couteau sur le cou et reprend :

« Il ne faut pas croire, c'est facile de découper une tête. Il avait un couteau de 38 centimètres.

– Et tu as regardé cette horreur ?

– Oui.
– Les yeux étaient fermés ?
– Non, les yeux étaient ouverts.
– C'est dégueulasse ! Tu lis des livres ?
– Oui, j'aime bien m'intéresser aux choses liées à la religion. La Bible et tout ça.
– Tu es musulman ?
– Oui.
– Tu fais la prière cinq fois par jour ?
– Non, pas du tout. Je fume, je bois, il faut pas croire.
– Tu vas à l'école ?
– Non, je me suis fait virer à 14 ans. J'avais un couteau sur moi, que j'avais demandé à mon cousin de me rapporter de Turquie. C'était pour un cadeau. Qu'il me rapporte quelque chose de là-bas.
– Tu parles arabe ?
– Non, russe, turc, congolais.
– Et tu habites où ?
– Chez ma maman.
– Elle vient te voir au parloir ?
– Non, ils ont interdit les visites.
– Elle en pense quoi, ta mère, de tout ça ?
– Elle a peur pour moi.
– Et ton père ?
– Il vit à Vénissieux avec son autre femme, je ne le vois plus trop. C'est à cause de lui, ce qui est arrivé, il est salafiste. Il s'est séparé de ma mère il y a cinq ans, pour des histoires de sorcellerie.
– Je ne veux pas savoir. Et c'est à partir de ce moment-là que tout est parti en sucette ?
– Oui, mais de toute façon je n'allais plus au collège.

– Et ta mère, elle disait quoi ? Tu lui mentais ?

– Oui, je disais toujours un nouveau truc. Elle ne savait jamais.

– De toute façon, franchement, ce n'est pas normal d'aller dans une école avec un couteau.

– C'était un petit. Tu sais, dès 13 ans, j'étais avec des kalachnikov, des Glock, pour la drogue, mais ce n'était pas mon truc.

– Tu te rends compte que j'ai 65 ans et que je n'ai jamais vu d'armes comme celles dont tu me parles ?

– Moi, oui. Toujours ! »

Improbable rencontre avec un « gamin » de 18 ans, les joues encore dévorées d'acné, qui a participé à une horreur ayant révolté et marqué la France entière. Combien avons-nous de ces enfants de la drogue, des cités, de l'islam radical ? J'oublie de préciser qu'il est aussi blanc que moi et blond comme les blés...

Plus tard, il sera affecté au QB3, dans le « quartier des radicalisés » de la Santé.

Je l'ai dit, je milite en vain avec les syndicats de surveillants, depuis des années, pour le tri des prisonniers en fonction de leur crime. Avec ce gosse tout juste majeur, je viens d'éprouver, horrifié, l'aspect insensé du mélange des détenus. Il est évident que cela ne peut qu'entraîner des drames scandaleux, comme celui de l'assassinat d'Yvan Colonna par un détenu radicalisé[1].

On n'entre pas en prison pour y mourir sous les coups d'un fou identifié comme tel. Or à plusieurs reprises j'ai vécu exactement les mêmes scènes que celle qui a conduit au décès du prisonnier corse.

---

1. Voir le chapitre 19.

*

Moi, le « daron » qui parle bien, visiblement « français », on me cherche.

Il est clair pour tout le monde que je ne suis pas musulman. Mais je découvre que « tout le monde » se fait aussi une idée très claire de ma supposée religion. Ainsi, le jeudi 15 juillet 2021, pendant la promenade du matin, on m'interpelle depuis un groupe de huit détenus issus de l'immigration :

« Pierre, tu es circoncis ?

– Je ne réponds pas à ce genre de question. »

Et je continue mon tour de la cour, livre en main.

Mais l'après-midi, en salle de musculation, les allusions reprennent. Le même type, issu du même groupe, s'adresse à moi sous prétexte d'une question posée dans leur partie de *Trivial Pursuit* :

« Pierre, tu connais la réponse ? "Qui ne peut pas, par conviction, recevoir de transfusion sanguine ?"

– Ce sont les Témoins de Jéhovah.

– Non, ce sont les juifs.

– Je ne pense pas. Tu confonds.

– Oui, tu as raison, ce sont les Témoins de Jéhovah. Forcément, pour ce qui concerne les juifs, tu es au courant de tout ! »

Et il ajoute, s'adressant à l'ensemble du groupe : « Je me comprends, pas vrai les gars ? »

Puis l'un de ses acolytes me prend à partie, en s'approchant peu à peu de manière agressive. En cellule, ce Noir costaud est mon voisin de droite. Il est coutumier des altercations violentes pour un regard, un mot, une simple envie d'en découdre :

« De toute façon, le *Trivial Pursuit*, c'est un jeu raciste. Il n'y a que des questions pour les Blancs et sur les Blancs, pratiquement aucune sur l'Afrique. De toute façon, toi, tu es un buveur de vin, un raciste.

– Tu sais, V., le plus simple, si tu me considères comme raciste, c'est que nous ne nous parlions plus du tout. »

Pendant le reste de ma détention, je n'adresserai plus jamais la parole à mon voisin. Si j'avais protesté ou argumenté, je sais que cela aurait fini en bagarre, dont je n'avais ni l'envie ni les capacités physiques, ou pire. Yvan Colonna en sait quelque chose.

Pourtant, je ne peux pas toujours m'écraser. Ce jour-là, je n'en ai pas fini avec mes harceleurs. À la promenade de l'après-midi, un autre membre du petit groupe a demandé un ballon de foot qui arrive surgonflé, dur comme du béton. Il shoote dedans de toutes ses forces, qui sont aussi considérables que ses 128 kilos pour 1,91 mètre. Une fois, deux fois, trois fois, je dois éviter les boulets de canon qui arrivent dans ma direction. Des tirs d'une violence folle. Alors que je reste fragilisé par ma fracture au poignet, je n'ai qu'une main pour me protéger. Je finis par m'adresser à lui :

« Tu ne sais pas viser ! À force, tu vas l'envoyer dans les barbelés ou de l'autre côté du grillage.

– Je peux le faire tout de suite, comme ça, tu auras une promenade tranquille. Il suffit que tu me cantines pour 100 euros de produits.

– Je n'ai pas les moyens. De plus, je te soupçonne, une fois ce ballon expédié, d'en demander un autre et de recommencer.

– Et alors, ça te fera 1 000 euros.

– Je te le dis, je n'ai pas les moyens. Et en plus, je n'ai pas besoin de payer, tu vas le mettre de l'autre côté tout seul, sans faire exprès. Tu ne sais pas viser. »

Le lendemain vendredi, c'est le jour du gymnase. Dans mon coin, je fais du rameur, comme d'habitude. Les huit autres détenus, eux aussi tous issus de l'immigration, s'entraînent à tirer dans la cage de handball située de mon côté. À plusieurs reprises, comme la veille dans la cour, le ballon me frôle ou tape sur le mur à côté de moi dans un bruit assourdissant. Je préfère partir m'installer près du but opposé, où s'ébattent des basketteurs inoffensifs. Mais voilà que les footballeurs décident d'utiliser tout le terrain, me remettant en danger. J'interpelle celui qui leur sert visiblement de leader :

« Vous n'allez pas venir tirer ici, alors que je me suis spécialement déplacé pour vous laisser la place ?

– Pourquoi ? Nous sommes tous dans la même salle, elle est pour nous tous. »

J'ai compris. Une monitrice m'ouvre une pièce borgne normalement réservée aux boxeurs pour que j'y poursuive mes efforts sur le rameur. Mais à peine suis-je installé que des ballons viennent se fracasser avec une immense puissance contre le battant fermé de la double porte. Règlement oblige, l'autre est ouvert, il reste un espace pour m'atteindre. Ils le visent.

Je passe ensuite au vélo. Malheureusement, il est posé au niveau de la ligne médiane du terrain. Dans une salle de sport du monde libre, j'aurais sous les yeux un écran affichant un parcours fictif et mes performances. Ici, je suis spectateur du violent match de football hebdomadaire. Même entre détenus habituellement amis, l'agressivité des paroles, des tirs et des tacles est impressionnante. Pas une seule de ces séances ne se termine sans au moins un blessé.

À la fin de la partie, tout le monde se repose. Sauf le « chercheur de merde » qui continue à tirer tout seul dans les cages vides. Comme par hasard, un ballon me frôle et vient s'écraser sur le mur à dix centimètres de ma tête. Cette fois, je perds mon calme, à en hurler :

« Tu fais chier ! Tu ne sais pas jouer. Tu ne sais rien faire d'autre que tirer comme un bœuf de toutes tes forces. Arrête, ne m'emmerde pas et je ne t'emmerde pas. Je ne veux plus te parler, tu m'oublies. Je ne souhaite rien te donner et ne pas être associé à quoi que ce soit avec toi. C'est très clair. Ne me demande plus rien, jamais !

– Je ne t'ai jamais rien demandé et ce n'est pas ma faute, je ne sais pas tirer du pied gauche.

– J'ai 66 ans, ne m'emmerde plus ! »

Pour la première fois, un autre détenu intervient. C'est même celui qui partage sa cellule avec l'énergumène. Il lui demande de s'excuser. Non seulement il ne s'exécute pas, mais il rigole et me lance : « Tu me fais rire, Pierre ! »

En deux jours, j'ai donc subi un début de racket, des menaces, des paroles et des actes agressifs sous les yeux des autres détenus, des moniteurs de sport, des surveillants et bien sûr des caméras, sans que personne ne bouge. C'est aussi ça, la prison.

Et encore, je suis au quartier des « vulnérables », j'ai 66 ans, je connais la détention et ses règles. Je vous laisse imaginer ce qui peut se passer dans les autres bâtiments et prisons de France pour des incarcérés plus jeunes et moins expérimentés dans un environnement encore plus difficile. Après avoir vécu de telles scènes, pas de quoi s'étonner à la lecture des faits divers, comme par exemple l'histoire de ce « détenu décédé des suites de ses blessures après une violente altercation entre pensionnaires de la maison d'arrêt d'Avignon », relatée dans *Le Figaro* du 3 août 2022.

Personne ne peut imaginer ce qui se passe vraiment derrière les murs. Ces situations quotidiennes, il faut les avoir vécues pour y croire, tout comme le communautarisme qui les nourrit.

*

Certains détenus exercent une influence considérable sur les autres, sans que l'on comprenne toujours pourquoi à première vue. Ce que je vais raconter ici, c'est le principe sournois de la radicalisation par l'emprise sur certains prisonniers ciblés, tel que je l'ai vu à l'œuvre. Au risque de me voir taxé de racisme, il y a là une réalité que l'on ne doit pas masquer.

À mon étage, l'une des cellules est double (double fenêtre, double espace, double surface) et pourtant occupée par un seul homme, d'un abord très sympathique. Je remarque vite qu'il régit souvent les rapports entre les autres ou sonorise les locaux à grand renfort de rap assourdissant. Il entretient aussi des relations particulières avec les nouveaux prisonniers qui logent une semaine ou deux au « quartier arrivant », deux niveaux sous le nôtre. Grâce aux « cerfs-volants », il leur fait passer du tabac, du pain qu'il cuit lui-même, des CD de musique orientale...

Au bout de quelques semaines, intrigué, j'engage la conversation :

« Pourquoi fais-tu cela pour des gens que tu ne connais pas ?

– Ils arrivent, ils n'ont rien. Je fais juste du pain avec de la farine, de l'eau, un peu d'huile d'olive. Je n'ai pas beaucoup d'argent mais il faut aider les autres. Tu veux du pain ?

– Non, merci. Tu es musulman, n'est-ce pas ? Pourquoi te connaissent-ils tous ?

– Oui, je suis croyant. Il faut aider son prochain. Tu vois, il y a longtemps, j'ai braqué un gars avec sa cocaïne. Ensuite, je l'ai fait venir chez moi, dans le Sud, je l'ai pris sous mon aile et aujourd'hui, c'est lui qui tient une grande partie du trafic en Île-de-France. Alors on me connaît.

– Ouh là, arrête, je ne veux pas savoir, ce n'est pas ce qui m'intéresse. Ton action pour les arrivants, c'est religieux ?

– Oui, c'est religieux. Les gars, ils s'adressent à moi.

– Mais pourquoi ? Et comment tu fais pour régler tous leurs problèmes à la fenêtre ? Je t'entends, même si je ne comprends pas ce que tu dis. Pourquoi tu parles en arabe ?

– C'est ma langue. C'est notre langue. Mon nom est connu, mon visage aussi, à cause de ma cicatrice sous l'œil. Je suis très croyant, j'aide ceux qui n'ont rien. Tu n'as pas l'air de comprendre. »

Au fur et à mesure, je saisis que chaque entrant est ainsi « pris en main », sous couvert d'assistance mais également avec une motivation religieuse. Les nouveaux sont des proies toutes désignées. Frappés par le « choc carcéral », souvent affaiblis par quarante-huit heures de garde à vue, ils sont en effet démunis : sans vêtements propres, privés de toute possibilité de « cantiner » et de moyens de joindre leur famille, ignorants du fonctionnement de la prison. En promenade, j'observe qu'au début ils restent isolés et ne parlent à personne, sauf au bon Samaritain.

Malin, ce dernier joue au chat et à la souris avec moi. Comme cette fois où je le sollicite pour régler un problème de « voisinage » : un matin à 4 h 30, nous sommes tous réveillés par le son puissant d'une radio qui diffuse, juste sous ma cellule, des « *Allah Akbar* » et ce que j'identifie comme des versets du Coran, quinze minutes durant. C'est long, à une heure pareille.

Furieux, j'aborde le « boulanger » à la promenade :

« Tu ne peux rien faire, pour le gars qui a fait sa prière ce matin à la fenêtre ?

– Il n'est pas dans notre bâtiment, il est en face.

– Non, il est juste en dessous de moi !

– Ah bon ? Je ne savais pas. De toute façon, avec ces gars-là, il n'y a rien à faire. »

Je n'en crois pas un mot. Il fait mine d'ignorer l'origine de la prière car en réalité il la cautionne. C'est finalement un autre détenu, croyant lui aussi, qui intervient :

« J'ai entendu, ce matin. Il est à côté de moi, au rez-de-chaussée.

– Tu peux lui dire de ne pas recommencer ? Je trouve normal de pratiquer sa religion, mais pas de la faire partager à toute la prison le matin à l'aube. Si tout le monde faisait comme lui, tu imagines ?

– Tu sais, c'est aussi une façon de rappeler aux autres qu'ils doivent prier.

– C'est incroyable !

– Je vais lui dire de faire moins fort. Dans le Coran, il est dit de prier sans ennuyer les autres. »

Un autre de mes codétenus, lui aussi au rez-de-chaussée, m'en dit plus sur ce « muezzin » improvisé. Et je suis choqué par ce que j'apprends : « Tu sais, le gars qui lance les appels à la prière, il est chez lui, ici. Je l'ai vu, sous les yeux d'une surveillante, aller de cellule en cellule pour dire ce qu'il fallait donner aux uns et aux autres. Comme je regardais, elle lui a demandé de faire plus vite son tour des cellules. Quand tu penses que moi, si je demande de faire passer un truc à mon voisin, on me dit non... »

Le lendemain matin, miracle : aucun appel à la prière à la fenêtre. Non par respect de la tranquillité des autres, mais parce que les textes sacrés recommandent de ne pas gêner son prochain.

*

Les prosélytes ne ciblent pas seulement les nouveaux détenus déboussolés. Ils cherchent à recruter tout prisonnier isolé, même si c'est en raison de son « pedigree » criminel.

Ainsi, il y a dans notre groupe un jeune particulièrement difficile à gérer, pour nous, pour l'administration et pour toutes les prisons d'Île-de-France qui se le « refilent ». Âgé de 25 ans, multirécidiviste, il purge une condamnation à vingt-trois ans de prison et multiplie les incidents. Partout où il passe, il est connu comme le loup blanc par les surveillants qu'il agresse régulièrement, le personnel de l'infirmerie et toute personne avec qui il est en contact, qu'il essaye d'embrouiller ou de racketter. À la Santé, cela lui vaut un envoi au quartier disciplinaire. Le gradé en charge du QB4 m'assure qu'il sera ensuite placé à l'isolement et que nous ne le reverrons pas.

D'où notre surprise le jour où il revient en promenade. J'assiste alors à une scène qui en dit long sur les cibles et les méthodes des « imams ». Dès son retour, le dangereux criminel essaye de renouer un lien avec chacun d'entre nous. Pour ma part, je ne veux rien avoir affaire avec lui et je l'éconduis sèchement lorsqu'il demande à emprunter mon programme de télévision, dont habituellement je fais profiter tout le monde. Mais le « boulanger » et celui qui a calmé mon voisin muezzin le prennent aussitôt sous leur aile. Ils viennent vers lui et l'emmènent « tourner » avec eux, puis s'arrêtent plus de quarante minutes dans un coin de la cour, pour une conversation discrète. Sans rien entendre, j'observe que le « danger public » écoute sagement, avec intensité.

À partir de cet instant, sans vraiment se calmer, ce détenu montre qu'il s'est trouvé une nouvelle famille. Protégé par les « religieux », il adopte leur comportement en invoquant à chaque incident le Coran, le racisme anti-Noir ou l'islamophobie, la France qui « les hait », les maltraite et les humilie.

Encore une fois, au quartier des « vulnérables », nous sommes seuls en cellule. Imaginez un peu que vous partagiez 9 mètres carrés avec un codétenu qui vous interdit de regarder les émissions de « mécréants », vous impose de lire le Coran, dicte votre tenue...

*

Après une accalmie de quelques jours, tout recommence un matin, toujours vers 4 heures : les versets du Coran résonnent de nouveau par ma fenêtre ouverte ! Cela ne vient pas de la même cellule, mais une fois de plus cela se situe sous la mienne.

Au moment de fermer ma fenêtre, j'aperçois deux gros cafards sur les battants. Il me faut plusieurs casseroles d'eau pour les chasser. Plus bas, la conversation – en français, pour une fois – qui portait sur l'heure de l'appel à prière, un détenu estimant qu'il aurait dû se produire à 5 h 18, change brusquement de ton entre un imam autoproclamé et l'un de ses apôtres : « Le mec au-dessus de moi, ce fils de pute, il balance de l'eau. Il se croit protégé, je vais l'attaquer dans les couloirs et lui défoncer sa mère. »

Insulté et menacé, j'entends ensuite ce dialogue hallucinant, au vu et au su des surveillants de nuit qui effectuent leur ronde à ce moment-là :

« Ce monde est en perdition.

— Il verra lors du Jugement dernier.

— Allah viendra nous sauver.

— L'autre peureux est passé, métier de chien, espionner les gens comme cela, c'est une honte : moi, je leur fais un doigt.

— Il faut faire comme les frères Kouachi[1]. Il faut faire un exemple, tu en es capable ?

— Bien sûr. Moi, je voulais avec les frérots faire la même chose, y aller avec les cocktails Molotov et tout cramer.

— Leur vie, c'est de la merde. Allah va nous sauver.

— Ils sont où dans la prison, nos frères avec les barbes ?

— Ils sont au QB3[2]. Ils les mettent au QB3 mais c'est juste parce qu'ils se sont fait repérer. Mais il y en a partout, mon frère. Regarde où je suis, moi, chez les "vulnérables", comme

1. Auteurs de la tuerie de *Charlie Hebdo* le 7 janvier 2015.
2. C'est dans ce quartier que sont placés les détenus radicalisés.

cela, je suis au contact des arrivants, et voilà frérot. Pas de barbe, rien. Ils ne m'ont pas vu. Tu as capté.

– Mon beau-frère, ils ont essayé de l'attraper parce qu'il ne boit pas, il prie, ils ont enquêté pendant six mois : les chiens. Mais ils l'ont raté, ils se sont cassé les dents.

– Tu vois, les gens comme Boris [un détenu fou, en manque de crack, qui jour et nuit tape sur la porte, met le feu à sa cellule, hurle à la fenêtre en insultant les surveillants], il a plus de valeurs que tous les autres parce que lui, il croit en Allah. »

Abasourdi par cet échange entre deux détenus visiblement radicalisés, je prends aussitôt des notes pour retranscrire fidèlement ces propos effarants. Je ne me cache jamais pour écrire, mes manuscrits sont visibles dans ma cellule. De toute façon, on ne peut rien dissimuler.

Quelques jours plus tard, je suis sorti de la promenade car la direction de la Santé veut me voir. On m'amène au sous-sol, jusqu'à un local où, en compagnie d'un surveillant, m'attend un homme d'une trentaine d'années, en chemise bleu clair qui signale son grade élevé. Il attaque cash :

« Vous savez qu'on lit vos écrits au cours des fouilles de cellules. Vous parlez d'un appel à la prière le matin et le soir. Vous pouvez m'en dire plus ?

– Ce n'est pas à moi de vous dire ce qui se passe dans votre établissement. Vous savez que j'écris un livre, je ne fais que raconter ce que je vois et ce que j'entends. Je n'invente rien.

– Mais d'où vient cet appel à la prière ?

– Ce n'est pas à moi de vous le dire. Vous avez des équipes de nuit. Qu'est-ce qu'elles font ? Ne me dites pas qu'elles ne savent pas d'où ça vient. Cela ne me semble pas très compliqué ! Pour diffuser un son avec une telle puissance, il faut un appareil, que, par exemple, moi, je n'ai pas. Je vous rappelle que l'on me retire un oreiller supplémentaire, une couverture de trop ou mon tapis de gymnastique car tout cela n'est soi-disant pas réglementaire ! Alors, ne me dites pas que vous n'arrivez pas à repérer une sonorisation avec deux puissants haut-parleurs ? À moins qu'il y ait deux poids, deux mesures, ce que je ne peux imaginer.

– Mais vous, vous savez d'où ça vient ?

– Vous savez, ici, l'attitude de la pénitentiaire fait qu'à quelques exceptions près, je serai toujours du côté des détenus. Ce n'est pas à 66 ans que je vais devenir une balance. Même si je me suis fait menacer car j'ai osé dire que ce prosélytisme n'était pas supportable. Je ne me sens pas en sécurité, je l'ai déjà exprimé. Moi, on m'oblige à me déplacer dans l'établissement, encadré par trois gardiens, mais on laisse des détenus radicalisés polluer la population pénale. C'est un scandale. La vérité, c'est que vous en avez peur et que mes écrits vous dérangent parce que je vais révéler ce qui se passe. Je suis un empêcheur de tourner en rond !

– Qu'allez-vous faire ?

– Que voulez-vous que je fasse ? Je resterai peut-être en cellule, comme beaucoup d'autres. Je ne descendrai plus en promenade, je n'irai plus nulle part.

– C'est dommage.

– Que puis-je faire d'autre ?

– Demander à changer d'établissement, de bâtiment ? »

Nous y voilà ! Dans les prisons françaises, on doit donc, pour espérer être tranquille, fermer les yeux sur les trafics, la violence, le racket, la radicalisation, le racisme... sinon, on n'a qu'à dégager ! Cette logique du « surtout pas de vagues » me met hors de moi :

« C'est extraordinaire ! C'est à moi de partir ? L'un de vos collègues à qui je demandais de ne plus être escorté m'a dit : "Ce ne sont pas les détenus qui décident", mais visiblement, ça dépend lesquels ! Je m'en rends d'ailleurs compte tous les jours. Alors j'écris, comme un témoin exceptionnel au cœur de votre système. Détruisez mes écrits, mais vous ne pourrez effacer ma mémoire. Quoi qu'il arrive, je sortirai d'ici et je témoignerai, c'est une question de temps, c'est tout.

– Vous ne voulez pas nous dire d'où viennent ces appels à la prière ? Vous savez, on ne dira pas que ça vient de vous.

– Hors de question. C'est votre métier, pas le mien. De quel service êtes-vous ?

– Nous naviguons entre tous les bâtiments. Nous nous occupons de la sécurité. »

Je comprends à cet instant qu'il appartient sans doute au renseignement pénitentiaire. Ces hommes de bonne foi, dont c'est le métier, n'arrivent donc pas à repérer une sono et des appels à la prière qui dérangent jusqu'aux riverains du boulevard Arago, dans ce lieu clos où ils ont un accès illimité partout. Je ne sais pas si je préfère avoir peur ou penser qu'ils me mentent.

Je n'ai aucune compétence en espionnage, mais je ne manque pas de bon sens : il suffirait de mettre chaque nuit des surveillants en cour de promenade pour entendre ce qu'il se dit, aussi clairement que moi je l'ai entendu.

*

QB4

Dans le QB4, il y a aussi des détenus musulmans qui pratiquent leur religion paisiblement et dans le respect de l'autre. C'est le cas d'U., une force de la nature, 140 kilos de muscles pour 1,85 mètre. Il est presque chauve, avec seulement sur l'arrière du crâne quelques cheveux attachés en catogan. Tout chez lui est rond, sa tête, ses yeux bleus qui me rappellent les billes de mon enfance, son ventre, son corps, sauf son caractère. Il faut voir cette masse courir en cour de promenade et finir son tour par un sprint impressionnant, autant que le sont ses assouplissements, exécutés sans effort apparent.

C'est un DPS, un « détenu particulièrement surveillé ». Comme tel, il est changé de cellule tous les deux mois (un temps, il sera mon voisin d'en face) et ses 9 mètres carrés sont soumis à de nombreuses fouilles totales par les Elac, les « équipes locales d'action et d'intervention », le GIGN de la pénitentiaire. De grands gaillards, casqués, entièrement vêtus de noir. Quand il y a du grabuge, on les voit courir vers le lieu d'intervention, puis repasser avec un détenu menotté, forcé de se plier en deux sous la pression de la clef de bras pratiquée par ces fonctionnaires.

U. subit régulièrement une fouille à nu. Chaque fois, elle donne lieu à d'interminables discussions plus ou moins houleuses, car ce croyant convaincu n'accepte pas qu'on le contraigne à se dénuder. Il est terriblement choqué lorsque les gardiens lui demandent de lever ses testicules pour vérifier qu'il ne dissimule rien dessous. C'est pour lui un viol par l'État français de sa culture et de sa religion. *A fortiori* lorsqu'une surveillante femme fait partie du groupe chargé de cette procédure.

U. a la foi et accueille tranquillement toutes mes questions sur sa religion. Au début, il ne parle qu'anglais mais apprendra le français à une vitesse incroyable. À aucun moment, il ne m'a traité de « Français », de « buveur de vin » ou de « mécréant ». Sa voix marque tous les détenus du QB4. En promenade, muni de son petit Coran à couverture verte, nous l'entendons chanter, déclamer et ronronner des versets, allongé sur l'un des bancs en béton qui peine à contenir sa masse. C'est presque beau dans cet univers où il n'y a que des cris, des hurlements, des interpellations et des haut-parleurs nasillards. Quand je lui demande d'où vient cette façon de réciter, il me dit qu'il fait seulement comme il le sent.

À 32 ans, il n'a, d'après lui, jamais bu une goutte d'alcool, jamais fumé, jamais eu la moindre relation sexuelle. Mais ce n'est pas un « barbu ». Je ne le sens pas dangereux, pourtant il doit l'être puisqu'il se présente comme le chef de l'Armée syrienne libre (ASL), qui a été à partir de 2011 le premier groupe armé à s'opposer à Bachar al-Assad mais qui est aussi accusé de crimes de guerre. Également porte-parole de ce mouvement, selon lui, il voyageait partout en Europe dans les pays qui le soutiennent et s'est fait interpeller à l'aéroport de Marseille alors qu'il était sur notre sol depuis trois mois. Son dossier est toujours à l'instruction, il en est à plus de trois ans de détention préventive et ne cesse de réclamer son transfert à la Cour pénale internationale de La Haye.

Je connais très mal tous ces sujets. Quand je lui demande s'il est pour Al-Qaïda, ses yeux deviennent encore plus ronds que d'habitude. Face à la même question au sujet de Daech, ils menacent de sortir de leurs orbites. Et lorsque j'évoque l'Iran, il est carrément horrifié. « L'Iran ? Si je vais là-bas, ils me tuent ! » me répond-il en anglais, tout en se portant la tranche de la main à la gorge.

Visiblement, je suis nul en géopolitique et je ne comprends rien à sa cause, puisque je l'assimile à ses pires ennemis ! Mais U. se montre patient, jamais agressif, toujours ouvert à la discussion. Ainsi quand les Talibans reprennent le pouvoir à Kaboul, en août 2021, il me soutient d'abord qu'il faut laisser les Afghans appliquer la *charia* si c'est ce qu'ils souhaitent. Après tout, dit-il, en Europe, personne ne vient de l'extérieur juger notre façon de vivre. Mais comme je lui rétorque qu'ici, personne ne force qui que ce soit à adopter telle ou telle tenue, à ma grande surprise il acquiesce : « C'est vrai, tu as raison. »

Cette forme de douceur ne l'empêche pas d'essayer d'imposer sa loi en cour de promenade. Et comme le dit Michel Audiard, « quand les types de 130 kilos disent certaines choses, ceux de 60 kilos les écoutent » ! Ainsi, au ping-pong, il essaye d'instaurer un service dans les règles de l'art : la balle lancée en l'air, visible et libre de la main du pongiste avant d'être frappée par la raquette. Lors d'une partie, il me reprend vingt fois et m'inflige un point de pénalité quand je commets l'erreur deux fois de suite. Sanction inutile pour prendre l'avantage sur moi, car il joue remarquablement. Ses smashs imparables sont si violents qu'ils cassent souvent la balle ! Ce que nous lui reprochons compte tenu de la difficulté d'en obtenir de nouvelles de l'administration. Sa volonté de nous plier à sa règle devient trop lourde pour moi et je cesse de l'affronter autour de la table, bientôt imité par les autres. Déjà que nous sommes en prison, si en plus il faut se compliquer la vie au ping-pong...

Le plus impressionnant, c'est de le voir le vendredi au traditionnel match de foot. Il ne laisse personne occuper la place de gardien de but. Or, il faut être fou pour jouer à ce poste lors de ce défoulement hebdomadaire car les détenus sont déchaînés et décochent de vrais boulets de canon, sans aucun égard pour le goal. Mais U. fait front. Et même, dans son anglais teinté d'accent arabe, il les excite : « Tire plus fort ! Vas-y, donne tout ! *More, more, more !* » Il arrête tout ce qui arrive sur lui, lançant prestement ses 140 kilos au sol pour capter un tir et se relevant aussi vite pour détourner un autre obus. Rien ne passe. Qu'un ballon lui heurte le visage, il ne bronche pas, là où moi, je serais déjà évanoui, en train d'attendre les secours.

U. est aussi capable des attentions les plus délicates. Un jour, chaque détenu de notre étage reçoit un pot de 500 grammes de glace confectionnée par ses soins avec les moyens du bord. D'abord sceptique, me demandant ce que cache cette opération séduction, je me régale ensuite comme les autres : c'est excellent, sauf pour ma ligne, et sa seule motivation est ce besoin de partager propre à tous les croyants sincères.

C'est un détenu modèle, mais qui, d'après lui, n'a droit à rien. Pas de téléphone, pas de visites, pas même de virement sur son compte cantine car l'argent envoyé par sa famille, qui vit en Turquie et aux États-Unis, est régulièrement rejeté par l'administration pénitentiaire et par le juge d'instruction en charge de son dossier. Il manque donc de tout. Dès son arrivée, il me demande un feutre Stabilo, puis des blocs d'écriture, un porte-mine, un taille-crayon... autant d'objets rarissimes en prison et que je suis l'un des seuls à posséder. Il ne manquera jamais de me les rendre à l'heure promise, ce qui n'est pas habituel non plus en détention.

Ma dernière image de lui date du matin de mon transfert au quartier de semi-liberté, en novembre 2021. Le hasard veut que les surveillants ouvrent nos portes face à face au même moment. Apprenant que je quitte le QB4, il bouscule un peu les gardiens et, au mépris du règlement, sort de sa cellule puis fait le tour de la coursive pour venir me serrer très fortement dans ses bras puissants. Lâchement, je promets de lui faire passer mon numéro de téléphone, alors que je ne le ferai pas : dès le premier jour de ma détention, j'ai prévenu mes codétenus que je ne les reverrais jamais une fois en liberté. Aucun ne m'a cru.

*

Musulman convaincu et pratiquant assidu, U. n'a jamais cessé de respecter autrui et d'offrir son aide désintéressée. Tout le contraire de bien d'autres que j'ai côtoyés et qui m'ont ouvert les yeux sur l'interpénétration, en détention, entre trafic de drogue et réseaux radicaux islamistes.

J'ai ainsi eu de longues conversations avec un jeune détenu assez représentatif de cette génération ayant grandi dans le « deal » et qui, en prison, se jette dans la religion.

Je me souviens très bien de notre premier contact, catastrophique. Comme avec chaque nouvel arrivant, en tant qu'ancien, je profite de la promenade pour aller vers lui. Mais quand je me présente à ce grand brun frisé de 28 ans en lui tendant la main, je me fais littéralement jeter : « Je te serre pas la main, je sais pas qui tu es. »

L'après-midi, il revient s'expliquer : « Excuse-moi, Pierre, je ne serre pas la main à n'importe qui. T'aurais pu être une saloperie de pointeur. Désolé. » Les « pointeurs », ce sont les violeurs et agresseurs sexuels, systématiquement mis à l'écart par les autres détenus, voire victimes de brimades, de violences et même de viols. Je comprends la méfiance du jeune car moi-même, en détention, je me suis laissé abuser par deux prisonniers qui s'étaient présentés comme des délinquants financiers. En réalité, l'un était cet auxiliaire qui, je l'ai dit, purgeait dix-sept ans pour viol, et l'autre, un violeur de nourrissons !

Au départ, nos discussions portent sur la vie en prison. Il m'apprend ainsi qu'au QB4, qualifié de « bâtiment de merde », nous sommes bien les seuls de la Santé à ne pas avoir d'iPhone, contrairement aux détenus du QB5 ou du QH6 (quartier bas 5 ou quartier haut 6) : « Là-bas, m'assure-t-il, on a tous un iPhone. Et si tu veux du Jack Daniels, une chicha ou des gambas, tu as tout ce que tu veux. Il suffit de payer, c'est tout. » J'ai beau avoir l'expérience de la prison, je suis interloqué :

« Mais les surveillants, ils ne disent rien ?

– S'il y en a un qui veut dire quelque chose, il a toute la détention sur lui. Soit il plie, soit il change de bâtiment. Et crois-moi, il n'est pas malheureux avec nous. »

Comme je reste incrédule, il multiplie les anecdotes, affirmant que dans les prisons, des membres du personnel féminin ont des relations sexuelles avec les détenus – « Après, on les fait chanter ! » – et même qu'ici, à la Santé, une infirmière a dû démissionner pour cette raison. Et il conclut que la direction est au courant de tout, mais que ce sont « les pires corrompus ».

En cherchant à me convaincre, il déroule son parcours carcéral. La conversation prend un tour plus personnel. Nous en arrivons vite à parler de religion :

« Tu peux me croire, tu sais. J'ai 28 ans, et tu sais combien de temps j'ai passé dehors, depuis mes 15 ans ?

– Non.

– Deux ans. Je suis tombé cinq fois. Là, j'ai une peine de trois ans qui se termine dans un mois, et ensuite, j'ai un mandat criminel qui arrive pour braquage d'un diamantaire.

– Tu es croyant ?

– Oui.

– Et Dieu ne t'aide pas ?

– Dieu m'a mis en prison pour me protéger.

– Tu n'as pas envie d'en sortir ?

– Je ne peux plus. Tu sais, je viens du Togo, du Bénin et du Nigeria. Chez nous la vie n'a pas de valeur, zéro. La seule valeur, c'est l'argent. Si on me demande de descendre un mec pour un million, je ne réfléchis même pas. Alors, je sors d'ici, je recommence.

– Pourquoi tu connais tout le monde ici ?

– Avant le braquage, je faisais dans la cocaïne, avant, dans le shit. Alors, à force, je connais du monde, oui.

– Tu es malin, tu es intelligent, tu ne veux pas faire autre chose ?

– Pour gagner 1 600 euros par mois ? Tu rigoles, je gagne un million par mois.

– Je ne te crois pas.

– Je m'en fous si tu me crois ou pas.

– Tu fais quoi de tout cet argent ?

– Ma famille. Et puis je vis, je joue au casino, les voitures, la vie, Pierrot, je ne vais pas te l'apprendre.

– Tu as commencé comment ?

– Au début, j'aimais l'ornithologie, mais à 15 ans, on m'a donné 1 500 euros par semaine pour surveiller un point de deal. Je l'ai fait et ensuite, j'ai continué, de fil en aiguille. Ici, j'ai demandé à m'inscrire pour faire des études, ils ne m'ont pas répondu. Je voulais solliciter un aménagement mais si tu ne tombes pas dans leurs combines de réinsertion à la con, on te refuse tout.

– Comment pourrait-on faire pour te sortir de l'engrenage ?

– Il me faudrait une femme, un enfant. Mais comment je la ferais vivre ? Celles que je fréquente, elles aiment l'argent.

– Tu vois les choses finir comment ?

– Je sais que ça va mal finir, mais l'important, c'est de vivre.

– Mais là, en prison, tu ne vis pas !

– Non, mais dehors non plus. Et ici, tu vois comment on nous traite. On est des Noirs, des étrangers. En fait, je ne suis plus de nulle part, ma patrie ce sera peut-être la religion. Et comme j'ai été élevé avec une kalach dans les mains, je finirai par tirer pour Allah avant de me suicider ou qu'on me descende. »

Je ne sais pas si tout ce qu'il me raconte est vrai, car en prison, il n'y a que des innocents et des menteurs. Mais, même ici, j'ai de l'empathie pour lui, en même temps que de la sidération à l'écoute de ce récit d'une vie qui mène tout droit du petit deal à la folie meurtrière au nom de Dieu.

À plusieurs reprises, je lui ai proposé de faire entrer un livre sur les oiseaux par l'intermédiaire de mes enfants. Toujours la même réponse : « Attends, ne t'ennuie pas, je vais réfléchir. Tu es marrant, Pierrot, tu es gentil. » Et puis un jour, au moment où je vais demander à mes filles de me procurer le bouquin, il vient me voir :

« Pierre, j'ai réfléchi. Laisse tomber, pour les oiseaux. »

15

Paroles de surveillants

« Ne pas se moquer, ne pas se lamenter,
ne pas détester, mais comprendre. »

Spinoza

Pendant ma conversation avec ce jeune dealer, sa description du QH6 où, selon lui, « tout le monde a un iPhone », m'a rappelé un dialogue avec un gradé au sujet du même bâtiment :

« Vous savez, au QH6, ce sont les détenus qui protègent les gardiens.

– C'est marrant, vous avez inversé les mots. Vous voulez dire, ce sont les gardiens qui protègent les détenus. »

Il me reprend en me regardant droit dans les yeux : « Je persiste : ce sont les détenus qui protègent les gardiens ! »

De telles confidences de surveillants, j'en ai recueilli des dizaines. Depuis le début de ce livre, j'ai copieusement raconté mes relations avec certains d'entre eux. L'interphone qui sonne dans le vide, les demandes écrites jamais transmises, les humiliations au parloir, les décisions arbitraires, l'autoritarisme gratuit... Si le règlement pénitentiaire est souvent inutilement compliqué, voire absurde, son application mécanique, sans discernement, n'arrange rien.

Pour être honnête, lors de mon retour à la Santé, je suis d'emblée frappé par le changement d'attitude du personnel, comparé à ma première incarcération. Le vouvoiement est maintenant de rigueur et les rapports sont beaucoup plus polis. Mais sous ce vernis demeurent bien souvent la même incompréhension de la psychologie du détenu, la même indifférence à ses angoisses, la même ignorance de ses attentes, comme si l'objectif de le réintégrer dans la société était secondaire. De ce point de vue, je pense même que la situation a empiré.

Beaucoup de surveillants se comportent comme des robots sans états d'âme. Pourtant d'autres font preuve de lucidité. Mal payés, insuffisamment formés, en manque de reconnaissance, leurs coups de blues les poussent parfois à des aveux d'une franchise désarmante. De ces discussions riches en informations précieuses sur le fonctionnement de la prison, j'ai tiré beaucoup de notes. Elles me permettent aujourd'hui de compléter mon tableau de la vie en détention. Pour le meilleur et pour le pire.

*

J'ai raconté comment j'ai été accueilli, le premier jour, par ce surveillant « vétéran » qui se souvenait de ma première incarcération[1]. Pas très grand, le regard empreint de la sagesse des vieilles troupes derrière ses lunettes, il se montre curieux de recueillir mes impressions sur l'évolution de la prison :

1. Voir le chapitre 5.

« Sincèrement, avec les douches en cellule, le téléphone, l'interphone et les portiques pour vérifier que nous n'avons pas d'objet métallique, qui évitent les fouilles, il y a du mieux pour les détenus.

– Mais pour nous, c'est moins bien.

– Pourquoi ? Vous avez moins d'allers-retours à faire, les contrôles sont plus rapides, les détenus tapent moins à la porte... C'est plus facile, non ?

– Pas du tout. La population pénale a changé. Chez les petits jeunes de 20 ans, il n'y a plus aucun respect. C'est la cité qui domine tout. Moi, je me suis fait insulter, j'ai même pris un coup dans une bagarre en séparant des détenus. J'ai fait un rapport, le fautif n'a reçu aucune sanction. Rien. Vous savez on a mille règles et procédures à respecter. Franchement, je suis totalement démotivé. De toute façon, on ne fait pas ce métier par vocation. C'est alimentaire.

– Sans indiscrétion, à deux ans de la retraite, vous gagnez combien ?

– Environ 2 100 euros nets, et 2 600 ce mois-ci grâce aux heures supplémentaires. Ça me suffit, mon appartement est payé, je n'ai pas de gros besoins. Et puis en comparaison des douanes ou des flics, il y a moins de risques, quand même. C'est tranquille.

– Ce n'est pas tout à fait ce que me racontent vos collègues du quartier des radicalisés...

– Ils sont quatre pour ouvrir une porte. Même si le gars est costaud, ça va !

– Pourquoi y a-t-il autant de surveillants venus de l'outre-mer ?

– Il n'y a pas de travail chez eux. Ici, ils ont vite un salaire après une formation rapide. Trop rapide, malheureusement :

on voit débarquer des petits jeunes qui n'y connaissent rien. Malgré tout, on peine à recruter. Ce n'est pas une vocation, juste un salaire.

— Au fond, à quoi tient votre démotivation ?

— La hiérarchie. Je ne veux pas balancer, mais vous voyez le lieutenant qui est là cette semaine ? Après plusieurs examens, il est tout de suite devenu officier au tour extérieur. Il ne connaît rien à la détention, il est là pour faire carrière. Il me donne des ordres incompréhensibles, sans même savoir ce qu'il me demande. Et au-dessus de lui, dans les bureaux, on ne les voit jamais. La détention ne les intéresse pas.

— Vous aussi, vous auriez pu passer des examens, pour ne pas rester au grade le plus bas.

— Cela ne m'a pas intéressé du tout. De toute façon, je sais que je suis là parce que je n'ai pas assez travaillé à l'école, c'est tout.

— Depuis la rénovation, la Santé a pas mal changé. Vous avez été formé pour travailler dans cette nouvelle prison ?

— Oui. Mercredi dernier encore, j'ai eu une journée de formation sur la déontologie ! Ça me fait rigoler, la déontologie, avec des jeunes de 20 ans issus de quartiers où même les flics ne vont plus et qui continuent le business de la drogue ici, grâce aux téléphones portables.

— Je vous sens désabusé.

— Ah oui, j'ai hâte de finir mes deux ans.

— Mais vous n'avez pas plus de responsabilités qu'avant ?

— Non, beaucoup moins. On doit avoir le moins de rapports possible avec les détenus. »

De fait, comme le petit entretien avec mon confident resté dans la coursive, appuyé sur le chambranle de la porte grande ouverte de ma cellule, dure depuis un bout de temps, l'autre surveillant d'étage demande de loin s'« il y a un problème ». Je sens que je dois me dépêcher d'évoquer le sujet qui me préoccupe à ce moment-là, les appels à la prière : « Nous passons notre temps à céder, à céder », souffle mon gardien, démoralisé. Mais son collègue, beaucoup plus jeune, trouve décidément bizarre cette conversation qui s'éternise. Ce genre d'échange ne doit pas être expressément autorisé dans son manuel de l'École nationale d'administration pénitentiaire, à Agen.

*

Dès mon entrée en détention, un épisode me montre que rien n'a changé. On a beau me dire bonjour et me donner du « monsieur Botton », les rapports avec les surveillants restent bien souvent exempts du minimum de respect dû au détenu.

Au début, comme tout prisonnier, j'ai la possibilité de commander gratuitement un « colis arrivant » : vêtements, chemises, chaussures, claquettes, tee-shirts, slips, chaussettes, le tout livré en quarante-huit heures maximum. Mais au moment où l'agent chargé de cette mission me demande ce que je veux, je n'en ai aucune idée. Résultat, après essayage, je me retrouve avec trop d'affaires. Cela encombre ma cellule et pourrait être utile à un autre, donc je case le surplus dans un sac afin de le rendre.

Lors de la première ouverture de porte à 7 heures du matin, je veux donner mon paquet au surveillant. Réponse : « Non, non, je vais demander la procédure au gradé. » Au repas de 11 heures, je retente ma chance : « J'ai oublié de demander au gradé. Gardez les affaires pour l'instant. » Le soir à 17 heures, le surveillant de l'après-midi ouvre la porte pour la « gamelle » : « Ah oui, j'ai encore oublié. » Finalement, l'auxiliaire qui sert le repas intervient : « Je le prends, surveillant, je le mettrai dans la réserve. »

Donner une réponse et tenir une promesse n'est donc toujours pas dans les cordes du personnel pénitentiaire. Contrairement à ce que pensent nombre de jeunes incarcérés, ce n'est même pas une volonté délibérée, juste un défaut de formation qui peut envenimer les choses à toute vitesse.

Et cela se passe ainsi à tous les échelons de la hiérarchie. La vie en prison, c'est attendre des informations qui ne viennent jamais et déposer des requêtes écrites qui se perdent dans les coursives. Un jour, le lieutenant de notre bâtiment souhaite me voir : « Ça va, monsieur Botton ? Pas de demande particulière ? » Je ne l'ai pas sollicité, mais j'en profite pour lui soumettre un petit souci. Depuis trente ans j'entretiens mes cheveux avec un shampoing et une lotion. Dans les sept établissements que j'ai fréquentés il y a vingt-cinq ans, ils entraient sans problème. Mais cette fois, les deux produits sont bloqués à la « fouille », l'endroit où, à l'entrée, on laisse tout ce qui n'est pas autorisé.

Le gradé me fait la réponse standard dans ces cas-là, comme on l'a vu : « Faites-moi un mot, je vais m'en occuper. » Je fais passer ma note au surveillant dès la distribution du repas de 17 heures.

Et mes cheveux attendent encore leurs élixirs...

*

Avez-vous déjà déménagé deux fois en moins de quarante-huit heures ? Moi, à la Santé, oui. À peine suis-je installé en cellule 14 que le jeune surveillant qui ouvre pour le repas de 17 heures m'annonce la nouvelle un vendredi soir :

« Préparez vos affaires, vous changez de cellule.

– Quand ?

– Maintenant !

– Je mange d'abord ?

– Oui. »

Mais cinq minutes après, il revient avec une collègue :

« Botton, vous êtes prêt ?

– Mais pas du tout !

– Prenez toutes vos affaires, vous laissez juste l'oreiller, vous nettoyez la cellule. Allez-y, dépêchez-vous.

– Il va me falloir du temps. J'emporte les assiettes aussi ?

– Vous ne comprenez pas ce que je dis ? Tout, vous emportez tout ! Vous laissez le matelas, l'oreiller, mais vous emportez votre taie. »

Aussi vite que possible, devant la porte restée ouverte, je range tout dans mes sacs de supermarché, en essayant de séparer le nécessaire de toilette des produits de nettoyage et de mes dossiers. La surveillante, revêche, vient :

« Ce n'est pas terminé ? Allez-y, c'est prêt !

– Où vais-je ?

– Dans la cellule d'en face !

– Pourquoi ?

– Vous n'avez pas à le savoir. »

Mon incarcération est récente, mais j'ai déjà renoncé à comprendre la logique des décisions. Me voilà donc avec mes draps, mes cartons et mes sacs, direction la cellule 7 de l'autre côté de la coursive. Je quitte mon panorama des immeubles parisiens pour une vue sur une cour de promenade et un mur... Avachie sur la rambarde, la surveillante semble se délecter du spectacle de mes efforts pour déplacer mon barda :

« Vous avez laissé propre, j'espère ?

– Vous m'avez prévenu il y a moins de quinze minutes. Je pense que la cellule est propre, je ne salis pas car je ne cuisine pas. »

Je sens bien que je la prive du plaisir de me voir, serpillière à la main, à quatre pattes, à 65 ans, nettoyant le sol sous ses ordres. À peine dans mon nouveau réduit, dont la porte est restée ouverte, je l'entends hurler : « Botton ! Et la lumière ? » Elle se trouve maintenant à l'entrée de mon ancienne cellule, l'interrupteur à portée de main. Mais non, je dois m'excuser, retraverser et éteindre.

Réflexe en intégrant mes nouveaux quartiers : allumer la télévision. Mais j'ai oublié la télécommande. Pas de zapette, pas de télé. J'interpelle le jeune surveillant :

« J'ai oublié la télécommande. Dites, je suis là pour combien de temps ? C'est du provisoire ou du définitif ?

– Je vous l'apporte. Pour le reste, je ne sais pas, je ne suis pas dans la tête du lieutenant. »

Évidemment, il ne reviendra pas. Privé de petite lucarne, je tue le temps en déchiffrant et notant les tags laissés par les précédents occupants : Zicco la ville, BAK 17, XIIZIUKS, MOBZEDOU€, Donald fotop (*alias* Sarcelle), Vas-y TG... Et ce graffiti : « Le violeur d'handicapés, ce fils de pute, tu vas le payer !!!!! Il est à la cellule 04 au 1er étage, faut lui niker sa mère !!!! »

Le dimanche matin, à la fin de la promenade, le lieutenant m'interpelle :

« Monsieur, vous changez de cellule demain matin. Et puis non, cet après-midi, un détenu a été libéré ce matin ! Préparez vos affaires, vous monterez dans l'après-midi.

– Je pourrais avoir quelqu'un pour m'aider ? J'ai quatre sacs et un carton. Ou bien je ferai des allers et retours.

– Vous ferez des allers et retours ! »

Lorsque je suis de retour en cellule, le surveillant m'informe que je vais passer en cellule 12, au deuxième étage. À quelle heure ? Pour ça, il va devoir demander. Miracle, il revient me voir avec le renseignement : ce sera en début d'après-midi. Je prépare, une nouvelle fois, mes sacs et mes cartons.

Vers 13 h 30, il vient me chercher. Je le préviens en montrant mon bazar : « Il va falloir être patient, j'ai tout ça à emporter. » Surprise, ce gardien très costaud propose de m'aider et empile les sacs sur ses puissantes épaules pour effectuer lui même les allers et retours au premier étage. En haut des marches – seconde surprise ! – un chariot nous attend. Le surveillant de l'étage a même prévu, compte tenu de mon âge et de ma difficulté à marcher, d'appeler l'ascenseur. Dommage pour mon porteur...

Cela n'a l'air de rien, mais ces petits gestes prennent un sens incroyable dans cet univers tellement cruel. Ces deux agents ont visiblement décidé qu'exercer leur mission n'excluait pas de conserver des rapports humains normaux.

Je ne bougerai plus de la cellule 12 pendant les dix-sept mois suivants. Pas la pire, car éloignée des cris du quartier disciplinaire et dotée d'une vue sur les étages élevés du boulevard Arago, comme une illusion de liberté.

*

Certains surveillants, connaissant mes années d'activisme en faveur de l'amélioration des conditions de détention, en profitent pour engager la conversation sur le sujet. Parfois, j'ai presque l'impression qu'ils comptent sur moi pour faire passer des messages « en haut lieu »... Un jour, après une visite à la psychiatre, le brigadier responsable du quartier où se trouve le service médical, un homme d'Outre-mer, choisit de laisser ouverte la cellule où j'attends qu'on vienne me rechercher, et lance une longue discussion :

« Vous qui connaissez le “gratin”, vous pensez quoi de tout ce qui se passe dans la prison ?

– Les conditions matérielles se sont considérablement améliorées, mais pour le respect de la dignité humaine, ce n'est pas encore ça...

– Vous savez pourquoi ? Il n'y a pas de lignes directrices de notre administration. Le personnel qui arrive est très jeune et mal formé. On a tellement baissé le niveau à l'examen d'entrée, compte tenu des difficultés de recrutement, que certains surveillants ne savent même pas écrire correctement. Tout est tiré vers le bas.

– Vous êtes sévère avec votre administration.

– Cela fait plus de vingt ans que je suis sur le terrain. Je sais de quoi je parle. Je le répète, il n'y a aucune ligne directrice de notre hiérarchie. Aucune. Les directeurs et les sous-directeurs ne pensent qu'à leur carrière. Personne ne connaît la réalité de la prison. Vous, vous avez fait évoluer les choses pour les détenus et les surveillants, avec le quartier arrivant, le téléphone et les douches en cellule, etc. Ce genre d'avancées, ce ne sont pas les directeurs qui les font. Monsieur Botton, vous savez ce qui se passe dans toutes les prisons de France avec la radicalisation ? C'est devenu une franc-maçonnerie chez les détenus.

– C'est de mieux en mieux géré, non ?

– Pour les radicalisés repérés comme tels, oui. On les isole. Mais les vrais imams ne se font plus repérer. Ils font du prosélytisme dans les coursives. Que pensez-vous qu'un jeune surveillant sans expérience puisse faire ? Les détenus savent où nous habitons, ils nous menacent si nous ne faisons pas ce qu'ils veulent ! Vous n'avez pas idée du poids de l'argent de la drogue dans une prison. Vous voyez, même vous qui êtes ici, dedans, vous avez du mal à comprendre ce que je vous dis et à le croire, mais c'est la vérité.

– Mais pourquoi la hiérarchie ne réagit-elle pas ?

– Parce que la hiérarchie achète la paix sociale. Imaginez qu'il y ait des mutineries à répétition ici à la Santé, LA prison modèle de France, en plein cœur de Paris. La carrière du directeur et de tous ses collaborateurs serait terminée. Partout, c'est la même politique de l'autruche. Nous ne sommes jamais soutenus par nos supérieurs quand nous empêchons les trafics. Pourquoi ne voyez-vous pas de chiens renifleurs comme dans les aéroports ? La règle, c'est de ne pas faire de vagues. On ne remonte même plus les rapports d'incidents. Si un surveillant en remonte trop, sur plusieurs détenus, alors c'est lui qui va avoir des ennuis et c'est lui qui va être déplacé. Les détenus s'arrangent pour le provoquer afin d'arriver à cette situation et de le faire muter. Croyez-moi, celui qui le remplace ne fait pas la même erreur. Et du coup, ce sont les détenus qui gèrent les coursives. Je vous dis la vérité. Je vous dis ce qui se passe vraiment. »

La conversation s'arrête là avec l'arrivée de l'escorte chargée de me reconduire en cellule.

Je n'ai aucun moyen de vérifier les assertions de ce surveillant qui avait visiblement besoin de vider son sac. Je sais seulement qu'elles ressemblent fort à ce que j'ai vécu et ressenti pendant de longs mois.

*

Les surveillants devraient le savoir : pour un détenu, rien de pire que d'être privé d'une occasion de sortir de sa cellule. Qu'il s'agisse d'un parloir, d'une promenade, d'un rendez-vous médical, d'une activité culturelle ou sportive, un retard ou, pire, une annulation sont synonymes d'angoisse et de déprime.

Or, cela arrive tout le temps.

Un vendredi matin, alors que je suis prêt à 8 heures pour une séance au gymnase censée commencer à 8 h 30, un surveillant vient me proposer la promenade du matin :

« Non, surveillant, il y a gymnase ce matin.

– Vous êtes inscrit ? Vous êtes sûr ?

– Oui, j'ai reçu le certificat médical hier. Mais s'il n'y a pas sport pour moi, pourrai-je aller en promenade ?

– Oui, je vais voir. »

À 8 h 30, comme il n'est pas revenu, je sonne à l'interphone. La porte s'ouvre sur un autre surveillant : « Il n'y a pas sport, le surveillant de ce matin ne le savait pas. Et la promenade, c'est à 13 h 45. » Voilà comment on passe une matinée de plus en cellule, au son de l'interphone qui se met en marche : « Arrêtez d'appeler, messieurs les détenus. Il n'y a pas sport ce matin. La promenade pour votre bâtiment sera à 13 h 45, je répète, la promenade pour votre bâtiment sera à 13 h 45. »

Une activité supprimée au dernier moment, une autre reportée, sans explication. Mais on nous appelle « messieurs » les détenus...

Un jour, je croise le directeur de la Santé :

« Monsieur le directeur, vous connaissez tous les dysfonctionnements au sein de cet établissement pourtant neuf ?

– Oui, je le sais. »

*

Manquer de considération à un détenu, c'est aussi lui montrer que son temps ne compte pas. Un soir à 17 h 45, alors qu'approche l'heure de l'appel quotidien à ma compagne, on vient me chercher pour un entretien imprévu avec le lieutenant. Pas le temps de prévenir Claire, j'ai peur qu'elle ne s'inquiète. Et évidemment, je ne suis pas reçu immédiatement, mais placé dans une cellule d'attente. Pour ne pas céder au stress, je m'assois en tailleur en essayant de calmer ma respiration.

Procédé typique de la pénitentiaire que de venir me chercher bien avant l'heure d'un rendez-vous qui commence en retard, alors que j'aurais pu attendre patiemment dans ma cellule. Les jeunes gradés tout juste sortis de l'école marquent ainsi leur pouvoir. Mettre le détenu en état de stress, de tension et d'interrogation, c'est leur méthode pour en tirer le maximum.

J'entre enfin dans le bureau, décidé à me montrer docile, à donner au lieutenant ce qu'il veut pour en finir vite :

« Je voulais faire un point. Comment se passe votre détention ?

– Ça va.

– Les parloirs ?

– Ça va.

– Le téléphone ?

– Ça va.

– Et votre affaire, elle en est où ?

– Je ne parle pas de mon dossier.

– Ah bon ? C'est bizarre...

– ...

– Et avec les autres détenus ?

– Ça va.

– Vous ne vous faites pas racketter ?

– Non.

– Pas de problèmes avec les autres ?

– Non.

– Vous n'êtes plus accompagné par trois surveillants lors de vos déplacements, suite à votre demande auprès de la direction. Vous êtes maintenant avec le groupe ?

– Oui.

– Et il n'y a pas de problème ?

– Aucun.

– Donc vous n'avez rien à me demander pour votre détention ?

– Non.

– C'est bizarre, c'est bizarre, vous ne parlez pas.

– ...

– Vous allez en rendez-vous psy au SMPR ?

– Oui, chaque semaine.

– Donc vous n'avez rien à me demander ?

– Non. »

Mes réponses monosyllabiques et mes silences soulignés par mes yeux plantés dans les siens le mettent mal à l'aise. Il connaît très bien notre contentieux initial, quand j'attendais la validation de mes numéros de téléphone et qu'il m'a dit : « Il est temps que je m'occupe de cette histoire. » Or je savais que cela ne dépendait pas de lui mais du parquet général, et donc qu'il me faisait une fausse promesse, perdant ainsi toute crédibilité à mes yeux. De même, j'attends le coiffeur depuis trois semaines, il le sait, il espère que je vais réclamer. Raté, j'ai commandé une tondeuse, je préfère avoir la tête rasée que de solliciter quoi que ce soit de ce médiocre ! Il reprend :

« Vous n'avez pas des pensées noires ? Vous n'imaginez pas vous faire du mal ?

– Non. »

Il m'a posé la même question à mon arrivée, sauf qu'à l'époque il a ajouté : « Ne me faites pas cela ! » Ce qui montrait encore plus franchement sa véritable préoccupation : compte tenu de ma notoriété, qu'il m'arrive quelque chose en prison et c'en aurait été terminé de sa carrière et de son avancement. Il avait conclu : « Bon, eh bien, c'est bizarre, vous êtes le détenu idéal. Il faudrait qu'ils soient tous comme vous. »

Le détenu idéal, pas celui qui travaille, qui fait du sport, qui réfléchit à sa réinsertion et aux moyens de ne pas récidiver. Non, celui qui ne lui cause aucun problème.

*

Même en salle de musculation, certains gardiens ont besoin de lâcher la soupape. Un jour, un surveillant martiniquais vient nous demander de parler moins fort car une audience se tient dans un bureau voisin. D., l'un de mes codétenus, lui assure avec un brin d'ironie que nous sommes des « calmes » qui ne lui causeront aucun problème. L'agent lâche : « Pas comme au QH6, alors ? »

Je l'ai dit, ce quartier de la Santé est réputé être « tenu » par les prisonniers. Immédiatement, D. comprend que notre interlocuteur va s'épancher et le relance :

« Pourquoi, qu'est-ce qu'il se passe au QH6 ?

– Je soupçonnais un détenu que je connaissais d'avoir un téléphone portable. Je l'avais pris peu de temps auparavant, mais il m'avait eu ! Il avait sorti le téléphone de son anus et l'avait vite jeté par la fenêtre. De ce fait, il avait fait disparaître les preuves ! C'était bien fait pour moi, j'avais oublié de fermer la fenêtre. J'avais perdu la partie, mais je ne voulais pas m'avouer vaincu. Alors, je décide d'en parler à la direction. Ils me disent d'organiser une fouille de cellule. Nous la faisons. On lui demande de sortir de l'espace concerné, il refuse. Il sait que nous allons lui faire une fouille à nu et découvrir le téléphone dans sa cavité “habituelle”. Quand j’entre dans la cellule pour fermer la fenêtre, cette fois, il me fonce dessus, je le repousse mais il recommence, me heurte et fait en sorte d’être blessé au visage. Pas de caméra en cellule, donc il a pu déposer plainte pour coups et blessures. Je suis dans la pénitentiaire depuis trois ans, ça fait tache sur mon avancement et ma carrière. Alors les gars, soyez cool, ne me causez pas de problème. »

Le pauvre, il ne se rend pas compte que son histoire va faire le tour de la prison, ce qui va encore l’affaiblir : les détenus sauront que son « carton jaune » le bride par peur d’en prendre un rouge !

Un de mes puissants codétenus en tirera cette conclusion : « Tu vois, Pierrot, lui, il est mort. Il va devoir faire entrer tout ce que l’on souhaite et travailler pour nous, sinon c’est l’amende ! »

16

17 janvier 2022

Je suis dehors, pendant ma semi-liberté. Nous sommes le lundi 17 janvier 2022, il est 11 heures du matin. J'apprends le décès de ma fille Marie-Suzanne.

17

Croire

« Ce n'est pas celui que tu es que Dieu
regarde avec les yeux de la miséricorde,
mais celui que tu as décidé d'être. »

Maria Valtorta

Certains rencontrent Dieu derrière un pilier de Notre-Dame, comme une soudaine évidence. Mon propre cheminement, plus tortueux et encore inachevé, a commencé à la Santé.

J'ai raconté comment bien des prisonniers musulmans trouvaient un soutien dans la pratique de leur religion, sous la houlette de guides spirituels plus ou moins sincères. Je suis un détenu comme les autres, car la prison est la même pour tous. Elle bouleverse l'essence même de l'homme et de ce fait ne laisse personne intact. La famille blessée et séparée, la souffrance intime, les dégâts de la solitude sur la santé mentale... Et notre ennemi à tous, ce satané temps qui ne passe pas. Certains se contentent de le tuer et de fumer de l'herbe, de jouer à la Playstation ou de dormir le jour afin de poursuivre le « business » la nuit. D'autres, comme moi, plongent dans la lecture et l'écriture, le questionnement et finalement la prière.

Moi aussi, pourtant grand pécheur, je suis allé vers le Seigneur au cours de cette seconde incarcération. Et à moi aussi, il m'a fallu un guide, qui m'a amené à croire par ses lettres et ses conseils de lecture. Si ce n'avait pas été lui, je n'aurais pas écouté. Nous n'avons cessé de nous écrire pendant plus de deux ans. Aujourd'hui encore, nous échangeons par texto presque chaque jour. Je tiens à le remercier car sans la foi qui m'a envahi, je ne serais plus sur cette Terre, ou alors si différent de celui que j'essaie de devenir maintenant. Grâce à sa ténacité, à son soutien sans faille exempt de tout jugement, à sa main toujours tendue, à ses courriers rédigés d'une belle écriture à l'encre bleue, j'ai pu tenir et me tourner vers l'espérance de Dieu.

*

Comme tout fils de la bourgeoisie lyonnaise, je suis baptisé. Petit, je fréquente le catéchisme, je sers la messe comme enfant de chœur et je passe par le rite de la communion solennelle. Mais ce que je subis alors me conduit, très jeune, à penser que Dieu ne peut pas exister puisque mon père, parfois ivre, me bat jusqu'à me casser des côtes (plusieurs années après, il me tirera même dessus), avant de finir par me rejeter violemment. Ce qui se passe derrière les murs de notre appartement du 3e arrondissement de Lyon me détourne des principes de la religion et de l'hypocrisie qui consiste à nous rendre chaque dimanche à l'église, bien habillés parmi les notables, alors que ma mère, elle aussi battue par son époux, doit un jour déposer une main courante, tout en me demandant d'aimer cet homme qui paie mes études, mes vacances au ski ou à la mer, ce « père parfait » aux yeux de la bonne société lyonnaise...

Une agression sexuelle perpétrée par le fils de la meilleure amie de ma mère, dans la somptueuse maison de mon grand-père maternel à Cannes, achève de me dégoûter de ce monde-là.

Mon père a lui-même connu un parcours chaotique. Fils d'une grande courtisane devenue mère à l'âge de 16 ans, à une époque où cela ne devait pas être facile à vivre et à assumer dans un milieu rural, rien n'a été simple pour ce géniteur blessé. Aujourd'hui, grâce à Dieu je suis parvenu à lui pardonner, en me déchargeant de ses coups sur le Seigneur qui saura quoi en faire.

Mais dans ma jeunesse, je me trouve d'autres maîtres : l'argent, le pouvoir, la reconnaissance, les femmes, la fête, la transgression, tous les plaisirs sauf l'alcool et la drogue dont je n'ai jamais eu besoin. Tout pour m'éloigner, me venger et me protéger psychologiquement de mon enfance, pour ne plus jamais être une proie, ni plus jamais me trouver à la merci de quelque autorité que ce soit, *a fortiori* spirituelle. Si la religion permet tout, même de cogner son enfant ou sa femme sans être puni par la loi ni par Dieu, alors, me dis-je, elle n'est pas pour moi.

Pourtant Dieu m'envoie des messages, que je ne sais pas encore entendre. À 16 ans, je l'ai dit, je suis victime d'un grave accident de moto. Cassé en mille morceaux, à peine sorti de réanimation à l'hôpital de La Fontonne à Antibes, j'entends les premières paroles de « réconfort » de mon père, qui me résonnent toujours aux oreilles : « Tu auras de la chance si tu peux de nouveau marcher ! » Les chirurgiens me promettent en effet une amputation de la jambe qui paraît inéluctable. Alors que je me trouve en rééducation au centre héliomarin de Vallauris, Alain, mon voisin dans notre chambre de cinq malades, est alité depuis sept ans, souffrant d'une infection qui ne guérit pas et rongé par la culpabilité, convaincu d'avoir « tué son père » lors de leur accident. « Il m'a fait confiance et je l'ai tué », répète-t-il inlassablement.

Avant son amputation, il se rend à Lourdes, comme un dernier espoir. À son retour, l'infection s'évanouit. Sa jambe est sauvée, comme la mienne le sera quelques années plus tard.

*

Son nom ne regarde que nous deux. Il fait partie de mon « milieu ». Je me souviens de lui à des obsèques de personnalités, sidéré par cet homme qui se mettait à genoux, yeux fermés, mains jointes, et priait pour le défunt, pour le salut de son âme, pour que Dieu l'accueille à ses côtés. Sans se soucier du regard du Tout-Paris des affaires et de la politique, occupé à transformer le lieu de culte en salon mondain.

Pendant mon incarcération, j'écris beaucoup. Des notes pour ce livre, mais aussi des centaines de lettres à mes proches, à mes relations, à mes soutiens pendant mes combats pour l'amélioration des conditions de détention. À ma grande surprise, il serait plus rapide de compter ceux qui coupent les ponts que ceux, quelle que soit leur position sociale, avec qui j'entame une correspondance soutenue. Finalement, bien peu me lâchent. Je ne sais toujours pas en quoi j'ai mérité cette fidélité.

Sollicités par l'intermédiaire de mes filles à qui j'avais laissé mon portable, certains ne répondent pas, d'autres donnent leur adresse professionnelle. Quelques-uns confient leurs coordonnées personnelles. Dont lui.

Au départ, je prends l'initiative de lui écrire pour lui déclarer mon admiration en souvenir de ses prières au milieu de ses pairs. Sans pudeur, car mes lettres de prison, où je suis loin des codes sociaux, se permettent tout : raconter mon quotidien, livrer mes sentiments, poser des questions sans tabou. Je ne suis plus rien, je n'ai donc plus rien à perdre.

Il devient vite le plus régulier de mes correspondants. Pratiquement chaque semaine, je reçois une de ses missives. Attendues avec impatience, elles forment comme une béquille à ma vie. Le rythme soutenu de nos échanges surprend mes codétenus, et plus encore mes gardiens puisque les courriers ouverts font le tour du bâtiment avant de me parvenir.

Un jour, je reçois une très grande enveloppe, lestée d'un livre de plus de 650 pages, *L'Évangile tel qu'il m'a été révélé* de Maria Valtorta. J'entame ma lecture au rythme de mes exercices physiques en cellule, comme l'attestent ses pages aujourd'hui encore marquées de mes gouttes de sueur. Chaque jour, pendant mes séances de gainage, le corps tendu sur les coudes et les pointes de pieds, je navigue ainsi entre quatre livres, un pour ma détente, un deuxième conseillé par des amis ou un critique de la télévision, un troisième pour combler mon manque de culture, et désormais cet ouvrage pieux.

Au cours de ma progression, je souligne de nombreux passages et j'échange avec mon ami sur ce que j'apprends. Je me dois de conseiller cette œuvre à quiconque souhaite connaître l'histoire de Jésus.

Arrivé au bout, je lui fais un compte rendu complet. Il me fait alors passer le tome 2. Je n'avais pas vu que l'œuvre en comptait dix !

Depuis toujours, Dieu est un mystère pour moi. Ma mère, très croyante, a cessé de l'être après mon accident de moto. Elle n'a pas compris que le Seigneur nous envoie une telle épreuve. Pourtant, dans la vitrine du salon familial trônait toujours une carafe en cristal rose ayant appartenu au pape. De mon côté, le sujet n'a jamais cessé de m'intriguer. Pendant quelque temps, à partir de 2008, j'ai animé une émission de radio[1] dans laquelle j'interviewais des personnalités, et je leur posais toujours la question : « Croyez-vous en Dieu ? »

Ce livre reçu en prison m'aide donc à replonger dans l'histoire de Jésus. Mais mon « guide » ne se contente pas de conseils de lecture. Un jour, je reçois deux lettres manuscrites sur papier à son en-tête, qui encore aujourd'hui m'accompagnent dans la poche arrière de mon pantalon. L'une recopie le *Notre Père* avec une recommandation de le lire lentement le matin et le soir. Sur l'autre page figure le *Je vous salue Marie*, là encore assorti d'une explication : « La deuxième partie lui demande de nous suivre quotidiennement, c'est une prière à réciter *beaucoup*, un chapelet = cinquante *Je vous salue Marie*. À toi de faire ! Pour ton Ciel futur. Bon courage. » Je me mets donc à réciter mes prières dans ma cellule, agenouillé, les coudes sur mon lit entre deux passages du surveillant, pour ne pas être surpris dans une quête qui ne regarde que moi.

J'ai un lien spécifique avec la Vierge puisque mes trois filles s'appellent Marie-Sophie, Anne et Suzanne. Mais ce choix ressort avant tout d'une tradition familiale que j'ai voulu maintenir, en écho à ma mère Marie-Thérèse, sa sœur

1. *Tant qu'il y a de la vie*, Radio Cité Genève.

Marie-Gabrielle et leur mère Marie-Antoinette. Plus qu'un hommage religieux, j'y vois avant tout ma volonté de bourgeois désireux de créer une dynastie, une manifestation de mon *ego* et de mon besoin de reconnaissance. De même, quoique ayant tourné le dos au culte catholique, je me suis toujours rendu dans les églises afin d'allumer des cierges pour protéger mes proches, ou simplement pour admirer ces lieux avec mes enfants, au cours de nos voyages. En désespoir de cause, je l'avoue, j'ai aussi souvent demandé le rétablissement de mes deux filles malades à la chapelle Notre-Dame-de-la-Médaille-Miraculeuse, rue du Bac à Paris, où j'ai acheté des médailles pour mes enfants.

Avant mon incarcération, Marie-Suzanne, croyante, a séjourné à l'Hôpital américain dans une chambre portant le nom de mon guide, mécène de cet établissement. À croire que le destin nous liait déjà. Jamais je ne le remercierai assez de sa présence à mes côtés, de m'aider à croire en l'accueil de Dieu, de me donner la certitude qu'un jour je pourrai revoir ma fille.

Qui ne veut pas voir Dieu ne Le verra pas. Mais Il est toujours présent, Il surveille et sait tout. Cela me repose. Lentement, je me suis tourné vers Lui, par conviction, par besoin de soutien aussi, et pour me soulager des décisions que j'étais amené à prendre. C'est tellement plus simple de demander au Seigneur puis d'accepter que les choses se fassent, ou non. Aujourd'hui, je ne cesse de me confesser, de demander au Seigneur le bon chemin, de prier, beaucoup, pour moi, pour mes proches et pour mon guide. J'avance dans la religion à petits pas. Il faut dire que je reviens de loin.

Pour Pâques 2023, j'eus l'immense bonheur de faire le chemin de Croix avec Jésus et de m'agenouiller pour les quatorze stations, tant bien que mal à cause de mon handicap. J'ai aimé ce geste d'humilité, j'ai aimé souffrir pour accompagner ce que le fils de Dieu a subi pour nous sauver.

Alors, comment ne pourrais-je pas comprendre ces hommes musulmans qui se rapprochent d'Allah au cours de leur détention ? Mais ce ne sont pas eux que je crains, c'est l'influence de leurs propres guides, ceux qui cautionnent leurs actes.

Le Seigneur aujourd'hui tient une immense place dans ma vie, j'ai à mon poignet un chapelet béni que je touche en priant, constamment. Dieu m'aide à poursuivre ma route, à 68 ans, à continuer mes combats, à assister du mieux possible mes enfants, ceux que j'aime et mes si fidèles amis.

Dieu m'a enlevé le complexe de la prière, de l'agenouillement, du « je t'aime » que l'on n'ose pas dans les conversations ou les écrits. Certains doivent se demander pourquoi je suis si présent lorsqu'il leur arrive quelque chose ou qu'ils en expriment le besoin. C'est devenu pour moi naturel. Cela me procure du bien-être de m'occuper d'eux si je peux soulager leur peine.

Pourtant, je n'ai pas changé. Je reste un combattant infatigable – et insupportable aux yeux de beaucoup. Je refuse toujours tous les codes et je suis persuadé que tout peut se faire, j'aime jouir de la vie et des relations humaines sans me laisser marcher sur les pieds. Simplement, désormais, Dieu m'indique si j'agis bien ou non, Dieu sait ce que je fais et pourquoi. Et franchement, je me moque de l'opinion des autres sur mes choix, mes amitiés et mes amours.

Après avoir traversé la plus grande épreuve qui puisse affecter un père, comment ne pas tolérer le reste ? Je veux que Dieu sache que ma vie lui appartient. J'aurais aimé l'échanger contre celle de Marie-Suzanne mais j'accepte son choix inverse, le mien ne serait sans doute que pur égoïsme. La souffrance qu'est devenue mon existence a une raison que Lui seul connaît. Je lui fais confiance.

J'ai encore un long chemin à accomplir sur le pardon, sur les péchés d'orgueil, de vengeance et de plaisir charnel. Personne n'est parfait, Dieu le sait et m'aide à m'améliorer. Seigneur, merci de m'avoir envoyé mon guide, merci à celui-ci de me tenir la main sur ce nouveau chemin de vie et de me libérer de toutes mes peurs et de ma douleur. J'ai encore tellement à apprendre, comme le prouve ce livre.

Non, je ne suis pas encore un bon chrétien.

18

Politiques, efficaces et fidèles

« L'hommage des amis, c'est la fidélité. »

Charles Albert Demoustier

Comment entre-t-on en contact avec un futur président de la République que l'on ne connaît pas ?

Comme à chaque élection présidentielle, mon association lance en 2017 une campagne de sensibilisation, avec le concours de nos partenaires des médias. Le principe, cette fois, est d'interpeller directement les candidats par l'intermédiaire de personnalités qui nous soutiennent. Ainsi, à la télévision, sur les abribus et dans les journaux, les Français découvrent ces messages à la fois forts et humoristiques.

Marc-Olivier Fogiel, au socialiste Benoît Hamon : « Cher Benoît, le 49.3 citoyen, c'est bien, mais quatre détenus dans 8 m^2, c'est comment ? »

Raymond Domenech, l'ex-sélectionneur des Bleus, à la candidate du FN : « Chère Marine, remplir les prisons, c'est bien, mais quand elles déborderont, que ferez-vous ? »

La journaliste Audrey Pulvar, au champion de La France insoumise : « Cher Jean-Luc, nos prisons produisent 59 % de récidivistes, des vrais, pas des hologrammes, qu'allez-vous faire ? »

Pierre Arditi se charge de la droite : « Cher François, 10 000 places de prison de plus, oui, mais combien de récidivistes à la sortie ? »

Bruno Solo et Laurent Baffie s'adressent enfin au dernier venu : « Cher Emmanuel, en termes de retour sur investissement, nos prisons produisent 59 % de récidivistes. Ça vous va ? »

Malgré ce « coup », pas un seul des postulants à l'Élysée n'entre en contact avec nous. Le 30 mars 2017, à un mois du premier tour, dans mon entretien déjà cité[1] avec Thomas Sotto sur Europe 1, je mets les pieds dans le plat : « Je n'ai pas vu un seul candidat qui ait cherché à savoir ce qui se trame en prison. J'aimerais bien qu'ils viennent voir, qu'ils aient ce courage-là. »

Le camp macroniste nous fait signe. Un ex-chiraquien rallié, Hugues Renson, futur vice-président de l'Assemblée nationale, me fait savoir que le bientôt président est sensible à notre cause. Depuis 2014, le Paris de la politique n'a d'yeux que pour ce conseiller élyséen devenu ministre, brillant et très influent, qu'il faut rencontrer ou approcher. Déjà bien introduit auprès de François Hollande, de son secrétaire général au palais, Jean-Pierre Jouyet, et des gardes des Sceaux successifs, je ne m'en suis pas préoccupé jusque-là. À la suite de la confidence de Renson, je reçois un message de Sylvain Fort, le conseiller en communication de Macron, dont il deviendra ensuite la « plume » à l'Élysée : « Le candidat s'est déjà rendu à Fresnes à l'invitation de Jean-Jacques Bridey [le maire de la ville]. Je doute qu'il s'y rende de nouveau dans l'entre-deux-tours, mais par la suite sans doute. »

1. Voir au chapitre 2.

Le contact établi, nous l'entretenons pendant le reste de la campagne. Sitôt après l'élection, je demande à Jean-Michel Aulas, le président de l'OL, de faire floquer des maillots au nom du nouveau président. Cette année-là, mon équipe de cœur domine largement le football... féminin : championnat, Coupe de France et Ligue des champions gagnés au détriment du PSG. Je profite de ce superbe triplé pour solliciter et obtenir la réception des joueuses à l'Élysée. À cette époque, je vis encore une lune de miel avec celui qui adore se faire appeler président... de club, que je connais depuis 1989. En 2007, nous avons déjà fait le « coup des maillots » à Nicolas Sarkozy, pourtant un fan inconditionnel du PSG. Et ce n'a été que l'une de mes nombreuses démarches pour promouvoir les projets de l'OL auprès du nouveau pouvoir. Pourtant, à peine mes ennuis judiciaires annoncés, l'amnésie frappe et l'ancien expert-comptable « JMA » passe par pertes et profits les nombreuses sollicitations que j'ai portées au sommet de l'État pour permettre la construction du Groupama Stadium. De même qu'il oublie me devoir la rosette d'officier de la Légion d'honneur qu'il arbore avec fierté à la boutonnière de ses inamovibles blazers bleus. La reconnaissance est une maladie du chien qui ne se transmet jamais à l'homme.

Une fois les tenues livrées au palais, je constate que la rumeur disait vrai au sujet du jeune chef de l'État sur le fait d'envoyer des textos nocturnes. Le 7 juin 2017, le mien arrive en effet à 0 h 44 : « Merci pour les maillots de foot. Comptez sur nous, nous serons là. Pour agir. Bien à vous, Brigitte et Emmanuel Macron. »

*

Ce soutien annoncé ne m'a jamais fait défaut, pour mes combats publics comme dans ma vie privée, et ce, on le verra, même pendant mon incarcération. Ainsi, la possibilité évoquée par Sylvain Fort se concrétise le 2 mars 2018 par la visite d'Emmanuel Macron à Fresnes, la prison la plus délabrée de France. À partir de ce jour qui, je le sais, l'a profondément marqué, tout va s'accélérer sous sa tutelle, mise en musique par sa conseillère justice de l'époque, Sonya Djemni-Wagner, qui demande à me rencontrer dès le lendemain matin !

Le président se montre emballé par mon projet d'établissement pénitentiaire expérimental, dont l'idée tient en quelques lignes :

Une prison où les détenus travailleraient, payés au Smic, mais en contrepartie devraient payer un loyer, leur téléphone, leur nourriture, leur chauffage, rembourser les parties civiles et préparer leur sortie.

De petits lieux d'enfermement avec 120 détenus, des obligations pour les occupants comme celle de se lever le matin dès 7 heures, de faire leur lit, leur ménage, regarder la télévision dans des salles prévues à cet effet puisque les « chambres » en seraient dépourvues, prendre leur repas en self-service partagé avec les surveillants, travailler ou suivre une formation.

Pas de drogue possible grâce à un encadrement militaire mais aucun quartier disciplinaire. Les condamnés ayant été placés sur la base du volontariat, la moindre faute se traduirait par un retour dans le régime général.

Le tout avec le concours des plus grandes entreprises françaises.

Après ce premier entretien, on m'oriente vers la présidente de la Commission des lois à l'Assemblée nationale. Grâce à l'aide du secrétariat de la présidence, en moins de trois jours, je me retrouve face à Yaël Braun-Pivet. Alors que je renâcle à la perspective de devoir tout réexpliquer de zéro, le contact avec la future présidente de l'Assemblée[1] est d'emblée excellent. Avocate de formation, elle connaît mon dossier, le soutient et, surtout, nous partageons le même sentiment sur l'institution pénitentiaire. « Pierre, c'est bien simple, si nos prisons expérimentales ne figurent pas dans la loi pénitentiaire, je bloque tout leur budget », me dit-elle ce jour-là. Radical ! Ce qui n'est pas pour me déplaire, car c'est le seul moyen de discuter avec cette administration surnommée la « petite muette », par opposition à la « grande » – l'armée française.

Après avoir rendu compte à Emmanuel Macron, je reçois un mail de Sonya Djemni-Wagner, le 23 mars :

Le président m'a indiqué qu'il souhaitait que vous soyez reçu par le cabinet justice de façon à discuter précisément de ce projet et de ses déclinaisons possibles. J'en informe la Chancellerie.

J'ai assez râlé contre les lenteurs administratives pour l'admettre volontiers, les choses vont vite : six jours plus tard, je suis dans le bureau d'Hélène Davo, magistrate et directrice adjointe du cabinet de la garde des Sceaux, Nicole Belloubet. Aussitôt, j'aime sa franchise. En revanche, à ce stade, le conseiller pénitentiaire Albin Heuman, lui, ne connaît rien de mon projet.

Dès le 2 avril, j'envoie un mail pour les remercier, et surtout pour récapituler un certain nombre de points évoqués lors du rendez-vous au sujet d'une première réalisation en Occitanie. Je joins une multitude de documents – plans, cahier des charges, descriptifs des surfaces et des personnels –, je rappelle que ce dossier « validé par l'administration

1. Depuis le 28 juin 2022.

pénitentiaire depuis plus de six ans » a nécessité « un investissement humain et financier considérable car nous parlons d'un mécénat de 20 millions d'euros pour une cause très difficile à défendre », et j'apporte d'importantes précisions : cette opération de pur mécénat se passe de toute procédure de marchés publics ; les autorisations administratives permettront de tenir le délai souhaité par le président de la République qui veut une livraison de l'ouvrage le 31 décembre 2019 ; enfin, si je continuerai à m'occuper des relations avec les mécènes, je me tiendrai « à l'écart » de la future association chargée de piloter le projet.

Le 13 avril 2018, soit dans le délai qui m'a été annoncé, je reçois la réponse directement de l'Élysée. Projet validé ! Le président y a mis sa patte, en portant le nombre de détenus à 180 par établissement. Par ailleurs, il souhaite deux prisons expérimentales au lieu d'une seule et prévoit de créer à cet effet un établissement public doté d'un budget de 32 millions d'euros. Il y a même un calendrier : présentation en Conseil des ministres à la rentrée 2018, discussion à l'Assemblée nationale au printemps 2019. Je promets de garder le secret jusqu'à l'annonce de l'automne.

Seule ombre au tableau : l'enquête préliminaire en cours à mon encontre, qui ne semblait jusque-là poser aucune difficulté, commence à gêner en haut lieu. Le 24 avril, Hélène Davo, en veste queue-de-pie noire à boutons dorés qui rappelle les années Beatles, me reçoit en tête à tête, à sa demande insistante, et se montre toujours aussi franche : pour protéger sa ministre maintenant que le projet est acté, il serait bon que je me mette en retrait. J'accepte bien volontiers contre la promesse que mes équipes continueront à suivre le dossier et que la mise en application ne soit pas dénaturée par la pénitentiaire. Tope-là.

Malgré cette douche froide, je continue à échanger en direct avec le président, toutefois sans plus l'importuner avec cette affaire.

Le 12 septembre 2018, comme prévu, le communiqué du Conseil des ministres présente les grandes lignes du plan. Parmi les autres mesures contenues dans le projet de loi de programmation de la justice, le texte annonce :

Deux prisons expérimentales seront construites, intégrant des entreprises partenaires pour développer un dispositif de prise en charge par le travail en détention qui se poursuivra après la libération. Une agence du travail d'intérêt général et du travail en détention sera créée. Elle permettra de mobiliser les acteurs publics, le secteur associatif et les entreprises privées pour développer l'activité en prison et en milieu ouvert.

Tout y est. Mon message est donc passé. Malgré les attaques dont je suis l'objet, le président a tenu parole avec une efficacité à laquelle je n'étais pas habitué. La livraison des nouveaux établissements doit intervenir avant la fin du quinquennat.

Mon nom n'apparaît nulle part, mais des médias ne s'y trompent pas, il s'agit bien des « prisons Botton » :

Le lancement de deux « prisons expérimentales centrées autour du travail » laisse penser que la ministre aurait adopté le projet que chérit l'ancien taulard Pierre Botton depuis sept ans[1], écrit ainsi l'hebdomadaire *L'Express*.

Le calendrier annoncé est lui aussi respecté. Dès le mois de décembre, la fameuse Atigip[2] est créée et placée sous la direction de l'ancien conseiller pénitentiaire de la place Vendôme, Albin Heuman. Charité bien ordonnée... À l'Assemblée, grâce

1. *L'Express*, 12 septembre 2018.
2. Agence du travail d'intérêt général et de l'insertion professionnelle.

à l'implication de Yaël Braun-Pivet à la tête de la Commission des lois, la loi de programmation est votée sans problème le 23 mars 2019 et inclut bien le projet « inSERRE », nouvelle dénomination de mon idée[1].

Et le travail continue. Devenue conseillère justice d'Emmanuel Macron en juillet 2019, Hélène Davo reçoit mes équipes en septembre – sans moi, comme convenu –, dont la fidèle Fabienne Servan-Schreiber et notre soutien, Henri Lachmann, de Schneider Electric. Le compte rendu de cette réunion souligne « la sincérité et l'engagement de Pierre Botton, la volonté du président de construire les prisons et l'existence d'un budget fléché ».

Pourtant, à l'Atigip, Albin Heuman commence à prendre ses distances, dans une lettre du 1er octobre 2019. Le projet inSERRE ayant progressé, m'écrit-il, « il n'est pas exactement semblable à celui au sujet duquel nous avions échangé avec vous. La question de sa paternité n'est du reste pas ce qui m'anime en premier lieu, mais plutôt le succès de l'expérimentation qu'il représente. »

Aïe, aïe, aïe ! Il est en effet plus simple d'éviter la question de la paternité lorsque l'on n'a pas été impliqué dans la conception... Mais moi, cela fait huit ans que je me bats, mobilise les entreprises, m'expose dans les médias, finance les études, sensibilise les présidents de la République !

Exit Pierre Botton ? Le 18 février 2020, la garde des Sceaux tient une conférence de presse pour présenter inSERRE. L'Occitanie n'est plus au programme mais elle annonce la construction de trois prisons, l'une lancée sans

1. inSERRE pour « Innover par des structures expérimentales de responsabilisation et de réinsertion par l'emploi ».

délai à Arras (Pas-de-Calais) et, en 2022-2023 pour les deux autres, à Donchery (Ardennes) et Toul (Meurthe-et-Moselle). Tel qu'il est présenté, le projet ressemble à une initiative de la pénitentiaire à 100 %.

Seul problème : construire des prisons, l'État sait le faire, mais pour convaincre des patrons du CAC 40, c'est plus compliqué. Il faut se montrer patient et persuasif, car la prison n'est pas la meilleure cause pour leur image. Ils renoncent vite si on manque de diplomatie, voire si on les méprise. Or l'administration a cette fâcheuse tendance. Un exemple ? J'avais décidé Henri Lachmann à venir visiter la prison de Fresnes, contre l'avis de ses équipes qui répétaient que cela prendrait trop de temps, que ce n'était pas bon pour l'image de la marque de se consacrer à des gens condamnés pour avoir commis des horreurs. Malgré tout, il avait accepté. Mais c'était compter sans la morgue de la pénitentiaire, qui l'a fait attendre 45 minutes à l'extérieur, sans explications. Si je n'avais pas été présent, il serait *illico* reparti avec son chauffeur.

La liste des dirigeants qui ont ainsi été pris de haut est longue comme le bras.

Lors de mon procès, j'ai tout de même entendu le président du tribunal m'assurer que réunir les dons et le soutien des entreprises était simple et rapide, puisqu'il me suffisait d'« utiliser mon carnet d'adresses ». Tellement facile, en effet, que l'Atigip n'a pas su reprendre le flambeau...

Esquissons un bilan de l'opération à fin 2023. La prison d'Arras, qui devait être lancée « sans délai », n'est toujours pas en service. Et les deux autres, dont les travaux devaient commencer en 2022 et 2023, attendent encore les premiers coups de pioche !

Depuis sa nomination place Vendôme en juillet 2020, le garde des Sceaux, Éric Dupond-Moretti, parle beaucoup du travail en prison. Là encore, regardons les statistiques : aujourd'hui, le travail pénitentiaire concerne environ 22 000 détenus, soit 30 % de la population carcérale, loin du record atteint il y a plus de vingt ans (36 % en 2001). Pire, au sein de ce total, ce que l'on nomme la « régie publique », c'est-à-dire les activités rémunérées gérées par l'Atigip, constitue un employeur ultra-minoritaire dans les établissements : « Seulement 1 000 à 1 200 détenus en moyenne (6 % des détenus travailleurs), autant qu'il y a vingt-cinq ans », selon un rapport parlementaire remis à la Cour des comptes en 2021.

Un millier de détenus ? Rien qu'avec mes trois prisons expérimentales de 180 occupants chacune, on ajouterait 540 emplois ! À condition qu'elles sortent enfin de terre, et que l'administration sache attirer les grandes entreprises pour créer et soutenir ces jobs. Ce n'est pas gagné...

*

Après mon incarcération du 2 juin 2020, à ma grande surprise, mes échanges avec Emmanuel Macron se poursuivent. C'en est fini des textos nocturnes, évidemment, mais il continue de répondre à mes courriers. Il m'encourage à lui raconter ce que je vois à la Santé et mobilise sa conseillère justice, Hélène Davo, pour traiter les sujets techniques.

Je l'ai dit, la correspondance des détenus est étroitement surveillée. Nous ne devons pas cacheter nos lettres, et les réponses nous parviennent ouvertes. Mes échanges intimes avec ma compagne n'ont donc aucun secret pour l'administration pénitentiaire, pas plus que les discussions avec mon guide spirituel. Il existe une seule exception, dûment visée au règlement : les plis peuvent circuler fermés, sans être lus, pour « les correspondances destinées aux autorités administratives et judiciaires françaises et internationales », pourvu que l'enveloppe comporte les mentions permettant d'identifier l'expéditeur. C'est bien le cas des enveloppes d'Hélène Davo, qui indiquent « Présidence de la République ». Et quand un courrier porte l'entête « Le président de la République », aucun doute possible sur l'auteur de la missive.

Pourtant, un jour, l'une des lettres du chef de l'État me parvient ouverte, la déchirure ne cherchant même pas à être discrète. Quelle honte, quel manque de respect pour lui et pour moi, et quelle morgue de la part de la pénitentiaire, qui s'abstrait ainsi tranquillement du respect de la loi ! Je ne livrerai pas ici le contenu de ce courrier, mais les curieux n'ont pas dû être déçus, car à force de raconter ce que j'observe en prison, j'en suis venu à proposer à Emmanuel Macron de rédiger un « constat » de ce qui s'y passe, en insistant sur les différences avec ma première incarcération des années 1990.

Ces échanges nourris avec l'Élysée suscitent autant de craintes que de curiosité. Le 19 janvier 2022, alors que je suis désormais en semi-liberté, on m'informe que le directeur de la Santé veut me voir. Deux jours après avoir appris le décès de Marie-Suzanne, je n'ai vraiment pas la tête à un tel entretien. Bruno Clément-Petremann m'attend dans un bureau pour me confirmer la volonté de la présidence de recevoir un « rapport Botton » sur ce qui se passe dans son établissement. Sans donner aucun tour personnel à la conversation, il commence par ce qui le préoccupe :

« Il est convenu, quand votre rapport sera prêt, que vous me le remettiez pour que je l'envoie à l'Élysée.

– Je ne comprends pas du tout pourquoi je dois passer par vous. J'ai le contact direct, je le lui enverrai personnellement. En revanche, j'ai suffisamment travaillé gratuitement pour votre administration pour que l'on me confirme par écrit l'accord du président. Puisque vous voulez faire le facteur, à vous de jouer. »

La lettre de confirmation d'Hélène Davo me parvient dès le 24 janvier.

Je transmets mon texte, « La prison en 2022 », le 28 avril, avec ce sous-titre : « Agir avec audace grâce à l'innovation ». Après un constat brut, j'y livre huit exemples de mesures concrètes immédiatement applicables :

Faire chaque jour des fouilles avec des chiens afin d'éradiquer le trafic et la consommation de drogue qui polluent la détention par des échanges d'argent ou de services au sein de l'établissement.

Mettre fin aux appels à la prière en plaçant des surveillants avec des jumelles dans les cours de promenade afin de surveiller l'origine du son.

Mettre en poste des surveillants parlant arabe, la nuit, dans les cours de promenade afin qu'ils repèrent l'origine des propos de prosélytisme islamiste, puis isoler les imams autoproclamés.

Augmenter les heures de pratique de sport y compris le samedi et le dimanche. Ouvrir de grands créneaux horaires en autogestion par les détenus.

Augmenter l'amplitude d'activité en prison, par un début à 8 heures pour une clôture à 20 heures pour le détenu.

Permettre à chaque détenu qui le souhaite de pouvoir pratiquer sa religion avec un imam « modéré » choisi par l'administration.

Le problème de la motivation des surveillants et du rapport entre ceux-ci et leur hiérarchie doit faire l'objet de formations au management bienveillant introduit par Yves Desjacques[1] *dans la première partie de ce rapport. « Il n'y a pas de mauvais employés, il n'y a que de mauvais patrons. »*

Privilégier les quartiers « Respecto[2] *» y compris au sein même de la détention, il faut autonomiser les détenus qui en valent la peine pour éviter le maintien en cellule. Et créer une hiérarchie au sein des détenus pour les responsabiliser.*

J'ajoute deux pistes pour l'avenir de l'ensemble du système :

Afin de vider très rapidement les prisons, changer la loi afin de confier au privé 7 000 détenus (avec une prime à la non-récidive et la non-réitération) dont le profil devrait être défini auparavant par un comité d'éthique composé d'élus, de magistrats, d'éducateurs, de Cpip, de syndicats de surveillants.

Récupérer les trois prisons expérimentales du programme inSERRE de Toul, Donchery et Arras afin de les confier tout ou partie au privé.

Enfin, sous les logos des entreprises prestigieuses qui accompagnent mon rapport, ce *nota bene* pour rappeler mes relaxes par la cour d'appel de Paris et préciser : « C'est ce qui explique que nombre des dirigeants des grands groupes du CAC 40 me sont restés fidèles. En revanche, devant rembourser [les parties civiles], je suis dans l'obligation que mon travail soit rémunéré. »

1. Philippe Rodet et Yves Desjacques, *Le Management bienveillant*, Toulouse, Eyrolles, 2017.

2. Inspirés d'un programme pénitentiaire espagnol et expérimentés en France depuis 2015, ce sont des quartiers où les détenus volontaires bénéficient d'une plus grande autonomie tout en observant de nouvelles obligations.

J'ai été pris pour un con une fois ; deux, cela ferait beaucoup.

*

Je suis libéré définitivement le 12 juin 2022.

Toujours grâce au président Macron, je suis reçu dès le 5 juillet, place Vendôme, par le conseiller pénitentiaire du ministre, Clément Di Marino. Surprise, Albin Heuman, le directeur de l'Atigip, est aussi de la partie ! Ils se doutent bien qu'après avoir été dépossédé de mon projet, je ne suis pas venu leur parler de la culture du trèfle en Afghanistan...

Pour ce rendez-vous, je suis accompagné du DRH d'un de mes partenaires, un très puissant groupe de médias. Alors que nous attendons, un autre conseiller vient le chercher et l'emmène sans moi voir le directeur de cabinet du ministre, Jean-Denis Combrexelle[1]. À la sortie, il me rapporte la substance de leur conversation : il s'est tout simplement fait remonter les bretelles de se trouver à mes côtés, compte tenu de mon passé judiciaire. Décidément, l'ouverture d'esprit du président est mal partagée dans ses ministères.

L'entretien lui-même se résume à un modèle de langage « techno » face à chaque problème soulevé : « Nous en sommes conscients, nous avons mis en place un groupe de travail... C'est un problème spécifique à la prison de la Santé, nous nous en occupons... Ce n'est pas si facile, il faut du temps pour faire les choses... »

1. Le 17 juillet 2023, il a été nommé directeur de cabinet de la Première ministre, Élisabeth Borne.

Lassé, je fais monter le ton avec Albin Heuman. Ces gens-là n'aiment pas les conflits, en tout cas pas lors d'une confrontation face à face. À peine sorti de deux ans de détention, je n'ai pas, moi, froid aux yeux :

« Où en êtes-vous de mon projet de prison que vous deviez livrer en 2021 ?

– Il n'est pas exactement semblable à celui au sujet duquel nous avions échangé...

– Aviez-vous découvert ce dossier, avant notre rencontre à la demande du président, en avril 2018, dans le bureau d'Hélène Davo ? »

Comme il bafouille, j'enfonce le clou en lui rappelant que lors de ma mise en retrait, il a très mal reçu mes partenaires, dont le DRH d'une grande marque de luxe accompagné de ma fille aînée à qui il a refusé de serrer la main :

« Pas du tout, je les ai reçus.

– Je ne vous dis pas que vous ne les avez pas reçus, je vous dis qu'ils m'ont rapporté votre désinvolture et votre comportement détestable. Alors, monsieur le directeur, où en êtes-vous des 540 emplois que vous devez trouver ?

– Ce n'est pas à vous que j'ai des comptes à rendre.

– Heureusement, vous ne seriez pas en face de moi car j'aurais nommé à votre place un homme d'entreprise et non un membre d'une administration qui ne fait qu'échouer.

– Ce n'est pas vous qui me nommez.

– Heureusement ! »

Sitôt l'entretien terminé, on me l'a confirmé par la suite, il fonce en rapporter la teneur au garde des Sceaux. Il sera reconduit le 1er août 2022 pour trois nouvelles années. Dans ces administrations, les résultats n'ont aucune importance.

À la sortie, mon partenaire souffle, lucide : « Je les pratique depuis vingt-cinq ans, il n'y a rien à tirer de ces gens-là. »

Mais je ne lâche jamais rien. Près d'un an plus tard, le 19 avril 2023, je tombe sur Jean-Denis Combrexelle dans une réception et provoque un tête-à-tête qui n'a rien d'une conversation feutrée, même si, d'entrée, le directeur de cabinet d'Éric Dupond-Moretti s'excuse :

« Vous savez, lorsque j'ai demandé à votre accompagnateur de venir me voir, ce n'était pas pour vous dénigrer ou vous manquer de respect, c'est seulement parce que je voulais le rencontrer, l'ayant croisé dans d'autres circonstances.

– Vous savez que le garde des Sceaux m'interdit l'accès à tous les établissements pour tourner ma série documentaire et écrit personnellement à mes partenaires, listés dans mon rapport, en les invitant à déjeuner pour les convaincre ? Je me permets de vous dire qu'il n'a aucune chance. Tout d'abord les gens qu'on lui envoie ont peu de pouvoir décisionnel, deuxièmement, par ses bras d'honneur et son *ego* démesuré, il a perdu toute crédibilité. Comme les chefs d'entreprise sont bien élevés, ils viennent déjeuner par simple politesse.

– Vous êtes sévère !

– Oui, mais cela vous fait rire, je ne dois donc pas être éloigné de votre avis. »

Après avoir vécu deux ans de souffrances, j'en ai gros sur le cœur. Quelle que soit la volonté du président, je comprends que je n'arriverai à rien tant que ce garde des Sceaux occupera la place Vendôme. Le combat devra se mener de l'extérieur. C'est un classique du genre.

*

Ce qui compte, au fond, c'est l'engagement du couple présidentiel et son soutien sans faille.

Marie-Sophie, ma fille aînée, a une vision extrêmement sévère de mon « carnet d'adresses ». Petite-fille de Michel Noir, elle n'aime pas le monde politique. Elle préfère sa famille et ses chevaux. Pourtant, lorsque nous évoquons Emmanuel Macron, elle ne mâche pas ses mots : « La politique, je m'en fous, papa. Mais lui, il a une sacrée paire de couilles. Il ne t'a jamais lâché. Chapeau. »

Monsieur le président, cher Emmanuel, je vous remercie du fond de ma souffrance et de mon être pour votre fidélité. Vous n'avez sans doute aucune idée de l'impact de vos courriers dans les moments horribles que j'ai traversés. C'est vraisemblablement peu de chose pour vous, mais je n'ai aujourd'hui rien d'autre à vous offrir que ma volonté de changer le système pénitentiaire.

*

Yaël, à vous aussi je veux dire merci de m'avoir aidé.

Au-delà de son rôle dans la loi de programmation de 2019, j'ai noué avec Yaël Braun-Pivet une relation de militant à militante. Moi qui suis tellement habitué à mordre à la moindre maladresse de mon interlocuteur, je n'ai pas eu à lutter pour la convaincre : dès le premier entretien, je l'ai dit, elle savait tout du projet et en partageait la philosophie.

Incarcéré, je lui ai écrit, comme à tant d'autres, pour raconter ce que nous vivions pendant le Covid. Elle a décroché son téléphone et obtenu l'annulation de quelques décisions arbitraires de la direction de la Santé. La vie quotidienne des occupants du QB4 et leurs relations familiales s'en sont trouvées grandement améliorées. Je ne compte plus les courriers reçus avec l'en-tête suivant : « Commission des lois constitutionnelles, de la législation et de l'administration générale de la République – LA PRÉSIDENTE ». Elle a même accepté un entretien dans le premier numéro du *Sphinx*, le journal que nous avons monté avec la Cpip et une « rédaction » de détenus.

Après la réélection d'Emmanuel Macron, je parie un temps qu'elle deviendra garde des Sceaux. Raté, le 20 mai 2022, elle est nommée ministre des Outre-mer. Quand je lui fais part de ma déception, elle répond que c'est un magnifique ministère, avec des défis passionnants à relever.

Mais je maintiens, madame la présidente de l'Assemblée nationale[1] : après un parcours déjà incroyable, je vous espère toujours dans d'autres fonctions pour faire avancer notre combat. Il y a urgence.

*

Peu de gens connaissent son nom, pourtant je milite avec elle depuis plus de vingt ans.

Le 5 octobre 2020, l'ancienne journaliste judiciaire Dominique Simonnot devient contrôleur général des lieux de privation de liberté (CGLPL). Depuis ma cellule, je lui fais envoyer par mes enfants un texto pour la féliciter de sa

1. Elle a été élue à ce poste le 25 juin de la même année.

nomination à la tête de cette autorité administrative indépendante, un mandat de six ans dont elle ne peut être limogée.

Sa réponse arrive dans l'instant, comme toujours. Même réactivité quand je lui demande une interview pour notre revue de la Santé. Elle accepte immédiatement de venir sur place pour répondre aux questions de notre rédaction de bras cassés.

Le jour J, cette petite femme, militante incroyable, toujours du côté de l'opprimé, quel qu'il soit, me tombe dans les bras, à la surprise générale. Comme si elle était la personne enfermée et moi, le visiteur. Je n'oublierai jamais sa tête qui ne se détachait pas de mon torse, sa voix rocailleuse, abîmée par la cigarette, son regard.

Dominique, tu connais les militants, on n'est jamais contents. Une fois que j'ai été libéré, nous nous sommes rencontrés dans ton quartier et déjà je t'ai reproché de ne pas intervenir pour supprimer les cellules indécentes de la « souricière » de la cour d'appel de Paris ou de l'unité psychiatrique de la préfecture de police de la ville. Je t'ai ensevelie sous mes demandes et mes critiques. Mais j'ai aimé ton regard, tes explications, ta vérité, ta compréhension de mon état d'esprit, comme je t'aime. Merci.

Et ne t'inquiète pas, dans notre relation, le détenu que tu as visité prendra toujours le dessus sur l'activiste tatillon.

*

Je veux aussi remercier pour leur amitié indéfectible deux personnes qui se reconnaîtront.

L'un est un homme à qui l'on prête un destin présidentiel. Moi, je connais depuis plus de vingt-cinq ans sa forte personnalité et ses convictions ancrées dans les tripes. Si je ne le cite pas, c'est que je m'y connais en coups bas électoraux : je ne veux pas être utilisé contre lui.

La seconde est une femme exceptionnelle, discrète, avec qui j'ai arpenté les couloirs des prisons de la région parisienne car elle est passionnée par cet univers et comprend l'importance de ce qui s'y passe. Au cours de ses visites, elle parlait peu, gardait les mains croisées devant elle et s'emplissait des émotions de ces lieux de souffrance.

Son mari et elle n'ont jamais lâché ma famille, je veux les assurer de ma reconnaissance et mon attachement. Merci, madame la ministre.

19

Mourir en prison

« Le suicide est la seule preuve
de la liberté de l'homme. »

Stig Dagerman

Yvan Colonna, le militant nationaliste corse condamné pour l'assassinat du préfet Claude Érignac, a été agressé et roué de coups par un autre détenu le 2 mars 2022, à la maison centrale d'Arles[1]. Après trois semaines de coma, son cœur a cessé de battre à l'hôpital nord de Marseille le 21 mars.

Pourquoi m'arrêter sur sa mort ?

Parce que les sentiments et les réflexions que m'inspire cette affaire, je le sais, sont partagés par toutes les familles de personnes décédées en prison, tuées par des codétenus ou conduites au suicide par la détresse psychologique et la solitude – pendant mon incarcération, en moins d'un an, deux des dix-huit prisonniers du QB4 ont mis fin à leurs jours.

1. Une maison centrale est une prison pour détenus condamnés à de longues peines, par opposition aux maisons d'arrêt (détenus en attente de jugement et petites peines) et aux centres de détention (condamnations à plus de trois ans).

Parce que l'administration pénitentiaire ne protège pas suffisamment les plus fragiles, ni contre leurs « co », ni contre eux-mêmes, sans que jamais on ne le lui reproche.

Et parce que son sort aurait pu être le mien, dans la salle de sport des « vulnérables » de la Santé. J'ai raconté comment j'ai été menacé par mon voisin de cellule, celui qui trouvait le *Trivial Pursuit* « raciste ». Il avait été placé dans notre bâtiment à la suite de nombreuses agressions sur d'autres prisonniers. Si je n'avais pas coupé court, si j'avais répondu à ses provocations, j'aurais mis ma vie en danger.

*

Après l'agression d'Yvan Colonna, l'inspection générale de la justice[1] (IGJ) y va évidemment de son enquête. Il s'agit d'établir si des manquements ont permis à ces faits de se produire, notamment en exploitant les images des caméras de vidéosurveillance. Elles montrent tout : pendant sa gym quotidienne en salle de cardiotraining, Colonna est rejoint par Franck Elong Abé, un radicalisé qui purge une peine de neuf ans pour « association de malfaiteurs en vue de la préparation d'un acte de terrorisme », classé « auxiliaire » et chargé de l'entretien.

Les neuf minutes qui suivent sont d'une « extrême violence », un « véritable acharnement », note l'IGJ. Abé saute à pieds joints sur le détenu corse allongé au sol. Dans la lutte qui s'ensuit, il écrase avec le pied le cou de sa victime, lui

1. C'est l'administration chargée du contrôle de l'ensemble des services judiciaires et pénitentiaires, l'équivalent, au ministère de la Justice, de la « police des polices » du ministère de l'Intérieur.

couvre le visage avec deux sacs-poubelles et quitte la pièce. Il revient trente secondes plus tard avec son chariot de nettoyage, ôte les deux sacs-poubelles et ressort prévenir un surveillant que Colonna vient de faire un malaise[1].

Fait exceptionnel, le pré-rapport de l'IGJ ne satisfait ni le gouvernement, qui lui demande des compléments d'information, rendus publics en juillet 2022, ni l'Assemblée nationale, qui crée par la suite une commission d'enquête parlementaire. Elle remettra son rapport en mai 2023.

Alors que la première inspection ne s'est pas montrée sévère avec l'administration pénitentiaire, ces travaux révèlent de graves dysfonctionnements. Non seulement un défaut de surveillance sur le moment (de la part du gardien le plus proche comme de celle des équipes vidéo, qui n'ont pas vu les images « en direct »), mais aussi un incontestable manque de suivi de Franck Elong Abé, dont le parcours carcéral était pourtant émaillé de nombreux incidents violents. Des commissions disciplinaires avaient ainsi demandé, à cinq reprises entre 2019 et début 2022, son orientation en QER, le quartier d'évaluation de la radicalisation. En vain.

La veille même de l'agression, une surveillante l'a d'ailleurs entendu dire : « Je vais le tuer » et en a rendu compte dans le logiciel dédié, tout en relatant d'autres faits par courrier à sa hiérarchie. Toutes observations qui n'apparaissent pas dans le dossier du détenu transmis par l'administration pénitentiaire à la commission d'enquête parlementaire. L'un de ses membres, le député de Corse Jean-Félix Acquaviva, constate ainsi l'absence d'annotations sur Abé après le 29 janvier 2022,

1. Cette affaire est en cours d'instruction et l'intéressé bénéficie de la présomption d'innocence.

contre « quatre à six par mois » auparavant, ce qui lui semble « anormal ».

Données manquantes[1], défauts de management, contrôle hiérarchique insuffisant... Décidément, beaucoup de choses ont « échappé » à la première mission de l'IGJ ! Ce sont ces comportements, cette façon de se « couvrir » que les Français ne supportent plus. Comme dans l'affaire Nahel, abattu à Nanterre à la suite d'un refus d'obtempérer le 27 juin 2023, ce qui a déclenché les émeutes des jours suivants : que serait-il arrivé si la vidéo d'un témoin n'était pas venue contredire la version des forces de l'ordre ?

Finalement, la Première ministre annonce le déclenchement de procédures disciplinaires à l'encontre de l'ex-directrice de la prison d'Arles et du surveillant chargé de l'aile où se trouvait Yvan Colonna. Et puis... c'est tout ! Deux blâmes individuels alors que c'est tout un système qui mène à de tels événements dramatiques.

En prison, devant les juges d'instruction, au tribunal, on ne cesse de nous rappeler à la loi. À moi d'en citer une, celle du 24 novembre 2009, article 44 :

L'administration pénitentiaire doit assurer à chaque personne détenue une protection effective de son intégrité physique en tous lieux collectifs et individuels.

Mais ne pas respecter ce texte-là n'a jamais interrompu la carrière de quiconque.

*

1. Le 28 juillet 2023, le procureur de la République de Tarascon a ouvert une enquête préliminaire après le signalement par deux parlementaires d'un « possible effacement de données ».

Nous sommes en promenade quand la rumeur nous apprend que Jean-Luc Brunel, notre codétenu mis en examen dans l'affaire Epstein[1], a été transféré dans la nuit à l'hôpital Cochin, pour une raison inconnue. Plusieurs versions circulent, mais les informations de « Radio détention » sont rarement fiables...

À son retour, il descend dans la cour les deux bras dans le plâtre jusqu'aux coudes ! Il s'approche de moi pour se confier :

« J'ai fait une connerie, j'ai eu un moment de spleen.

– Dis donc, tu ne t'es pas raté.

– Eh bien si, justement. Les médecins m'ont dit qu'en fait il ne fallait pas se trancher les veines dans le sens perpendiculaire au poignet mais dans la longueur.

– Bravo. Tu as l'intention de recommencer ?

– Non, j'ai fait une connerie, je te dis ! Mais tu te rends compte, Pierre, après les vies que nous avons eues, se retrouver dans cet endroit horrible à 74 ans... C'est insensé. »

Dès le départ, Jean-Luc vit très mal sa détention. Il affirme n'être qu'une victime collatérale de l'affaire Epstein, assure que plusieurs juges d'instruction ont tranché en sa faveur, qu'il n'est dans le dossier qu'en tant que témoin assisté. En prison, nous sommes tous innocents...

Conscient de sa fragilité, je l'associe à notre journal de détenus et à d'autres activités, comme le yoga. Il sollicite souvent

---

1. Jeffrey Epstein était un milliardaire américain incarcéré en 2019 pour trafic de mineurs, accusé d'avoir organisé un vaste réseau international de prostitution dont bénéficiaient ses relations dans la jet-set. Il s'est suicidé dans sa prison new-yorkaise en août 2019. Jean-Luc Brunel, un agent de mannequins français installé aux États-Unis, est soupçonné d'avoir participé au réseau Epstein. En décembre 2020, il est mis en examen pour viol sur mineur et harcèlement sexuel et placé en détention préventive. Le 19 février 2022, il se pend dans sa cellule de la Santé.

mes conseils sur son affaire. Selon moi, il n'a que deux solutions : attendre la fin du procès aux États-Unis, ou balancer plus gros que lui avec des photos, des lettres et des preuves. La seconde option le tente, mais ce n'est pas, dit-il, dans son ADN.

Malgré ce soutien, nous sentons tous qu'il ne va pas bien. Même une fois qu'il est débarrassé de ses plâtres, qui le contraignaient à demander de l'aide ne serait-ce que pour enfiler sa veste, son moral ne s'améliore pas. Il doit subir une nouvelle intervention car l'un de ses poignets s'est infecté. Il n'abandonne pas l'idée d'en finir. D'ailleurs, il recommence, avec des cachets cette fois. L'administration pénitentiaire et les magistrats voient souvent les tentatives de suicide comme un moyen utilisé par les prévenus pour faire pression sur eux et obtenir une remise en liberté. Cependant, la médecin psychiatre, que j'ai alertée, essaie de le voir le plus possible.

Pourtant, son état est cyclique. Il dissimule son mal-être sous les boutades. Grand lecteur, il ironise sur le temps que je mets pour absorber les *Mémoires d'Hadrien* de Marguerite Yourcenar alors que j'ai lu d'une seule traite *Les Abusés*, le roman de l'actrice Anne Parillaud. Il se montre gentiment mauvais perdant dans nos parties de backgammon à 10 euros le point. Pour le taquiner, je ne cesse de lui rappeler sa dette de jeu à mon égard, en augmentation constante.

Un détenu condamné et fixé sur sa peine, comme c'est mon cas après mon procès en appel de novembre 2020, n'a pas le même état d'esprit que celui dont le dossier est à l'instruction, comme Jean-Luc. Au moins, j'ai devant moi une échéance claire, et je sais qu'elle est flexible, compte tenu des possibles remises et aménagements de peine. Lui n'a aucun calendrier et ignore son sort. Il peut aussi bien sortir le lendemain, sur simple décision du juge d'instruction, que croupir encore longtemps en préventive. Difficile d'envisager l'avenir quand une telle incertitude vous ronge.

Il en est d'ailleurs toujours là quand je suis placé en semi-liberté le 22 novembre 2021. Avant mon départ du QB4, nous plaisantons une dernière fois sur sa dette de jeu :

« Va voir ma sœur, elle te paiera.

– On va attendre que tu sortes, j'aurai plus de plaisir à te voir me rembourser toi-même ! »

Le mois suivant, il est libéré sous contrôle judiciaire, contre une caution de 50 000 euros et l'obligation de pointer deux fois par jour au commissariat. Mais le procureur fait appel. Au téléphone, nous rigolons de nouveau :

« Si cela ne te dérange pas, attendons que ma libération soit confirmée par la cour d'appel pour solder nos comptes.

– Les intérêts courent, Jean-Luc ! Mais franchement, je ne pense pas que l'on te sorte de prison pour t'y remettre, surtout à l'approche des fêtes de Noël. Ça m'étonnerait vraiment, et pourtant tu connais mon pessimisme.

– Tu me donnes beaucoup d'espoir, car on a tous l'habitude, dans la cour de promenade, de tes prédictions alarmistes à nous foutre le cafard pour plusieurs jours !

– J'espère que l'on va vite se retrouver pour partager un dîner avec mes gains au jeu. »

Catastrophe, le 23 décembre, cinq jours après sa libération, la décision tombe : retour à la case prison. Malgré les raisons invoquées – peur qu'il fasse pression sur les plaignantes, risques de fuites et, dans cette affaire retentissante, de troubles à l'ordre public – je ne peux m'empêcher d'y voir une forme d'acharnement judiciaire. Une réincarcération à quarante-huit heures de Noël, cela n'arrive pas aux trafiquants de drogue. Mais pour nous, les délinquants médiatiques, aucune pitié ! Peut-être a-t-il été un violeur, un agresseur sexuel, je ne suis pas juge. Mais alors, il ne fallait pas le sortir, pas lui demander 50 000 euros pour le remettre en cellule cinq jours après.

Le samedi 19 février 2022, les chaînes d'information annoncent son suicide par pendaison. Sous le titre : « Affaire Epstein : mort de Jean-Luc Brunel, l'homme qui en savait trop », *Paris Match* écrit :

Ce qui surprend les témoins de cette affaire, ce sont les similitudes avec celle de Jeffrey Epstein. Accusé notamment de trafic sexuel, le milliardaire américain s'est pendu le 10 août 2019 dans sa cellule du Metropolitan Correctional Center de New York. Malgré une accumulation de circonstances pour le moins curieuses (absence du compagnon de cellule, non-respect de la surveillance régulière, caméras en panne...), l'enquête a conclu au suicide sans arriver à mettre un terme aux spéculations et aux fantasmes. Évidemment, certains se demandent désormais si les personnes qui auraient pu vouloir la mort d'Epstein n'auraient pas, aussi, pu souhaiter celle de Brunel. « Je ne dis pas qu'on l'a tué, confie un proche du dossier. Mais, oui, beaucoup avaient intérêt à le voir mort. On ne sait pas ce que cache encore cette affaire[1]*... »*

Par la suite, l'administration pénitentiaire ne manque pas d'évoquer les rondes organisées toutes les deux heures pour le garder sous surveillance jour et nuit, ou encore le suivi de Jean-Luc au service médico-psychologique régional. Tout ce que je sais, moi, c'est que normalement un prisonnier à

1. *Paris Match*, 5 mars 2022.

tendances suicidaires est envoyé quelques semaines en hôpital psychiatrique, comme ce fut le cas de l'un de nos codétenus. Il est vrai que lui n'était « que » condamné pour viol de nourrissons... De même, à leur retour, ces détenus fragiles sont « doublés » en cellule pour garantir pendant un certain temps leur surveillance permanente par un codétenu. En cas de crise grave, ils peuvent aussi se voir placés dans la cellule anti-suicide, où rien ne permet de passer à l'acte puisque même les draps et les vêtements sont en papier.

Aucune de ces mesures n'a été prise pour lui.

Quelques jours plus tard, pendant mes heures de semiliberté entre mon travail et le retour en détention, je rends visite à sa sœur :

« Je sais que Jean-Luc vous devait de l'argent, je vais le chercher.

– Vous plaisantez, j'espère, c'est hors de question. Ce n'était qu'un jeu entre nous. »

Par la suite, je l'ai eue plusieurs fois au téléphone pour qu'elle ne lâche pas le dossier, car elle avait l'intention de porter plainte. Mais j'ai vite compris qu'elle ne souhaitait plus avoir de contacts avec les fréquentations de son frère à la Santé.

*

L'autre détenu suicidé du QB4 en moins d'un an s'appelait Ange, il avait été placé au quartier disciplinaire. Deux sur dix-huit, plus de 10 % des prisonniers de notre étage, dans un endroit clos, sous surveillance permanente, censé protéger les « vulnérables » qu'on y place !

Il y a vingt-cinq ans, dans le même quartier de la prison de la Santé, j'ai entendu une nuit la fermeture Éclair de l'enveloppe mortuaire se refermer sur le corps de mon voisin de cellule après son suicide. Un Jean-Luc, déjà, Jean-Luc Miallet, ancien policier.

Jamais je n'oublierai ce bruit.

Comme je ne suis pas près d'oublier cet appel reçu plusieurs années plus tard : « Bonjour, je suis la fille de Jean-Luc Miallet. Ma mère m'a toujours interdit de vous appeler tant que je ne serais pas majeure. Aujourd'hui, c'est le jour de mes dix-huit ans et je voudrais que vous me disiez comment est mort mon papa, car c'est vous qui l'avez vu pour la dernière fois. »

Tout le monde s'en moque parce que ce sont des détenus. Et souvent, comme ce fut le cas d'Ange et des deux Jean-Luc, même pas encore jugés et donc présumés innocents, mais se sentant déjà condamnés par la presse et la justice. J'ai honte pour notre société de tous ces décès qui dévastent familles et codétenus sans presque jamais entraîner de sanctions.

Quel message croit-on ainsi envoyer aux prisonniers, sinon que la loi, les sanctions, les condamnations et la mort sont pour eux, et non pour les autres ?

Épilogue

Un trafiquant de drogue condamné à deux ans de prison : « Il comparaissait pour avoir en mars 2021 importé plus de 9,6 kilos de cocaïne d'une valeur estimée de 384 000 euros[1]. »

J'ai été condamné en première instance à cinq ans ferme avec mandat de dépôt à la barre.

Ils cambriolaient avec leur bébé dans la poussette : « Présenté devant un magistrat, le jeune papa écopera de quinze mois de prison ferme[2]. »

J'ai été condamné en première instance à cinq ans ferme avec mandat de dépôt à la barre.

« Modjo », figure de la pègre, condamné à vingt-six mois ferme : « La justice lui reprochait d'avoir blessé par balle deux hommes au cours d'une obscure rixe le soir du 23 juin dans les beaux quartiers de la capitale[3]. »

J'ai été condamné en première instance à cinq ans ferme avec mandat de dépôt à la barre.

Quatre ans de prison dont trente mois avec sursis pour agressions sexuelles sur six enfants : « L'homme de 26 ans a

1. *Le Parisien*, 18 août 2022.
2. *Ibid.*
3. *Le Parisien*, 23 août 2022.

été jugé et reconnu coupable ce vendredi devant le tribunal du Puy-en-Velay[1]. »

J'ai été condamné en première instance à cinq ans ferme avec mandat de dépôt à la barre.

Un an ferme pour un agresseur sexuel sur mineure : « La victime est sa belle-fille, âgée de moins de 15 ans à l'époque. La jeune fille dit aux enquêteurs que cela a commencé bien avant, quand elle n'avait que 12 ou 13 ans[2]. »

J'ai été condamné en première instance à... Dois-je continuer ?

C'est vrai, je suis terriblement en colère. Pourquoi des peines deux fois inférieures à la mienne pour ces délinquants, alors que je n'ai tué ou violé personne, ni même trompé mes partenaires, employés ou actionnaires, pas plus que les pouvoirs publics dont on a vu que j'étais en contact permanent avec eux ? Pourquoi m'a-t-on condamné au terme d'une simple enquête préliminaire qui annihile les droits de la défense ? Pourquoi cinq ans alors que le tribunal écrit, dans son jugement, ne « constater aucun signe patent de perversité et que le sujet [moi] fait part d'une sensibilité louable au travers de ses actions envers les personnes incarcérées » ? Serais-je coupable de « charisme impressionnant », pour reprendre l'expression reproduite dans l'acte judiciaire qui m'a évité... d'être guillotiné ?

Le plus important reste de ne pas cesser mon combat. Depuis des années, je dénonce les échecs du système

1. *La Commère 43*, 7 avril 2023.
2. *France Bleu Creuse*, 2 juin 2023.

pénitentiaire et je ne suis pas près de me taire. La prison est devenue une zone de non-droit, une fabrique de radicalisés, de délinquants violents, de tueurs. Une véritable école du crime.

Ces propos qui déplaisent tant à mes puissants détracteurs, je les ai payés cher. Malgré la souffrance et les brimades de la détention, j'ai tenu grâce à la force de mes convictions et à ma rencontre avec Dieu, qui me guide désormais. Je vais donc continuer à alerter les Français : alors que la prison devrait ramener les délinquants dans la vie pour apaiser la société, elle produit l'effet inverse en augmentant les tensions, les agressions, l'insécurité et la corruption par l'argent de la drogue.

Là aussi, il suffit de lire les pages « faits divers » de l'année 2023 pour le voir.

Mai : quatre fusillades dans autant de quartiers de Grenoble (Isère) minés par le trafic de drogue et des caïds de plus en plus jeunes. À Valence (Drôme), un quatrième meurtre commis en quelques jours alors que la PJ de Lyon enquête sur les trois précédents, sur fond de trafic de stupéfiants.

Juin : blessures par balles dans le quartier Empalot de Toulouse (Haute-Garonne), quelques semaines après une première fusillade qui a coûté la vie à un jeune homme de 25 ans. L'enquête s'oriente vers la piste du trafic de stupéfiants. Près de Nice (Alpes-Maritimes), un adolescent poignardé à deux reprises lors d'un probable règlement de comptes entre bandes rivales. À Nantua (Ain), une fusillade fait un mort en plein centre-ville. Le tireur a déjà été condamné douze fois, notamment pour des faits de violence.

Juin-juillet : quelque 550 communes françaises sont la proie d'émeutes. Plus de 1 300 personnes sont présentées devant la justice, dont 608 mineurs...

Sans parler des règlements de comptes récurrents à Marseille, de ceux de Nîmes liés au trafic de drogue qui ont entraîné fin août la mort d'un enfant de 10 ans, de la jeune femme décédée début septembre dans la cité phocéenne après avoir été touchée par la balle perdue d'une rafale tirée par des membres du narcobanditisme...

Il y a URGENCE.

Casser le thermomètre que je représente n'empêche pas la température de la délinquance de monter. Les échecs de la prison ne font qu'aggraver la fièvre. Pour prévenir les drames qui se profilent, il est urgent d'utiliser l'état des lieux que je dresse pour tout reconstruire autrement. Des pays du nord de l'Europe ferment des prisons, là où nous nous obstinons à en construire davantage sur le même vieux modèle.

Je ne me tairai pas. Je ne cesserai pas d'avancer des propositions immédiates et concrètes mais également des réformes de fond. Je le dois à mes fidèles amis, à tous ceux qui avaient beaucoup à perdre en m'accordant publiquement leur soutien mais qui ont préféré croire à ma sincérité et à la nécessité de tout chambouler.

De deux choses l'une : soit je suis un délinquant infréquentable, soit mon expérience peut bénéficier à la société. Lors de ma dernière visite à l'Élysée, face à un conseiller, magistrat de profession, dont je sentais le malaise, j'ai ainsi crevé l'abcès : « Si vous pensez que j'ai payé ma dette, je peux vous être utile car mes propositions méritent d'être écoutées, d'autant plus que de puissantes entreprises m'accompagnent. Ou alors, vous considérez que j'ai été condamné à perpétuité, et dans ce cas je vais quitter votre bureau immédiatement. »

Je suis resté.

Je vais donc continuer à me battre pour transformer l'application des peines et remédier à la surpopulation carcérale, car on ne peut pas sérieusement réinsérer les détenus quand leur principale préoccupation est la survie à quatre dans des cellules conçues pour deux.

Je vais donc continuer à harceler les politiques pour qu'ils comprennent que leurs enfants fumeurs de shit finiront par tomber sous les balles de leurs jeunes dealers.

Je vais donc continuer à dénoncer la radicalisation de tous ceux qui confondent la foi avec l'exemption de leurs crimes, au nom des millions de musulmans de France dont la vie et la religion sont empoisonnées par ces tartuffes. Mes codétenus, mes frères de galère, vous êtes, comme moi, seuls responsables de vos actes. Laissez Allah s'occuper de ses vrais fidèles et débrouillez-vous avec lui le moment venu.

*

La prison n'arrive pas qu'aux autres. J'ai vu un mari incarcéré pour avoir tué au fusil de chasse sa femme et son meilleur ami qu'il avait surpris ensemble. Chaque nuit, il voulait en finir car son cerveau était devenu sa propre prison à perpétuité. Ou encore ce cadre supérieur qui, un soir d'anniversaire arrosé, a tout de même pris le volant et tué une famille tout en handicapant à vie son meilleur ami.

La prison, ça arrive à tout le monde et c'est donc bien à chaque citoyen de s'en occuper. Nous ne pouvons plus compter sur ceux qui appliquent une procédure obsolète, en échec depuis des dizaines d'années, pour changer quoi que ce soit. Si l'on ne modifie pas en profondeur la formation des deux cents hauts fonctionnaires de l'administration pénitentiaire, directeurs et sous-directeurs compris, nous échouerons à faire entrer dans les établissements pénitentiaires le civisme, le travail, la responsabilisation, la désintoxication et la pratique saine de la religion. Il faudra une mobilisation de toute la nation pour changer l'orientation des budgets, catégoriser les détenus, simplifier les procédures, responsabiliser les surveillants et les payer correctement. Il est urgent d'accueillir le XXIe siècle dans un monde clos qui vit encore au Moyen Âge.

Oui, c'est bien d'une révolution que nous avons besoin.

Je reprends le combat. Pour moi d'abord, je l'avoue, afin de me laver de tout ce que j'ai subi. Bon courage à ceux qui voudront m'en empêcher, car s'il y a bien une force qu'il ne faut jamais avoir contre soi, c'est celle du désespoir. Je conserve au fond du cœur les décisions inhumaines qui m'ont été appliquées alors que je subissais la plus grande épreuve de ma vie.

Je ne suis pas encore assez bon chrétien pour pardonner. Pour l'instant, la seule chose que mes prières me permettent, c'est de trouver en moi une force positive pour changer nos prisons. Et notamment parce que les auteurs des règlements de comptes, les participants aux émeutes ont été ou seront en détention à un moment ou à un autre. Pour la sécurité des Français, ce combat il faut le livrer maintenant. Au nom de l'enjeu fondamental que sont nos valeurs.

Parce qu'à de rares exceptions près, tous les détenus finissent par sortir un jour.

Remerciements

À mes amis qui m'ont tellement aidé et soutenu : Alexandre, Alice, Amélie, Anne, Anne-Valérie, Bernard, Charlotte, Christian, Corinne, Cyril, David et Jacqueline, Djamel, les docteurs Mercuel et Badin, Dominique, Emma, Éric, Estelle et Raymond, Eva, Évelyne et Michel, Frédéric, Gerald-Brice, Jean et Jessica, Jean-Baptiste, Jean-Charles, Jean-Jacques, Jean-Louis, Jean-Marc, Jolène, José, Laurent, Lionel, Ludo et Stéphanie, maîtres Robenengo et Pommier, Marcel, Marilyn, Marlene, Martin, Martine, Michael, Michel et Alexandra, Muriel, Nicole, Valery, Paola, Philippe, Pierre-Alexandre, Rabhat, Romain, Sacha, Sébastien, Solène, Tatia, Thierry, Véronique, Vincent, Viviane et à toutes les assistantes de mes amis ayant des responsabilités qui me supportent.

En mémoire d'Hervé Temime, Paul Bocuse, Sol Kerzner et Véronique Poivre d'Arvor qui me manquent tellement.

Courage à Arnaud, Salem, Jean-Luc, Momo, Kodja, Nema et à tous mes frérots...

Soutien également aux personnels dans tous les services de l'administration pénitentiaire.

À Thierry, fidèle directeur éditorial depuis vingt-deux ans.

Table des matières

Ce livre existe grâce au travail de toute une équipe.

Communication : Caroline Babulle, Solveig de Plunkett, Sabrina Bendali, Inès Paulin, Adélaïde Yvert.

Coordination administrative : Martine Rivierre.

Studio : Pascaline Bressan, Barbara Cassouto-Lhenry, Joël Renaudat.

Fabrication : Muriel Le Ménez, Céline Ducournau, Bernadette Cristini, Sophia Paroussoglou, Isabelle Goulhot.

Commercial, relation libraires et marketing : Catherine Lauprêtre, Ombeline Ermeneux, Élise Iwasinta, Arthur Rossi, Joséphine Saint-Paul, Aurélie Scart.

Cessions de droits : Elisabeth Stempak, Benita Edzard, Lucile Besse, Sonia Guerreiro, Costanza Corri.

Gestion : Sophie Veisseyre, Chloé Hocquet, Isabelle Déxès, Pierre Ekel.

Services auteurs : Viviane Ouadenni, Jean-François Rechtman, Catherine Reimbold, Anita Sevenant.

Ressources humaines : Mylène Bourreau, Carine Duchampt.

Juridique : Laëtitia Doré, Anaïs Rebouh, Valérie Robe, Lucie Bergeras, Julia Crosnier.

Avec le soutien des équipes d'Interforum et d'Editis qui participent à la création, la diffusion et la distribution de ce livre.

Canoros Vehit Canentes

pca
cmb
édition pré-presse
livres numériques

44400 Rezé

Imprimé en France par
CPI Bussière
en février 2024

#lisez! engagé
www.lisez.com
Pour plus d'information :
Imprimé sur du papier issu de forêts gérées durablement.

Dépôt légal : novembre 2023
N° d'édition : 67375/05 – N° d'impression : 2076626